JINRONG FAZHAN

金融发展

与中国企业
对外直接投资研究

YU ZHONGGUO QIYE
DUIWAI ZHIJIE TOUZI YANJIU

余官胜 ◎ 著

中国财经出版传媒集团

经济科学出版社

Economic Science Press

图书在版编目（CIP）数据

金融发展与中国企业对外直接投资研究/余官胜著
. —北京：经济科学出版社，2019. 7
ISBN 978 - 7 - 5141 - 9294 - 0

Ⅰ.①金…　Ⅱ.①余…　Ⅲ.①金融事业-经济发展-研究-中国 ②企业-对外投资-直接投资-研究-中国
Ⅳ.①F832 ②F279.23

中国版本图书馆 CIP 数据核字（2018）第 093105 号

责任编辑：王柳松
责任校对：王苗苗
责任印制：李　鹏

金融发展与中国企业对外直接投资研究

余官胜　著

经济科学出版社出版、发行　新华书店经销
社址：北京市海淀区阜成路甲 28 号　邮编：100142
总编部电话：010 - 88191217　发行部电话：010 - 88191522
网址：www. esp. com. cn
电子邮件：esp_bj@163. com
天猫网店：经济科学出版社旗舰店
网址：http://jjkxcbs. tmall. com
北京季蜂印刷有限公司印装
710×1000　16 开　15 印张　字数 250 000
2019 年 7 月第 1 版　2019 年 7 月第 1 次印刷
ISBN 978 - 7 - 5141 - 9294 - 0　定价：49.00 元
（图书出现印装问题，本社负责调换。电话：010 - 88191510）
（版权所有　侵权必究　打击盗版　举报热线：010 - 88191661
QQ：2242791300　营销中心电话：010 - 88191537
电子邮箱：dbts@esp. com. cn）

前言

在全球经济形势变化的背景下，中国企业对外直接投资在近年来取得了突破性进展，对外直接投资流量规模现已稳居全球前三位。然而，作为发展中国家，由于金融发展程度不高，中国企业面临较大的融资困境，尤其体现在风险偏高的对外直接投资中。因而，为了推动企业对外直接投资，助力"一带一路"倡议，《中华人民共和国国民经济和社会发展十三个五年规划纲要》明确提出"积极搭建对外投资金融和信息服务平台"，在政策上强调了金融发展对于企业对外直接投资的重要性。① 基于此，本书从多个层面在理论和实证上研究金融发展对中国企业对外直接投资的影响。考虑到企业对外直接投资所需资金来源渠道的多样性，本书分别研究了国内正规金融发展、民间金融发展以及东道国金融发展产生的影响，并在微观层面上研究了企业融资约束产生的对外直接投资行为影响。本书的主要内容包括以下几个章节：

第一章，导论。本章首先介绍本书的选题背景和意义，引出本书对发展经济学领域的理论价值以及对当前金融改革和推动企业对外直接投资政策的实践意义；其次，介绍本书的研究思路和逻辑框架，并概述各章主要内容；最后，对比本书与以往研究的区别，指出本书的特色和创新点。

第二章，文献综述。本章分别从金融发展理论和企业对外直接投资

---

① 中华人民共和国国民经济和社会发展第十三个五年规划纲要. 人民出版社，2016.

理论两个方面展开文献综述，整理了这两个理论的提出及演进文献；本章还评述了当前研究中国金融发展和企业对外直接投资特征的文献。本章的文献综述发现，金融发展经济效应以及企业对外直接投资影响因素两个领域的研究文献非常丰富，但目前仍缺乏全面讨论金融发展如何影响企业对外直接投资的系统性研究。

第三章，金融发展影响企业对外直接投资跨国实证研究。本章在比较一些国家（地区）的企业对外直接投资规模及新增绿地项目的前提下，利用全球 **100** 多个国家（地区）的面板数据对金融发展对于企业对外直接投资影响展开实证研究。本章发现，无论是量维度金融发展还是质维度金融发展，在全球层面上均能促进企业对外直接投资；另外，相比发达国家，发展中国家（地区）的金融发展对企业对外直接投资的促进作用更加重要。

第四章，正规金融发展与中国企业对外直接投资。本章研究国内正规金融发展对中国企业对外直接投资的影响，包括银行金融、股市和保险等非银行金融以及外资引进产生的影响。本章的理论和实证研究发现，国内正规金融发展能否促进中国企业对外直接投资取决于企业所在地的经济条件以及由此产生的投资动机，规模增加的量维度银行金融发展以及非银行金融发展能促进高经济发展水平地区的企业对外直接投资；质维度金融发展，能推动低经济发展程度地区的企业对外直接投资。此外，引进外资在达到一定规模后，也能起到促进企业对外直接投资的作用。

第五章，民间金融发展与中国企业对外直接投资。本章从多个数据层面展开民间金融影响中国企业对外直接投资的实证研究，得出三个层面的主要结论。第一，在民间借贷规模上，民间借贷的发展会促进高技术水平和高劳动成本地区的企业对外直接投资，但会减少低技术水平和低劳动成本地区的企业对外直接投资。第二，在小额贷款公司层面，小额贷款公司的发展不仅能增加企业对外直接投资的规模，还能促进新设项目数量的增加。第三，在微观层面上，民间金融的发展能促进高生产率民营企业的对外直接投资决策，但会阻碍低生产率民营企业的对外直接投资决策。

第六章，东道国金融发展与中国企业对外直接投资。本章从国（地区）外拉力角度研究东道国（地区）金融发展对中国企业对外直接投资的影响，包括东道国金融发展程度、金融发展距离以及金融风险，得出四个主要研究结论。第一，东道国（地区）量维度金融发展能吸引中国横向动机企业对外直接投资，质维度金融发展能吸引中国纵向动机企业对外直接投资。第二，对于金融发展程度高于中国的东道国（地区），量维度金融发展距离的扩大会减少中国对其的直接投资，质维度金融发展距离不产生影响；对于金融发展程度低于中国的东道国（地区），量维度金融发展距离的扩大会增加中国对其的直接投资，质维度金融发展距离的扩大会产生负面效应。第三，以外汇贬值为主的东道国（地区）金融风险扩大不仅会减少中国对其的直接投资规模，还会不利于投资项目的新设。第四，东道国量维度的金融发展和质维度的金融发展，均能提升中国对该国的对外直接投资进入速度。

第七章，企业融资约束与中国企业对外直接投资。本章利用微观层面的数据研究融资约束对中国企业对外直接投资行为的影响，匹配《中国工业企业数据库》和《境外投资企业（机构）名录》中的浙江省企业进行实证研究，得出五个主要结论。第一，融资约束会制约劳动密集型企业的对外直接投资决策，但会逆向推动资本密集型企业的对外直接投资决策。第二，融资约束会降低企业在对外直接投资中的竞争力，只能选择市场规模较小、经济发展程度较低和技术水平相对落后的东道国。第三，融资约束的存在会使低生产率企业在对外直接投资中选择金融发展程度较高的东道国，但会使高生产率对外直接投资企业选择低金融发展程度的东道国。第四，高融资约束的企业在对外直接投资中会选择汇率风险较高的东道国，而低融资约束的企业在对外直接投资中则会选择汇率风险较低的东道国。第五，融资约束的存在，降低了企业对外直接投资速度。

第八章，金融发展较为落后背景下中国企业对外直接投资风险选择。本章基于金融发展会对企业对外直接投资参数产生重要影响以及中国金融发展程度较低的背景下，研究企业对外直接投资的风险选择，得出三个主要结论。第一，总体上，东道国经济风险是影响中国企业对外直接投资的重要因素，但对中国企业对外直接投资在规模和项目上的扩张有不同的影响。第二，中国与东道国之间的文化距离会影响东道国风险对中国企业对外直接投资方式，在文化距离较近的东道国，风险所起的负面影响较小。第三，在企业层面，民营企业在对外直接投资中是经济风险的偏好者，却是政治风险的规避者。

第九章，结论与政策建议。本章对本书的研究进行总结归纳，指出进一步研究的方向。并且，在比较借鉴国外政策经验的基础上，提出提升金融资源效率和推动企业对外直接投资的政策建议。

本书在总体上发现，由于融资约束会制约企业对外直接投资，因而，国内正规金融发展和民间金融发展均是企业对外直接投资的重要推动因素，东道国金融发展构成重要的区位吸引因素。因此，在政策上促进金融发展，通过金融改革优化资金资源配置是推动企业对外直接投资的重要途径。

余官胜

2019 年 1 月

目　录

第一章

导　论

第一节　研究背景与意义

在经济全球化的背景下，中国对外开放无论在广度上还是在深度上均取得了很大的进步，尤其是在企业对外直接投资方面。根据商务部、国家统计局及国家外汇管理局联合发布的《中国企业对外直接投资公报》显示，中国企业对外直接投资在流量规模上从 2002 年的 22 亿美元增加到了 2014 年的 1 231.2 亿美元，全球排名从 2002 年的第 26 位上升到了 2014 年的第三位。[①] 快速增长的企业对外直接投资不仅体现了中国企业竞争力的不断提升，也反映了中国整体市场环境的改善和政府支持力度的加大，国有企业和非国有企业均在国际市场上取得了较大程度的发展，投资项目遍布全球 180 多个国家（地区）。同时，中国企业对外直接投资也产生了不可低估的国际影响和国内影响。一方面，投资规模的持续增加提高了中国在全球经济中的地位，提高了中国在国际规则制定中的话语权；另一方面，企业对外直接投资也加速了国内生产资源的重置整合，优化了国内产业结构。在这种背景下，国内外学者极为关注中国企业对外直接投资快速增长的持续性，强调国家战略的支持和全球经济形势的变化使中国企业对外直接投资的崛起成为不可避免的趋势。

不同于发达国家，中国企业对外直接投资的兴起出现在经济转型

---

① 数据来源于商务部网站. http：//hzs. mofcom. gov. cn/article/Nocategory/201512/20151201223578. shtml。

期，因而也面临诸多不平衡制约因素。作为发展中国家，尽管改革开放以来中国取得了全球瞩目的经济增长，市场化程度不断提升，但与发达国家相比仍存在一定的差距。而国内市场一系列因素的不完善也会增加中国企业对外直接投资过程中的不稳定性和风险，其中，金融发展程度较低，构成了主要的制约因素。在中国的金融体系中，银行仍是最主要的主体构成，银行贷款也是企业最为重要的资金来源，而中国银行体系市场化程度不高是金融发展不足的主要因素之一。不同于国内投资，对外直接投资面临更大的风险和不确定性，在信息不对称的情况下也增加了企业对外直接投资的融资难度，从而使资金问题成为企业对外直接投资持续发展的"瓶颈"因素之一。尽管当前中国企业对外直接投资的主体仍是国有企业，而且，国有企业也更易获得银行的融资贷款；但民营企业面临不同的情况，民营企业的融资难度大于国有企业，也将会因为资金不足问题丧失良好的对外直接投资机会。

随着市场化的发展趋势逐渐体现在对外开放中，民营企业在对外直接投资中的地位逐步提升，将慢慢成为对外直接投资的主力军。因此，从长期来看，金融发展是推动中国企业对外直接投资规模扩大和市场化程度提高的重要影响因素。

"一带一路"倡议的实施明确了中国未来对外开放的重点，进一步将企业对外直接投资推至对外开放前沿，这也对继续完善企业对外直接投资支撑体系提出了新的要求。由于"一带一路"沿线国家普遍属于经济发展程度不高的发展中国家，基础设施相对落后，市场环境滞后，因而，对这类国家进行直接投资更需要完善的国内保障，其中，包括金融资源的支撑保障。一方面，企业可以在东道国当地融资以解决投资所需资金；另一方面，企业也可以在国内融资为对外直接投资进行资金储备。由于"一带一路"沿线国家金融发展程度相对落后，在东道国融资的难度增加，因而，国内金融发展和支持的重要性进一步提升。此外，《中华人民共和国国民经济和社会发展"十三五"规划纲要》中明确提出："积极搭建对外投资金融和信息服务平台"，[①] 在未来的政策上强调了企业对外直接投资金融支撑体系的构建。由此可见，金融发展也是在政

---

① 中华人民共和国国民经济和社会发展"十三五"规划纲要. 人民出版社，2016.

策层面上加速企业对外直接投资的迫切需求。

　　基于企业对外直接投资长期对金融发展的依赖以及政策上对金融发展的迫切需求，本书从理论角度和实证角度研究金融发展影响企业对外直接投资的内在作用机制，旨在为利用金融发展推动企业对外直接投资提供理论支撑。与发达国家完善的金融市场相比，中国不仅存在金融资源稀缺和供给不足的问题，还存在金融资源配置市场化程度不高的问题。在这种情况下，金融发展可以分解为两个维度，一是金融资源总量提升的量维度金融发展；二是金融结构优化，即质维度金融发展，例如，高效率企业（包含不同所有制企业）获得的金融资源增加、金融资源配置多元化、以效益为导向、优质的私营企业获得的信用额占 GDP 的比重等。两个维度的金融发展对不同类型企业对外直接投资获取资金的影响存在差异。量维度金融发展更有利于国有企业获取金融服务，质维度金融发展更有利于民营企业获得金融服务。类似地，两个维度金融发展对企业对外直接投资的推动作用也存在差别。中国企业对外直接投资层面也具有不同于发达国家的特征，主要体现在发展中国家企业的多元化投资动机上，由于中国企业并不像发达国家的跨国公司一样具有明显的竞争优势，因而，中国企业对外直接投资除了获取开拓市场的横向动机外，还具有生产转移的纵向动机、技术学习动机等。不同动机的企业对外直接投资受国家扶持的程度不同，因而，对金融服务的需求也存在较大差别。为了显示与发达国家的上述区别，本书的研究紧扣中国在金融发展和企业对外直接投资领域的发展中国家特征，在理论和实证中突出量维度金融发展和质维度金融发展对不同动机企业对外直接投资产生的不同影响。

　　在理论上，金融发展通过增加微观主体的资金规模及优化配置而加大经济活动规模，从而在宏观上达到促进经济发展的效果。近年来，学术界也开始关注金融发展对外向经济活动的影响，主要体现在对出口贸易的影响上，然而，却尚未关注对企业对外直接投资的影响。本书利用中国的数据样本研究金融发展对企业对外直接投资的影响，具有以下理论意义。第一，本书基于发展经济学研究框架，结合发展中国家企业对外直接投资的新现象，研究金融发展的外向经济效益，在素材上拓宽了发展经济学研究范围，也开辟了金融发展活跃经济活动的新研究渠道。第二，基于发达国家的主流国际投资理论并未探讨金融发展的影响问题，本书则以中国为样本研究了发展中国家企业对外直接投资的金融影响因素，从金融发展层面补充了国际投资竞争优势来源的理论机理。第三，本书的研究结合中国金融发展二元结构特征，不仅分别分析了正规金融发展和民间金融发展对企业对外直接投资的影响，还从微观层面研究了融资约束产生的影响，体现出中国经济存在多元化特征，丰富了转型经济理论的研究内容。

在实践上，加速金融改革和推动企业对外直接投资均是中国当前宏观经济政策关注的重点，将这两个政策需求融合在一起展开研究，本书具有以下现实意义。第一，本书研究了包括民间资金在内的金融资源在企业对外直接投资领域的作用，有助于金融资源流向、优化金融资源配置，降低国内金融风险。第二，本书研究了推动企业对外直接投资的金融发展因素，为深化对外开放提供了金融领域的突破口，有助于借力金融改革推动企业对外直接投资，为融合两个领域的政策资源提供借鉴。第三，本书从国际角度研究了东道国金融发展对于中国企业对外直接投资的积极作用，在国际金融合作和境外经贸合作区配套金融服务体系建设领域为推动中国企业对外直接投资提供借鉴，有助于借力东道国金融发展引导中国企业对外直接投资流向举措的采用与施行。

第二节　研究结构和主要内容

企业对外直接投资受国内推力和国外拉力双重因素的影响，国内推力来自母国经济发展程度提升和经济环境改善带来的竞争力加强，国外拉力来自东道国投资收益提升和投资成本降低带来的区位优势。金融发展也会对企业对外直接投资产生两个方面的影响，一方面，国内金融发展构成了推力因素；另一方面，东道国金融发展构成了拉力因素。本书基于这种思路，在国内方面研究正规金融发展和民间金融发展如何影响企业对外直接投资，在国外方面研究东道国金融发展如何影响中国对其的直接投资。为了保证研究结论的可靠性和科学性，本书的研究保持理论和实证相结合的研究范式，既阐明了各个层面金融发展影响中国企业对外直接投资的传导机理，又利用多种计量研究方法对理论机理进行验证，保证理论与实证的一致性。

此外，本书的研究也秉承从宏观到微观的层层递进的研究方式，既采用国际、国内宏观层面的样本数据研究金融发展对企业对外直接投资的总量层面影响，又采用微观企业数据研究企业个体层面融资约束状况如何制约其对外直接投资行为。首先，利用跨国数据研究国别金融发展程度对各国企业对外直接投资的影响，提供国际层面的经验比较。其次，利用中国省际数据研究区域间金融发展对各地企业对外直接投资的影响，阐明基于中国国内特征的影响方式。再次，基于中国企业对外直接投资东道国样本数据研究各东道国金融发展程度如何吸引中国企业对外直接投资，从国外层面明确中国企业对外直接投资区位选择中的金融发展因素。最后，利用企业微观数据研究融资约束如何影响企业对外直接投资倾向以及区位选择策略，在企业层面论证金融发展的重要性。宏微观层面连续性的研究结构，能保证本书总体研究的逻辑通顺。

根据研究思路和研究结构，本书的研究内容共分为九章。

第一章，导论。第一节，研究背景与意义；第二节，研究结构和主要内容；第三节，本书研究的特色和创新。

第二章，文献综述。分三节内容展开。第一节，金融发展理论文献综述，分别介绍了金融发展理论的提出和演进过程，并对国内外关于金融发展影响经济增长和出口贸易的文献进行了梳理。第二节，企业对外直接投资文献综述，既介绍了企业对外直接投资理论的提出和演进，又对有关企业对外直接投资国内外影响因素的文献进行了全面梳理。第三节，中国金融发展和企业对外直接投资特征文献综述，旨在基于文献角度阐明中国金融发展和企业对外直接投资的发展状况。本章的文献梳理既有助于在理论上了解当前金融发展和企业对外直接投资的最新进展，又能在现实中看清中国金融发展和企业对外直接投资的现状特征。图1-1绘制了本书的研究思路和结构。

第三章，金融发展影响中国企业对外直接投资跨国实证研究。分为三节内容展开，具体地，第一节，企业对外直接投资总量规模跨国（地区）比较，对各主要国家（地区）企业对外直接投资总量规模进行对比分析，包括存量规模和流量规模。第二节，企业对外直接投资新增绿地项目跨国（地区）比较，对各主要国家（地区）企业对外直接投资新增项目数进行比较研究，按地区分析新增项目的主要特征。第三节，跨国实证研究。为本章重点，利用跨国面板数据展开金融发展对企业对外直接投资影响的实证研究，无论是量维度金融发展还是质维度金融发展，全球层面上证据表明，一国金融发展程度的提升均有助于促进企业对外直接投资；而分样本的实证研究则表明，相比于发达国家，发展中国家金融发展对企业对外直接投资的促进作用更为明显。

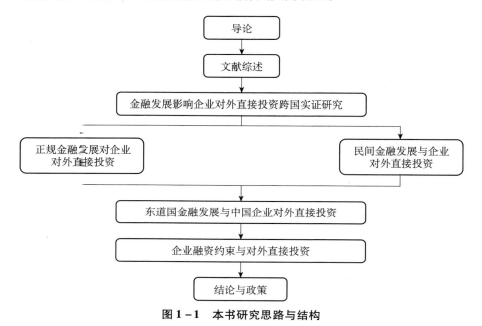

图 1－1　本书研究思路与结构

第四章，正规金融发展与中国企业对外直接投资。分别从银行金融、非银行金融和外资引进三个维度展开，共分四节内容。第一节，中国企业对外直接投资区域分布概况，包括投资存量、流量以及企业数的区域分布。第二节，银行金融发展对中国企业对外直接投资的影响，基于量维度和质维度的理论与实证研究发现，两个维度的金融发展能否推动企业对外直接投资，取决于所在地区的经济发展水平。第三节，非银行金融发展与企业对外直接投资，从股市发展和保险发展两个角度进行论证，同样也发现非银行金融对企业对外直接投资的影响取决于当地的经济发展水平。第四节，外资引进对企业对外直接投资的影响，在区分国际化效应和技术效应的基础上通过实证研究发现较低的外资引进规模会阻碍企业对外直接投资，只有外资引进达到一定规模后才能推动企业对外直接投资。

第五章，民间金融发展与中国企业对外直接投资，分三节内容展开。

第一节，民间借贷规模与中国企业对外直接投资，对其产生的对外直接投资影响展开实证研究，发现民间借贷规模扩大能促进高劳动成本地区的企业对外直接投资，但会减少低劳动成本地区的企业对外直接投资；此外，民间借贷规模的扩大也会增加高技术水平地区的企业对外直接投资，但会减少低技术水平地区的企业对外直接投资。第二节，小额贷款公司与中国企业对外直接投资。从小额贷款公司的视角出发，研究民间金融发展对企业对外直接投资的影响，理论和实证研究发现，小额贷款公司的发展在流量规模和新增项目数量上均能促进企业对外直接投资。第三节，温州市企业层面数据的实证研究，利用民间金融发展程度较高的温州市微观企业层面数据研究民间金融对企业对外直接投资的影响，发现民间金融发展仅能提升高生产率企业的对外直接投资倾向，但降低了低生产率企业的对外直接投资倾向。

第六章，东道国金融发展与中国企业对外直接投资，分五节内容展开。第一节，中国企业对外直接投资东道国（地区）分布概况，并分析与东道国（地区）金融发展的简单相关性。第二节，东道国金融发展程度与中国企业对外直接投资，发现东道国量维度的金融发展，能促进中国横向动机企业对外直接投资；而东道国质维度的金融发展，能促进中国纵向动机企业对外直接投资。第三节，东道国金融发展距离与中国企业对外直接投资，东道国之间的金融发展距离如何影响中国企业对外直接投资，发现金融发展程度高于中国的东道国在量维度上的金融发展距离扩大会减少中国企业对其的直接投资，质维度上的金融发展距离扩大不产生影响。在金融发展程度低于中国的东道国，量维度的金融发展距离扩大会增加中国企业对外直接投资，质维度的金融发展距离扩大会减少中国企业对外直接投资。第四节，东道国外汇金融风险与中国企业对外直接投资，发现东道国外汇贬值的风险加大不仅会减少中国企业对其的直接投资规模，还会减少对其的直接投资新增项目数量。第五节，东道国金融发展与中国企业对外直接投资进入速度，发现东道国量维度的金融发展和质维度的金融发展，均提升了中国的企业对该国对外直接投资进入速度。

第七章，企业融资约束与中国企业对外直接投资。包括对外直接投资倾向和区位选择，分为五节内容。第一节，理论影响机理，在理论上分别阐述了融资约束对企业对外直接投资倾向和区位选择的影响机理，为实证研究提供了分析框架。第二节，企业融资约束与中国企业对外直接投资倾向实证研究，利用微观数据对融资约束如何影响企业对外直接投资倾向展开实证研究，发现融资约束的提升会制约劳动密集型企业的对外直接投资决策，但会逆向促进资本密集型企业的对外直接投资决策；同时发现，不同类型性质的企业对外直接投资受融资约束的影响程度不同。第三节，企业融资约束与中国企业对外直接投资区位选择实证研究，研究融资约束对企业对外直接投资区位选择的影响，发现融资约束越大的企业进行对外直接投资时，因资金问题倾向于选择经济规模较小、经济发展程度较低和技术水平较落后的东道国；进一步地，低生产率、高融资约束的企业倾向于金融发展程度高的东道国，高生产率、高融资约束的企业倾向于金融发展程度低的东道国。第四节，企业融资约束与中国企业对外直接投资汇率风险选择，研究融资约束对企业对外直接投资汇率风险选择的影响，发现融资约束较高的企业倾向于选择高汇率风险的东道国，而融资约束较低的企业则倾向于选择低汇率风险的东道国。第五节，企业融资约束与中国企业对外直接投资速度，研究融资约束对企业对外直接投资速度的影响，基于微观层面对速度衡量的基础上，本节发现融资约束的存在也降低了企业对外直接投资速度，尤其是对发展中国家的对外直接投资速度，这是因为发展中国家金融发展程度较低，企业自身融资约束所起的作用较大。

第八章，金融发展较为落后背景下中国企业对外直接投资风险选择。基于中国金融发展较为落后的背景研究企业对外直接投资的风险区位选择，包括宏观层面和微观层面，分三节内容展开。第一节，东道国经济风险与中国企业对外直接投资风险选择。在总体上研究了东道国经济风险对中国企业对外直接投资的影响，发现在规模扩大的集约增长维度，中国横向动机企业对外直接投资倾向于选择宏观风险较低的东道国，纵向动机企业对外直接投资倾向于选择经济增长风险较低的东道国；在新设项目的扩张增长维度，中国横向动机企业对外直接投资倾向于选择经济增长风险和宏观风险均较高的东道国，而中国纵向动机企业对外直接投资不受东道国经济风险的影响。第二节，文化距离、东道国风险与中国企业对外直接投资，考虑文化距离所起的作用，发现当中国与东道国文化距离较小时，东道国较高的经济风险和政治风险能促进中国企业对外直接投资；而当中国与东道国文化距离较大时，东道国较高的经济风险和政治风险会阻碍中国企业对外直接投资。第三节，民营企业对外直接投资风险选择：温州市数据实证研究，利用温州市民营企业数据展开微观实证研究，发现民营企业在对外直接投资中倾向于经济风险较高的东道国，同时，也选择政治风险较低的东道国，说明民营企业在对外直接投资中是东道国经济风险的偏好者，却是政治风险的规避者。

第九章，结论与政策建议。总结本书的研究结论并指出进一步的研究方向。此外，结合中国金融改革和推动企业对外直接投资的战略背景，提出推动两者协调并进的政策措施。

第三节 本书研究的特色和创新

在金融发展领域，有较多文献研究金融发展对国内经济的影响；在企业对外直接投资领域，研究国内外推动因素的文献较多，但将两者结合全面系统性地阐述金融发展对企业对外直接投资影响的研究尚缺乏。本书针对这一点，融合金融发展和企业对外直接投资领域的研究进展，从国内正规金融发展、民间金融发展以及东道国金融发展等多个视角出发，基于中国经济特征全面地研究金融发展对企业对外直接投资的影响。本书的研究在理论上契合金融发展和国际投资前沿理论，在政策上紧扣中国金融改革和企业"走出去"的战略需求，具有以下三点研究特色。

（一）紧密结合发展中国家特征，基于发展经济学构建理论框架与实证框架

作为发展中大国，中国金融市场上存在二元分割的特点。一方面，不仅存在金融资源稀缺，而且存在金融配置市场化较低的问题；另一方面，也存在正规金融和民间金融在政府管制以及服务对象上的差别。在企业对外直接投资方面，由于中国的跨国公司诞生于经济发展程度较落后和市场不够完善的环境，企业竞争力相比发达国家的较低，因而，对外直接投资动机也呈现出多元化特征。本书的研究基于这两个层面的发展中国家特征，结合发展经济学的框架研究中国不同维度金融发展对不同动机企业对外直接投资的影响方式。这种处理方式具体体现在本书各

个章节中，分别研究量维度金融发展和质维度金融发展以及民间金融发展对企业对外直接投资的影响，并基于金融市场的不完善在微观上研究企业融资约束产生的对外直接投资影响。因而，与发展中国家特征的结合，构成了本书的理论特色。

（二）紧扣国家战略前沿，基于政策时效需求展开理论研究与实证研究

金融改革和企业"走出去"都是中国当前宏观经济战略的前沿热点，"一带一路"倡议的实施更是在政策上对企业对外直接投资提出了更多的支撑措施需求。本书通过理论研究和实证研究发现，金融发展程度的提升确实在一定程度上能达到推动企业对外直接投资的效果，能为这两项政策的结合提供理论支撑。在金融改革方面，本书以"一带一路"建设和企业对外直接投资为契机，提供了引导资金服务外向型企业的思路；在为对外直接投资企业提供金融服务方面，本书发现多个层面的金融发展渠道均能推动企业对外直接投资。因而，与当前两大国家前沿战略的结合，构成了本书的政策特色。

（三）采用经济学科学逻辑，基于从宏观到微观的框架展开理论研究与实证研究

金融发展对经济运行的影响包括宏观和微观两个层面，宏观层面基于金融资源的总量和配置产生影响，微观层面基于经济个体的融资约束产生影响。金融发展对企业对外直接投资的影响也是如此，为使整体研究更为完善，逻辑更为顺畅，本书不仅在宏观层面上研究了金融发展对企业对外直接投资的影响，而且在微观层面上考察了企业融资约束产生的对外直接投资影响。从而本书得出了在宏观上量维度金融发展和质维度金融发展均能促进企业对外直接投资，在微观上企业融资约束的缓解也能增加对外直接投资倾向。这种处理范式使本书的研究更具有层次感，研究思路和脉络更为清晰明确，对金融发展如何影响企业对外直接投资的探索也更为全面。因而，从宏观到微观的层次传递，构成了本书的逻辑范式特色。

此外，在本书的研究中，为了得出更为全面和科学的金融发展影响企业对外直接投资方式，本书构建了多种指标概念，保证了研究机理和结论的多维性。并在全书的实证研究中，采用了多个数据库和多种前沿计量方法，保证研究结果的可靠性和准确性，构成了本书在研究过程中的创新。具体包括以下几点。

（一）量维度金融发展和质维度金融发展的构建与应用

金融发展主要包括两个维度的内容，一个是量维度金融发展；另一个是质维度金融发展。这两个金融发展维度对不同类型企业资金服务的影响方式不同。针对中国金融的特点，量维度金融发展主要使国有企业受益，而质维度金融发展主要使民营企业受益。由于国有企业和民营企业的对外直接投资行为方式存在较大差别，因而本书的研究构建量维度金融发展指标和质维度金融发展指标并应用于理论与实证分析，能更为细致地发现金融发展对企业对外直接投资的多维影响。这种应用，一方面，体现在第四章国内正规金融发展的影响中；另一方面，也体现在第六章东道国金融发展的影响中，发现无论是国内还是国外，量维度金融发展和质维度金融发展对中国企业对外直接投资产生的影响都是不同的。由此可见，相比于单一金融发展指标的构建与应用，本书在量维度和质维度上对金融发展的分解可以得到更为多维丰富的结论，从而构成了本书在指标应用上的创新。

（二）企业对外直接投资动机与影响因素差异的介入

与发达国家不同，中国跨国公司竞争力并不是全球最强的，因而，对外直接投资动机也不是单一的开拓市场，而是呈现出多元化的特征。除市场开拓的横向动机及生产转移的纵向动机外，还包括技术学习动机和国家战略动机等。不同动机的企业对外直接投资的国内外影响因素存在较大的差别，包括国内外的金融发展产生的影响。本书在各章研究中介入这种差别，在理论机理分析中以此为传导分析了金融发展对不同动机企业对外直接投资的影响；在实证研究中，在国内金融发展的影响中以地区经济条件差异反映企业对外直接投资动机，在东道国金融发展的影响中，以东道国经济条件差异对中国企业对外直接投资的吸引反映投资动机。动机差异性的介入使得金融发展影响企业对外直接投资的结果呈现了多种可能性，更为符合现实经济。因而，相比于单一企业对外直接投资动机，动机差异化概念的介入使本书的研究更符合现实经济，构成了本书中间传导机制的创新。

（三）民间金融发展与融资约束指标度量及实证研究设计

在中国的二元金融体系背景下，融资约束是企业投资面临的主要问题，尤其是对于难以获得正规金融扶持的民营企业，从而也显示出民间金融发展对于缓解融资约束的重要性。本书通过实证研究，将此逻辑运用到企业对外直接投资中，分别研究民间金融发展和融资约束如何影响企业对外直接投资。对于这两个层面的实证研究而言，民间金融发展和融资约束的度量方法一直存在争议，为了得到稳健的结果，本书采取了多种度量方法。在民间金融中，本书采取了民间借贷总量度量、小额贷款公司发展度量以及从民营企业内部度量，对融资约束则从企业内部财务状况进行度量。度量的可行性也使本书能展开民间金融发展影响企业对外直接投资的实证研究，发现民间金融发展也会产生重要的推动力，丰富了金融发展的范畴。因此，相比于从定性角度研究民间金融发展和融资约束，本书从定量角度研究民间金融发展对企业对外直接投资的影响，使研究结论更符合现代经济学的规范，构成了本书在引入民间金融和融资约束方面的创新。

（四）金融发展影响企业对外直接投资区位选择的考察

除了企业规模的扩大和项目数量的增加外，国别区位选择也是影响企业对外直接投资可持续发展的关键因素，因而，本书也研究了金融发展对企业对外直接投资区位选择的影响，分别从国内金融发展和国外金融发展两个角度对此进行研究。具体地，在第六章第三节中，本书从东道国（地区）与中国之间的金融发展距离基于适应性视角研究了企业对外直接投资区位选择；在第七章第三节中，基于企业内部融资约束从企业竞争力视角研究了对外直接投资区位选择的方式。由此表明，国内金融发展和国外金融发展能在宏观层面、微观层面产生对外直接投资的区位选择影响，丰富了对企业行为的洞察。由此可见，扩大金融发展对企业对外直接投资区位选择的影响构成了本书在研究内容上的创新。

（五）多重数据库的匹配和多种前沿计量方法的采用

基于研究多个层面金融发展对企业对外直接投资影响的需要，本书在研究中应用多个数据库进行实证研究，其中，包括数据库之间的匹配。

具体在第三章中，运用世界银行数据库和联合国贸发会议数据库进行跨国实证研究。第四章、第五章运用中国省际层面数据和《对外直接投资统计公报》的数据进行国内实证研究。第六章匹配世界银行跨国数据和中国对各东道国企业对外直接投资数据研究东道国金融发展的影响。第七章和第五章第三节基于浙江省企业层面数据和温州市企业层面数据匹配《中国工业企业数据库》和《境外投资企业（机构）名录》进行微观层面的实证研究。此外，在应用各个数据库的实证研究中，为了确保研究结构的准确性，本书均采用了不同的计量方法进行回归，包括动态回归方法、计数模型回归方法以及二值变量模型回归方法等，并进行稳健性检验，体现在分别研究金融发展对企业对外直接投资规模和新增项目数的影响中。因此，多重数据库的匹配应用和多种前沿计量方法的采用，构成了本书实证研究上的方法创新。

第二章

文献综述

第一节　金融发展理论文献综述

一、金融发展理论的提出与演进

（一）金融发展理论的提出

在新古典经济学中，金融更多地被赋予优化资源配置的功能，强调金融自由化对于经济的重要性。更为具体地，新古典经济学和凯恩斯经济学在金融上均着眼于货币、银行与经济之间的关系，重在讨论货币供给的增长能否有效地增加国民产出，而对于金融发展的整体系统研究并不完善。20 世纪 50 年代以来，随着经济学家越来越关注经济发展问题，金融发展对于促进经济发展的作用也开始被集中讨论。在发展经济学中，金融发展的作用不仅被简单地局限于资源优化配置上，而是认为其对于长期经济发展也存在关键的作用。发展经济学家聚焦于发展中国家，而发展中国家存在明显的结构问题，在金融领域也是如此，因而，最早针对金融发展的研究也集中在金融结构上。

格利和肖（Gurley and Shaw，1960）认为，金融资产不应仅限于货币，金融发展对于经济的作用也不能仅限于货币层面，而应同时考虑商业银行和其他金融机构的信用创造能力，也应强调金融中介对经济发展的作用。总之，格利和肖（1960）强调金融结构的多样化，认为各个维度的金融主体对经济发展都能起到应有的推动作用。帕特里克（Patrick，1966）分析了经济发展和金融发展之间的两种因果关系，一种是由经济发展带动金融发展的需求型；另一种是由金融发展推动经济发展的供给型，并且，两种因果关系随经济发展程度而发生变化。当经济发展程度较低时，供给型起主导作用，此时，金融发展能推动经济发展；当经济发展程度较高时，需求型起主导作用，此时，经济发展能带动金融发展。由于发展中国家经济较为落后，且处于起步阶段，因此对于发展中国家而言，金融发展能有效地推动经济发展，从而强调金融发展对于发展中国家的重要性。戈德史密斯（Glodsmith，1969）对于金融发展做了定义，提出金融发展就是金融结构改善的概念，而金融结构指的是各金融机构和工具之间的相对规模和比例。他在度量金融结构变化的基础上使用长期的跨国经济增长数据进行实证研究，发现金融结构变量和经济增长变量之间存在明显的相关性，而金融资源总量与人均 GDP 之间存在正相关性，从而论证了金融发展有利于一国的经济发展。

20 世纪 60 年代，针对金融发展的研究具有明显的结构主义特征，虽然符合当时发展经济学结构主义的倾向，强调金融结构变化的重要性，然而，也忽视了金融发展中利率的重要性。而这一点在 70 年代提出的金融发展理论中被有效地与发展中国家的特征进行了结合，从而形成了比较系统的金融发展理论。1973 年，麦金农（Mckinon）出版了《经济发展中的金融深化》一书，肖（Shaw）出版了《经济发展中的货币》一书。这两本书均结合发展中国家特征研究了金融发展对经济增长的相互关系，分别提出了金融抑制理论和金融深化理论。由于两者的研究具有较多共同的地方，因此，被学术界统称为"麦金农-肖金融发展理论"。他们的理论的提出与形成，也意味着在经济学界真正出现金融发展理论，金融发展也在真正意义上被认为对于经济发展具有重要作用，尤其对于发展中国家。

在麦金农（1973）的研究中，他认为与发达国家完善的货币体系不同，发展中国家货币化程度较低，存在传统金融体系与现代金融体系并存的二元金融结构，因而，诞生于发达国家的金融理论与政策也不适用于发展中国家。在这种情况下，发展中国家会因为金融市场滞后而进行严格的管制，管制则会产生低利率和信贷配额，降低了资金的配置效率。另外，金融管制和低利率也会进一步削弱人们持有货币资产的激励，产生资金供给短缺和投资不足的现象。因此，他认为发展中国家金融发展的要务是消除金融抑制，即政府应放开利率管制，提高实际利率而提升投资激励，同时，应加强金融市场中各个主体的竞争公平性。

肖（1973）则先强调金融体系对于经济发展的重要性，认为完善的金融体系能有效地实现居民储蓄到国民投资之间的转化。基于金融发展的这层作用，他认为应实现多个维度的金融深化，从而保证金融发展能有效地服务于经济发展。首先，要实现金融规模的不断扩大，保证金融总量的充足；其次，要实现金融机构和金融产品的多样化与合理化，保证金融结构的均衡；最后，要实现金融市场和金融秩序的规范完善，保证金融效率的提升。他认为，只有在这三个维度上实现相互影响、相互促进，才能真正实现金融深化，确保金融发展对经济发展的正向作用。

尽管麦金农（1973）和肖（1973）理论的出发点和侧重点有所差异，但从观点和政策主张上可以发现两者存在较多的相同点。在观点上两者均认为，金融发展对于发展中国家的经济发展有着重要的作用，而发展中国家金融发展程度较低，金融结构不完善，金融市场不均衡属于典型事实。在政策主张上两者均认为，发展中国家应加强对投资的激励，放松对金融体系的管制，促进金融机构之间的市场化等。因此，他们一致的理论观点在 20 世纪 70 年代也标志着金融发展理论的正式提出。

（二）金融发展理论的演进

在麦金农（1973）和肖（1973）提出金融发展理论后，众多经济学家针对他们理论体系中的诸多不足，基于他们的基本框架在各个方面进行扩展，从而也形成了金融发展理论的演进。金融发展理论的演进大体上可以分为两个阶段，第一个阶段是 20 世纪 80 年代仍基于发展中国家金融问题的拓展；第二阶段是 90 年代在新增长理论出现以后基于内生金融发展的拓展。两个阶段的演进不仅使金融发展理论更契合发展中国家的现实经济，也使发展中国家金融发展的推动因素更为明晰。

在第一阶段的演进中，卡普尔（Kapur，1983）基于金融发展基本框架添加了发展中国家固定资产闲置的现实状况，研究了这种情况下金融深化过程中的经济稳态。他认为，固定资产与流动资产之间存在固定比例关系。因此，在固定资产闲置的条件下，企业通过信贷获得流动资产成为产出的关键，而商业银行对实体经济的影响正是通过这个途径实现的。由此可见，金融发展的意义在于增加商业银行的实际信贷供给，这又受到货币政策一系列因素的影响。所以，卡普尔（1983）认为，发展中国家政府提升金融发展，可以通过宏观货币政策调节实现。弗赖伊（Fry，1988）关注货币金融和经济发展之间的关系，通过大量的实证检验对发展中国家储蓄、投资与经济增长之间的关系进行研究。他的研究发现，在发展中国家经济增长的决定因素是投资规模与投资效率，而这些因素又受资本供给和货币金融的影响，货币金融通过决定实际利率而对投资产生影响，因此，政府应鼓励国内储蓄和国外资本流入增加国内的资本供给。

第二阶段金融发展理论的演进则是基于内生经济增长理论而产生的，这一阶段的研究将金融发展处理成由外生变量决定的内生变量，重点在于金融中介和金融市场的形成机制。伯伊德和史密斯（Boyd and Smith，1992）分析了金融中介的功能及其在资本配置中的作用，他们的模型认为经济主体具有中性风险偏好，信贷过程存在信息成本并且具有逆向风险的可能。在这种情况下，金融中介因为信息比较优势减少了信贷配给中低效率的利差。斯科莱福特和史密斯（Schreft and Smith，1998）进一步考察了中央银行公开市场业务影响货币增长的模型，在这种情况下，金融中介的存在可以为该过程的资产转化为现金流动性提供便利。

在金融市场方面，布特和撒克（Boot and Thakor，1997）研究了一个存在信息不对称和事后监督的经济模型，阐述了其中金融市场的优势与功能。他们认为，金融市场具有获取信息和汇总信息的优势，生产者在金融市场上发行各类金融有价证券，作为经济主体的投资者在金融市场上竞争性地买入有价证券，市场出清所形成的证券价格恰好反馈了投资项目的收益信息，有利于资金的有效配置。格林伍德和史密斯（Greenwood and Smith，1997）则认为，金融市场是由于各类经济主体参与金融活动产生成本而形成的体系，因而只有当经济发展到一定程度，金融活动达到一定门槛后金融市场才能形成，即金融市场是经济发展和经济活动的内生结果。

二、金融发展对经济增长和出口贸易的影响

（一）金融发展对经济增长的影响

金融发展理论提出与改进后，大量中外文文献以此为框架对金融发展能否促进经济增长展开实证研究。格雷戈里奥和吉多蒂（Gregorio and Guidotti，1995）利用跨国数据进行实证研究发现，金融发展在整体上对经济增长有正向的影响，而影响途径主要通过投资效率提升而实现。考尔德伦和刘（Calderon and Liu，2003）也利用跨国数据进行研究发现，金融发展和经济增长之间存在互为因果的关系，而在发展中国家更多地呈现出金融发展推动经济增长的单向关系，并且，在越长的时间跨度内正向影响越大。哈桑等（Hassan et al.，2011）研究了低收入国家的样本，发现这些国家的金融发展与经济增长之间也存在正向的相关性，并且，在短期内也存在互为因果的关系。

也有研究表明，金融发展对经济增长的影响并不是单一的，里奥哈和瓦列夫（Rioja and Valev，2004）发现，两者间的关系随着金融发展程度的不同而呈现差异，在金融发展水平较低的国家，金融发展对经济增长的影响并不确定；而在金融发展水平居中的国家，正向影响较为明显；在金融发展水平较高的国家，正向影响又趋于减少。冯（Fung，2009）发现，金融发展对经济增长的影响是收敛的，在经济发展初期，正向影响的作用较大，但随着经济的持续发展，这种正向影响开始减弱。劳和辛格（Law and Singh，2014）使用动态面板数据回归方法发现，金融发展对经济增长的影响存在阈值效应，只有当金融发展处在一个最佳水平的区间内时，才会对经济增长产生促进作用；而这一区间外的金融发展，则会对经济增长产生不利的影响。

中国改革开放以来的金融发展和经济增长，也为这一领域的研究提供了丰富的素材和数据。周立和王子明（2002）利用省际面板数据发现，中国各地金融发展与经济增长之间的关系非常密切，金融市场化能明显促进经济增长。孙力军和张立军（2008）研究了金融发展影响经济增长的传导渠道，发现主要通过所有制结构调整、外商直接投资以及国债融资进行传导。熊鹏和王飞（2008）在内生增长模型框架内，以资本存量、人力资本和制度因素作为传导变量，通过实证研究检验了金融发展的作

用，发现总体上金融发展促进了经济增长，并且，金融中介的正向作用大于金融市场。苏基溶和廖进中（2009）也在内生增长模型框架内展开实证研究，不同的是，他们发现金融发展是通过提升研发产出效率和技术吸收能力而促进经济增长的。云鹤等（2012）对金融发展进行了分解，分为分置效率、转化效率和配置效率，发现这三者对经济增长均存在明显的促进效应。陆静（2012）的实证研究则发现，金融发展无论在金融机构存款维度还是在金融机构贷款维度上均是促进经济增长的主要因素。

在微观层面，由于中国企业存在融资约束的问题，金融发展被认为能通过增加企业资金来源而有利于企业发展及宏观经济增长。程华（2004）发现，金融发展对经济增长的作用在于为企业提供合理的贷款结构，能够在微观上优化资本流向和效率提升。李青原等（2013）通过工业行业数据发现，金融发展促进经济增长的途径在于提升地区实体经济资本的配置效率，但是，在金融发展中的政府干预会阻碍这一优化过程的实现。企业的研发创新也缺乏资金来源，因而，金融发展通过提升创新促进经济增长也受到较多关注。黎欢和龚六堂（2014）构建理论模型发现，金融发展能提升企业的研发投入强度，进而通过促进技术进步达成经济增长的效果。他们利用工业企业数据库的微观数据对理论进行了验证，并发现金融发展水平对不同类型企业研发创新的影响存在差异，非国有企业受金融发展的益处最为明显。李苗苗等（2015）发现，金融发展既是经济增长的直接原因，也是引致技术进步推动经济增长的间接原因，金融发展与企业研发投入之间有很强的正向关系，但银行主导的金融发展产生的影响却并不强。

（二）金融发展对出口贸易的影响

随着金融发展理论在经济研究中的广泛应用，国际贸易领域也开始关注金融发展产生的影响。克莱策和巴德汉（Kletzer and Bardhan，1987）最早将金融发展和金融制度作为国际贸易的比较优势因素进行考察研究。他们在一个2×2×2的国际贸易模型中添加了信贷市场不完全变量，基于此研究生产和贸易模式，发现一国在信贷市场上的风险差异和利率差异构成了出口的比较优势，这种比较优势体现在贸易融资的成本中。贝克（Beck，1999）对此进行了拓展，研究表明金融发展程度较高的国家融资成本较低，因而具有生产规模经济特征产品的成本优势，所以金融发展较成熟的国家在规模经济特征产品上具有比较优势，成为这种产品的净出口国。贝克（2002）进一步指出，金融发展程度的提高可以促进一国资本积累的加速，在要素禀赋上改变一国的比较优势，使该国更易成为资本密集型产品的净出口国。

针对金融发展在国际贸易领域的应用，外文文献也采取不同的数据和不同的方法对此进行了实证检验。史瓦瑞德和弗拉霍斯（Svaleryd and Vlachos，2005）对 OECD 国家的国际专业分工模式进行了实证研究，发现除了传统国际贸易理论认定的物质资本、人力资本以及技术水平等因素产生的影响外，金融发展程度也是这些国家国际生产模式的重要决定因素。钱尼（Chaney，2005）基于异质性国际贸易理论模型引入金融发展变量，表明金融发展程度的提升能降低企业从事国际贸易活动的生产率临界值，因而，意味着在微观层面金融发展也有助于提升企业的对外贸易和外向化发展倾向。贝克尔和格林伯格（Becker and Greenberg，2007）从企业出口贸易固定成本出发运用跨国数据进行实证研究发现，金融发展程度的提高有助于企业降低出口固定投入的融资成本，从而增加了固定资本投入较高行业的出口规模。马诺娃（Manova，2008）研究了企业出口中的信贷约束，认为信贷约束的存在也增加了企业出口选择的临界条件，而金融发展的作用在于缓解信贷约束，从而使企业无论在出口量还是出口多元化方面均面临更大的灵活性。佐和马诺娃（Chor and Manova，2012）利用美国金融危机后的数据进行了反向验证研究，发现在金融危机发生后，利率的提升和融资条件的严格化降低了各国的出口规模。莫妮卡（Monika，2013）也进行了反向验证，利用企业微观层面数据发现融资约束不仅抑制了企业的技术创新活动，也阻碍了企业的出口行为。

中文文献主要集中在中国金融发展与出口贸易之间相关性的实证检验上，包括与出口规模和出口结构的相关性。齐俊妍（2005）将金融发展因素引入 H-O 模型理论框架中，表明金融发展也可以影响一国比较优势，其作用机制是影响资本禀赋和促进技术进步，并发现金融发展程度越高，出口贸易中高金融依赖的技术密集型产品占比也越高，从而优化贸易结构。史龙祥和马宇（2008）利用中国制造业面板数据进行实证研究，发现包括融资效率提升和金融结构改善在内的金融发展有助于扩大行业出口规模，优化出口结构。徐建军和汪浩瀚（2008）则利用省际面板数据进行实证研究发现，短期内中国金融发展会抑制中国中西部地区的出口规模，而长期内均会促进各地区的出口增长，并且，对东部地区的促进作用要高于中西部地区。包群和阳佳余（2008）通过三类指标研究金融发展水平对工业制造品比较优势的影响，研究表明较高的金融发展水平通过降低工业制造品生产企业的融资成本而提高产品比较优势，从而促进出口规模。但是，他们的研究发现，不同方法度量的金融发展对出口比较优势的影响存在差别。姚耀军（2010）利用省际面板数据进行实证研究，发现金融发展规模的增加和金融发展效率的提升均能促进中国出口规模的增长，并增加制成品在出口中的份额。孙少勤和邱斌（2014）从金融规模、金融结构和金融效率三个维度研究了金融发展对中国各地区出口结构的影响，发现总体上金融发展优化了中国的出口结构，但存在明显的区域差异。

金融发展对中国出口复杂度的影响，在近年来也构成了实证研究的热点。齐俊妍等（2011）构建了两者关系的理论模型，在模型中设定研发和生产的不确定性随着技术复杂度的提升而增加，随之逆向选择的可能性也越大，金融发展的作用在于有效地解决逆向选择的问题，从而提升一国生产和出口的技术复杂度。他们用跨国面板数据进一步验证了理论推断的稳健性和显著性。郭亦玮等（2013）研究了区域金融发展对出口复杂度的影响，发现金融竞争程度的提升和信贷资源配置的优化均能提高出口复杂度。顾国达和郭爱美（2013）将产品复杂度定义为由多种异质性中间产品组合加工成的产品，并通过理论和实证研究发现金融发展主要通过人力资本积累、研发效率提升和 FDI 技术溢出吸收三个路径提升出口产品的复杂度。杜晓英（2015）也考察了金融发展提升出口复杂度的上述三个路径，但她认为这种影响存在门槛特征，只有金融发展达到一定程度后才能发挥作用。

产品层面和企业层面数据的丰富，也使得从微观角度研究金融发展对出口贸易的影响成为可能。

在产品数据方面，陈磊和宋丽丽（2011）基于异质性企业国际贸易理论，使用中国对 64 个出口经济体和 182 个进口经济体的 400 多万条贸易数据研究金融发展对出口二元边际的影响，发现金融发展不仅能增加二者成为贸易伙伴的可能性，还能促进贸易伙伴的出口量，其中，这种作用对高金融依赖和低抵押的行业尤为明显。孟夏和陈磊（2012）利用

80多万条制造业企业出口数据进行实证研究，发现金融发展带来的融资约束化解不仅能有助于企业进入新的出口市场，还能使其扩大出口份额，实现扩展和集约二元边际的增长。吴晓怡和邵军（2014）利用六位码层面的产品出口数据研究金融发展对出口贸易影响的持续性及行业差异，发现金融发展对出口的平稳性有正向的促进作用，并且发现对于低融资依赖行业的出口平稳有更大的促进作用。

在企业数据层面，孙灵燕和李荣林（2011）利用世界银行投资环境调查数据研究融资约束对中国企业出口的影响，发现企业出口参与程度确实受外源性融资约束的制约，而从企业性质角度，国有企业出口受外源性融资约束的影响不大，而民营企业出口高度依赖外源性融资约束。阳佳余（2012）利用工业企业数据库从企业层面发现融资能力也是制约企业出口的主要因素，因而金融发展能通过融资效率的提升促进企业出口。毛毅（2013）利用世界银行投资环境调查的微观数据进行实证研究，发现金融发展是影响企业出口倾向和出口收益的重要因素，并对不同所有制企业出口收益的影响存在差异，民营企业出口更受益于金融发展程度的提升，而国有企业出口受其影响并不显著。韩剑和陈艳（2014）利用50多万家企业数据展开实证研究发现，金融发展对不同特征企业的出口影响差别较大，金融发展更易推动规模较大和融资约束较小企业的出口增长。万璐和李娟（2014）运用中国企业层面"企业-产品-目的国"的加总出口数据研究宏微观层面金融发展对出口二元边际产生的不同影响，研究发现金融发展对中国企业出口的集约边际和扩展边际均存在显著影响，宏观金融对两者的影响方向一致，但是，微观金融发展对两者影响的方向不一致。

第二节　企业对外直接投资文献综述

一、企业对外直接投资理论的提出与演进

（一）企业对外直接投资理论的提出

要素跨国流动历来都是国际贸易理论关注的主要话题，在主流新古

典国际贸易理论中，资本要素因利差而进行跨国流动，因而，企业对外直接投资的方向也是从资本充裕的发达国家流向资本稀缺的发展中国家。这一论断与要素禀赋理论的观点一致，因而，在新古典经济学中并没有专门的企业对外直接投资理论。新古典国际贸易理论建立在完全竞争市场的假设之上，进而也没有考虑不完全竞争情况下企业资本流动的特征。随着20世纪60年代不完全竞争经济学的影响力不断提升，经济学家开始观察到企业对外直接投资行为在很大程度上受到市场不完全性的影响。

海默（Hymer，1967）通过实证数据发现，现实经济中存在大量资本稀缺国家企业向资本充裕国家进行对外直接投资的案例，并且，欧美国家对外直接投资企业，一方面，均是行业的领先者；另一方面，也存在在东道国当地进行融资的现象。为了对这种现实与新古典国际贸易理论的不一致性进行解释，海默（1967）提出了专门研究企业对外直接投资行为的垄断优势理论，这也意味着企业对外直接投资理论的出现。他的理论放宽了新古典经济学的完全竞争假设，而将产业组织理论引入分析企业对外直接投资，认为跨国公司之所以在东道国进行对外直接投资是因为其具有垄断优势，这种优势能在新的市场上获取更多新的利润来源。企业的垄断优势主要来自技术专利、规模经济和销售渠道等多个方面，而这也正是市场不完全竞争的结果。此外，由于国际贸易中也存在贸易壁垒和贸易摩擦等一系列的不完全市场因素，贸易成本的存在也会使企业通过在东道国进行对外直接投资而替代国际贸易。由此可以归纳总结出，海默（1967）企业对外直接投资理论的立论和出发点是市场不完全性产生的垄断优势。

继海默（1967）之后，越来越多的研究开始探讨企业对外直接投资，巴克利（Buckley，1974）和卡松（Casson，1979）基于科斯的交易成本理论，从企业内部交易成本和企业外部交易成本差异出发研究企业对外直接投资的优势。他们的理论认为，在市场交易中存在各种交易成本从而导致了外部交易的低效率，跨国交易更是要承担高额的成本，包括沟通成本、汇率风险，等等。这种情况的存在，为企业通过内部化行为替代市场交易从而消除市场交易成本提供了动机。企业会对比内部管理成本和市场交易成本的相对大小而决定采取跨国市场交易还是对外直接投资行为进行一体化，当内部管理成本高于市场交易成本时，企业的理性选择是外部市场交易；而当外部交易成本高于内部管理成本时，企业将会选择对外直接投资进行一体化。因此，内部化的理论观点认为，企业对外直接投资是对国际贸易的一种替代。

小岛清（Kojima，1978）基于日本企业对外直接投资的现实特征提出了一种新的理论，这种理论与基于欧美企业特征的对外直接投资理论形成了良好的互补。首先，与欧美具有垄断优势的大型企业对外直接投资不同，日本对外直接投资企业大多是在国内丧失比较优势的小型企业，基于这种特征，小岛清（1978）结合要素禀赋和比较优势提出了边际产业扩张理论。这种理论认为，企业对外直接投资应该从已经处于或者即将处于比较劣势的产业开始依次进行。由于国内经济的发展，要素禀赋变化导致一些产业的比较优势开始丧失，因此，这些产业在进行对外直接投资时应选择与母国技术差距较小的东道国，从而保证要素禀赋的匹配，只有这样才能在东道国实现企业对外直接投资的顺利衔接。按照这种模式的企业对外直接投资对于母国和东道国的产业结构优化都具有一定的正向影响，同时，还有助于全球国际分工的效率提升。

邓宁（Dunning，1977，1980）将企业对外直接投资理论进行了综合，从而形成了一套适用性和解释力都很强的综合理论。他的理论综合了垄断优势理论和内部化理论，并加入了区位选择因素，认为企业只有在同时拥有所有权优势、内部化优势和区位优势时才会进行对外直接投资，其中，所有权优势保障企业开拓市场的能力，内部化优势确保企业的低内部经营成本，区位优势提供东道国的有利环境。因此，企业对外直接投资行为是由企业自身优势的动力和东道国优势的吸力共同作用形成的，企业在进行对外直接投资时会综合考虑内部和外部的各种因素，这也意味着对外直接投资行为对企业综合能力的要求非常高。邓宁理论为分析企业对外直接投资行为提供了一个统一的框架，标志着企业对外直接投资理论的正式形成。

与此同时，发展中国家企业对外直接投资行为也开始出现，韦尔斯（Wells，1983）和拉尔（Lall，1983）分别基于发展中国家特征提出了分析发展中国家企业对外直接投资的理论。韦尔斯（1983）从小规模技术角度提出了发展中国家企业进行对外直接投资的竞争优势，认为一些发展中国家拥有为其他市场规模较小的发展中国家服务的小规模劳动密集型产品生产技术，这种技术是发达国家企业所不具备的，因而，在低收入发展中国家更具有优势。而且，发展中国家企业的营销成本也大大低于发达国家企业，这在消费层次较低的国家也具备成本上的竞争优势。拉尔（1983）则提出了技术地方化理论，从技术的吸收和匹配方面提出了发展中国家企业对外直接投资的优势。他的理论认为，尽管总体上发展中国家企业的技术水平较为落后，但是，在针对技术水平更落后国家的对外直接投资中，这种技术更易于与东道国经济特征的结合，更易于对技术的吸收和改造，因而，也具有了发达国家高水平技术所不具备的优势。基于发展中国家企业对外直接投资的两个理论，均从技术差距角度有效地解释了发展中国家企业可以在国际竞争中具有相对优势，也具有从事对外直接投资活动的能力。

（二）企业对外直接投资理论的演进

企业对外直接投资理论提出后，其理论的演进大体上可以分为两类，一类从横向类型和纵向类型对企业对外直接投资进行区分；另一类基于异质性企业国际贸易理论研究企业对外直接投资行为。第一类文献重在考察不同动机企业对外直接投资行为的影响因素，以及在此背景下区位选择时东道国经济因素产生的不同影响。第二类文献重在研究包括生产率在内的企业异质性因素如何影响对外直接投资决策，明确对外直接投资企业和非对外直接投资企业的区别。这两个方向上的理论研究使得企业对外直接投资理论与当前国际贸易的前沿理论紧密相扣，使理论更具有现实解释力。

马库森（Markusen，1984）研究了以市场开拓为主的横向企业对外直接投资动机，这类企业权衡出口与在东道国直接生产的相对利润差异而进行选择。马库森的研究假设出口不需要承担固定成本，但需要多支付包括关税在内的额外边际成本，对外直接投资则需要承担设立新企业工厂的固定成本，但无须支付额外的边际成本。因此，当东道国市场规模较大或者关税成本较高时，一次性支付固定成本而无须承担额外边际成本可以获得更多的利润，此时，企业倾向于选择对外直接投资在东道国当地进行生产；相反，当市场规模较小或者关税较低时，出口贸易的利润将高于企业对外直接投资。布雷纳德（Brainard，1997）在此框架内研究了美国企业对 27 个国家的出口和对外直接投资行为，发现美国在高固定成本行业的出口较多，在高运费国家和高关税国家的出口较多而对外直接投资较少，说明贸易成本和固定成本是影响企业对外直接投资选择的关键因素，验证了横向动机企业对外直接投资的行为方式。耶普尔（Yeaple，2003）使用类似的数据研究市场规模产生的影响，发现在市场规模较大的国家，美国企业通过对外直接投资设立分公司进行销售的份额比出口销售的份额要大；而对于市场规模较小的国家，美国企业更倾向于采用出口贸易的方式进行销售。

纵向对外直接投资是指，将生产阶段转移至其他国家进行投资，以求获得更低生产成本的投资类型，赫尔普曼（Helpman，1984）对此进行了研究。在一个生产可以分解为不同阶段的模型中，生产过程包括工厂服务和总部服务，两者的要素密集度存在差异，工厂服务以劳动密集型为主，总部服务包括研发和管理等，以技术密集型和资本密集型为主。从成本最小化的需求出发，企业存在很大的动机将生产分散在不同的国家，工厂服务可以通过对外直接投资的方式转移至低劳动成本国家，而总部服务则保留在国内。因此，这类动机的企业对外直接投资主要发生在要素禀赋相差较大的母国和东道国之间，一般是高劳动力成本的发达国家企业对低劳动力成本的发展中国家对外直接投资。汉森等（Hanson et al，2001）检验了美国制造业跨国公司附属机构在国外的分布，发现20世纪80年代到90年代不同行业在国外分公司生产的中间产品比例均有大幅度提高，尤其是美国公司在墨西哥的附属企业，他们的研究意味着纵向企业对外直接投资的重要性正在提升。汉森等（2003）进一步发现，美国对国外分公司的出口受东道国劳动成本的影响较大，对低劳动成本国家的出口较多，由于对国外分公司出口的往往是进行加工生产的原材料，这也验证了纵向动机企业对外直接投资倾向于低劳动成本的国家。

梅里兹（Melitz，2003）的开拓性的异质性企业国际贸易理论为企业对外直接投资企业的演进提供了另一种思路。梅里兹（2003）区分了不同生产率的企业，生产和出口过程中存在的不确定性以及固定成本的存在为企业的不同行为设定了生产率临界值，只有生产率较高的企业才会选择出口贸易，而生产率较低的企业选择只服务于国内市场。赫尔普曼等（Helpman et al.，2004）基于此将企业的选择扩展到了存在对外直接投资的情景，出口和对外直接投资均需要承担固定成本，但由于需要建设新的工厂和生产基地，对外直接投资承担的成本较高。因此，企业的行为选择是，生产率最高的企业才会进行对外直接投资，生产率居中的企业选择出口贸易，生产率最低的企业则选择在国内生产和销售。他们利用美国的数据发现，出口企业的生产率比非出口企业的生产率高40%，对外直接投资企业的生产率则要比出口企业高15%。

格罗斯曼等（Grossman et al.，2006）研究了生产转移类型企业对外直接投资中异质性的影响方式，他们的模型设定为生产由一种中间投入品和一种组合技术构成，且两者均可以置于不同的国家进行，产品也可以销售到任何国家，由此增加了平台对外直接投资的可能性。由于固定成本的存在，低生产率的企业无法进行对外直接投资，所有的生产均在国内完成；生产率居中的企业在低劳动成本国家进行中间产品生产，但在母国进行组装；生产率最高的企业同时在低劳动成本国家进行中间产品的生产和最终组装，因为要承担两类固定成本。在这种情况下，高生产率企业在进行对外直接投资时拥有更多的选择，可以直接将东道国作为出口平台进行销售，节约了中间产品运输过程中产生的贸易成本。

二、企业对外直接投资影响因素

（一）企业对外直接投资国内推力影响因素

对企业对外直接投资国内影响因素最早的研究来自邓宁（1981）提出的投资发展周期理论，将一国的企业对外直接投资规模和经济发展水平连接在一起。邓宁的研究认为，当一国经济发展从落后到发达的演变过程中，同时也经历了以引进外资为主到对外直接投资为主的转换过程，只有当经济发展程度较高时，一国才会出现较大规模的企业对外直接投资。因此，邓宁（1981）最早认定经济发展程度是影响企业对外直接投资的主要因素。巴克利和卡斯特罗（Buckley and Castro，1998）构建了人均收入与企业对外直接投资之间的动态发展路径关系，并利用葡萄牙样本数据进行了检验，从实证上验证了企业对外直接投资规模随着经济发展水平的提高而增大的理论论断。此外，他们以葡萄牙加入欧盟等一系列事件为例，表明了国家政策和国际关系也是影响一国企业对外直接投资的主要因素。巴里和史卓伯（Barry and Strable，2002）分别利用美国和欧洲国家样本数据研究集聚效应和传递效应对企业对外直接投资的影响。巴里和史卓伯格的研究发现，国内集聚度越高的行

业越倾向于对外直接投资，这是因为信息传递在这些行业的成本
较低。

发展中国家企业对外直接投资的国内影响因素，也在21世纪以后受
到较大关注。马修斯（Mathews，2006）认为，发展中国家企业进行对外
直接投资并不具有邓宁强调的三个优势，而是通过联系、学习以及影响
力因素进入国际市场开展对外直接投资，因而研究发展中国家企业对外
直接投资的影响因素应采取新的范式。托伦蒂诺（Tolentino，2008）利用
中国和印度的时间序列数据研究了两个国家企业对外直接投资的国内影
响因素，发现两个国家影响企业对外直接投资的国内宏观因素存在较大
差别。卡亚米（Kayam，2009）利用发展中国家和转型国家的面板数据进
行实证研究发现，市场规模、贸易条件、生产成本以及国家商业条件等
是推动企业进行对外直接投资的主要国内因素，并且发现在发展中国家
和转型国家，企业对外直接投资随着国内政府行政服务效率的提高而减
少。梅森和沙布典（Masron and Shahbudin，2010）研究马来西亚和泰国
推动企业对外直接投资的国内影响因素时发现，市场条件、生产成本和
国内商业竞争等均构成主要的因素。哈辛和简（Bhasin and Jain，2013）
利用部分亚洲国家的样本数据发现，GDP规模和外资开放度是影响企业
对外直接投资的重要因素，越大的GDP规模对企业对外直接投资有正向
的推动作用，更为开放的外资引进及双边投资协定也有利于促进企业对
外直接投资。凯尼（Khnnindra，2013）利用发展中国家样本数据进行实
证研究发现，经济发展水平、全球化参与程度、技术发展程度等均是影
响企业对外直接投资的重要因素。斯托扬和莫尔（Stoian and Mohr，
2015）利用新兴市场国家样本从制度角度研究了企业对外直接投资的国
内影响因素，发现对于这些国家而言，国内监管程度的严格化也会迫使
具有竞争优势的企业将对外直接投资业务转移至国外。

在中文文献中，官建成和王晓静（2007）强调国内技术能力对企业
对外直接投资产生的影响，采取岭回归方法发现当时的技术能力尚未构
成中国企业对外直接投资的推动因素，进而强调政府应通过鼓励高科技
企业间的研发合作和加速开放推动中国企业对外直接投资的整体水平。
邱立成和王凤丽（2008）结合中国经济现实展开实证研究，发现在宏观
层面，国际贸易、工资水平以及资源需求都是影响中国企业对外直接投
资的主要因素。张为付（2008）利用内部张力、外部引力和环境支撑力

范式，研究了中国企业对外直接投资的各类影响因素，通过提出理论假设并进行实证研究发现，经济规模、出口贸易、政府推动以及民营企业的发展构成了推动中国企业对外直接投资的主要国内因素。于超等（2011）利用省际面板数据进行实证研究发现，贸易开放和经济发展程度的提升是推动中国企业对外直接投资的主要因素，但技术能力提升产生的影响却十分有限。温磊（2013）通过非平衡面板数据实证研究发现，生产成本的增加是推动中国企业对外直接投资的正向国内影响因素，引进外资也会产生一定的影响。孙黎和李俊江（2015）基于全球价值链理论指出，中国企业对外直接投资的推动因素包括，寻求国内最佳规模经济、克服要素流动性约束及发达国家竞争、获取市场和战略资产以及国内经济发展方式转变等，这是因为当前中国处在全球价值链的低端而呈现出与发达国家不同的特征。姜广省和李维安（2016）认为，政策干预是影响中国企业对外直接投资的重要因素，并利用上市公司数据进行实证研究发现总体上政府干预越多的企业具有较低倾向和较小规模的对外直接投资，影响渠道主要来自企业决策层控制和申请审批，但是对于营销资源丰富的企业，政府干预却会对企业对外直接投资行为产生正向影响。国内企业内部因素产生的影响也得到了关注，汝毅等（2016）基于中国上市公司在全球范围内的对外直接投资数据发现，企业高管股权激励能促进企业对外直接投资的扩张，在这种过程中内部约束会起到强化作用，而外部约束机制则会起到弱化作用。

在针对单个影响因素的研究中，国内制度是被强调得最多的影响因素。阎大颖等（2009）通过微观层面数据进行实证研究发现，政府扶植、海外关系和融资能力三类制度因素构成了影响企业对外直接投资的主要影响因素，但是，对不同动机类型企业对外直接投资的影响程度存在差异。成诗跃和许敏（2011）认为，政府在制度上放松管制并加大支持力度是近年来中国企业对外直接投资快速增长的国内原因，但仍存在阻碍企业对外直接投资进一步发展的制度障碍。郑展鹏和刘海云（2012）从经济制度和法律制度两个角度展开研究发现，在总体上市场化程度和政府治理对中国企业对外直接投资会产生正向推动作用，而知识产权保护则会产生负向阻碍作用，但在区域上这类影响因素存在明显的地区差别。冀相豹（2014）研究发现，中国企业对外直接投资对制度有显著的依赖性。冀相豹和葛顺奇（2015）利用微观层面数据研究了国内制度环境对企业对外直接投资的影响，发现总体上制度环境存在促进作用，但有明显的地区差异，东部地区的制度环境对企业对外直接投资的正向作用高于中西部地区。

有中文文献在微观层面论述了中国企业对外直接投资的国内推动因素。洪联英和刘解龙（2011）从微观生产组织控制视角利用案例研究发现，在微观上中国企业对外直接投资的推动因素包括所有权组织安排、网络进入权控制以及价值链分解权控制等。洪联英等（2012）以生产率异质性方法展开案例研究，发现投资主体的性质和组织方式都阻碍了中国企业生产率的提升，从而构成了中国企业进行对外直接投资的生产率障碍。王方方和杨志强（2013）扩展了企业异质性框架，研究发现在微观上当企业生产率达到一定水平后，中国企业对外直接投资的选择方式和发展空间会进一步加大。韩剑（2015）利用微观数据进行实证研究发现，中国企业对外直接投资存在生产率门槛，并且纵向对外直接投资的生产率门槛要低于横向企业对外直接投资的生产率门槛，因此，提升生产率是促进企业对外直接投资的微观方式。刘莉亚等（2015）利用微观数据发现，融资约束构成了中国企业对外直接投资的制约因素，并且，这种制约因素对于融资依赖程度高的行业会产生更大影响，但生产率的提升能在一定程度上消除这种制约。李磊和包群（2015）也在微观上考察了融资能力对企业对外直接投资产生的影响，发现信贷融资的增加是中国企业对外直接投资的重要推动因素，并且融资能力越高的企业越有可能进行对外直接投资，融资能力对不同类型的对外直接投资也会产生不同的影响。

（二）企业对外直接投资区位选择国外影响因素

邓宁提出企业对外直接投资的区位优势论后，东道国吸引企业对外直接投资的因素开始被加以研究。布莱尼吉姆和史云逊（Brannerhjelm and Svenson，1996）采用瑞士企业对18个国家的企业对外直接投资数据研究东道国经济特征所产生的影响，发现东道国产业集聚和技术领先具有很大的吸引力，另外，市场规模、高技能劳动的供给以及贸易模式等都是影响企业对外直接投资的国外因素。张和钱（Cheung and Qian，2009）研究了中国企业对外直接投资的国外影响因素，发现由于动机不同，对发达国家和发展中国家的企业对外直接投资受不同东道国因素的影响，并且，中国对非洲和产油国的直接投资并不主要受东道国资源的影响。科尔斯塔德和韦格（Kolstad and Wiig，2012）研究了中国企业对外直接投资的东道国影响因素，发现东道国较大的市场、丰富的资源等的结合等构成了影响中国企业对外直接投资的主要因素。

　　近年来，中文文献针对中国企业对外直接投资区位选择国外影响因素的研究相当丰富，主要从经济因素、制度因素以及文化因素等展开论述。

　　在国外经济影响因素方面，胡博和李凌（2008）通过样本国聚类进行实证研究，发现发达国家吸引中国企业对外直接投资的因素在于高科技水平，发展中国家吸引中国企业对外直接投资的因素则在于丰富的资源和潜在的国内市场。何本芳和张祥（2009）基于引力模型发现，在宏观层面上东道国贸易开放、劳动成本、地理距离以及国家类别等构成了吸引中国企业对外直接投资的主要因素。王胜和田涛（2013）从国别差异角度研究了影响中国企业对外直接投资的国外因素，发现对于资源丰裕型的东道国，双边经济总量和贸易往来等是主要影响因素；对于经济发达的东道国，运输成本和东道国技术水平是主要影响因素；对于新兴市场东道国，投资自由度和贸易开放度是主要影响因素。

　　罗伟和葛顺奇（2013）研究了横向动机企业对外直接投资的东道国影响因素，通过实证研究发现东道国较大的市场规模、较低的劳动力工资、较高的贸易成本、较小的直接投资和出口固定成本差异等都是吸引中国企业对外直接投资的因素。阎大颖（2013）利用中国企业在东道国设立的分支机构的深层次数据进行实证研究，发现东道国的市场潜力、廉价劳动、自然资源、战略资产以及服务业发展等一系列因素是影响中国企业进行对外直接投资的主要国外因素。赵蓓文（2015）通过对主要国家的企业对外直接投资案例进行研究，发现中国企业对外直接投资区域选择主要受投资动机和东道国经济环境的影响。邱立成和杨德彬（2015）利用中国上市公司数据对比研究了国有企业和民营企业对外直接投资区位选择的不同影响因素，发现对于国有企业而言，发展中国家丰富的自然资源是主要的国外影响因素；对于民营企业而言，发达国家的战略资产和发展中国家的市场潜力则构成主要的影响因素。陈恩和陈博（2015）利用中国对发展中国家企业对外直接投资样本数据进行了实证研究，发现发展中国家影响中国企业对外直接投资的正向因素，包括市场规模、自然资源、基础设施以及双边投资协定等；负向影响因素，则包括工资水平、技术水平、地理距离和出口贸易等。

在制度影响因素方面，宗芳宇等（2012）利用上市公司层面数据进行实证研究，发现东道国制度环境是影响中国企业对外直接投资的主要因素，但是，双边投资协定能在一定程度上弥补东道国制度环境的缺失。谢孟军和郭艳茹（2013）研究了东道国法律制度对中国企业对外直接投资的影响，发现东道国良好的法治和财产保护有助于吸引中国企业的对外直接投资。张中元（2013）则利用面板门限回归模型研究东道国制度质量和双边投资协议对中国企业对外直接投资的影响，发现高收入经济体和低收入经济体制度质量的提升有助于中国企业对外直接投资的增加，但中等收入水平国家制度质量提升则不会产生影响。周军和张利敏（2014）利用中国跨国企业进行对外直接投资的数据研究了制度距离产生的影响，发现较大的正式制度距离会显著影响中国企业对该东道国的直接投资，而非正式制度距离产生的影响则不明显。谢孟军（2015）也研究了中国与东道国之间制度距离产生的影响，发现中国企业倾向于对制度距离较大的国家进行出口，而对制度距离较小的国家进行对外直接投资，因此，说明了东道国较小的制度距离是有利于吸引中国企业对外直接投资的国外影响因素。王恕立和向姣姣（2015）发现，东道国制度质量对中国企业对外直接投资的影响表现出多元化，企业对外直接投资规模偏向高制度质量的东道国，投资选择偏向低制度质量的东道国。技术寻求型企业对外直接投资偏向于低制度质量的东道国，而市场寻求型企业和资源寻求型企业对外直接投资偏向于高制度质量的东道国。

在东道国文化影响因素方面，许和连和李丽华（2011）利用引力模型进行实证研究，发现东道国文化距离与中国企业对外直接投资之间存在负相关性，中国对文化距离较大的国家存在较小的企业对外直接投资规模。綦建红和杨丽（2012）利用中国对40多个国家的对外直接投资数据进行实证研究，发现中国企业对外直接投资与文化距离之间的关系取决于地理距离，当地理距离较小时，中国与东道国之间的文化距离会对企业对外直接投资产生负向影响；而当地理距离较大时，中国与东道国之间的文化距离则会产生正向影响。李阳等（2013）利用中国的江苏省企业对外直接投资的东道国样本数据为例进行实证研究，也发现东道国文化制度对中国企业对外直接投资的区位选择会产生明显的影响。吴群锋和蒋为（2015）从文化视角研究了东道国华人网络对中国企业对外直接投资产生的影响，发现华人网络越密集的东道国对中国企业对外直接投资越具有吸引力，而高技能华人网络和发达国家华人网络产生的作用更为明显。蒋冠宏（2015）利用中国 1 800 多家对外直接投资企业的微观数据检验了东道国制度与文化差异对中国企业对外直接投资风险的影响，一方面，发现东道国制度质量的提升降低了中国企业的投资风险；另一方面，也发现在文化上东道国保守的阶层观念增加了中国企业对外直接投资的风险，自我意识和平等意识则降低了投资风险，文化距离对中国企业对外直接投资风险的影响呈现出先降后升的影响方式。

第三节　中国金融发展及企业对外直接投资特征文献综述

一、中国金融发展特征文献

改革开放以来，随着市场化程度的不断提高，中国金融发展在多个维度上取得了较大突破，金融资源总量规模增长较快，金融结构也得到了优化。王广谦（2002）强调了金融结构在中国金融发展中的重要作用，认为尽管中国金融总量取得了快速增长的成绩，金融结构也发生了很大变化，但在金融产业结构、市场结构以及融资结构上仍存在需要完善的地方。杨树旺和刘荣（2003）研究了 20 世纪 90 年代以来中国金融发展的特征，指出金融结构多样化、金融资产多样化和经济货币化程度的提高构成了金融发展的正面特征，但仍存在金融体系由银行主导的结构特征，银行贷款依然是最主要的企业融资形式，由于银行体系效率较低，因而中国整体金融发展效率有待进一步提升。田菁（2011）从整体和部门两个角度研究了中国金融发展现状，表明中国正处在经济转型期，金融发展增长稳定但整体市场化程度不高，并存在非常明显的区域金融差异。张成思和李雪君（2012）选取全球 57 个主要国家进行对比，从金融政策和机构环境、商业环境、银行业金融服务以及金融市场四个维度度量中国金融发展水平，通过对比分析发现尽管中国在金融发展上呈现出政策环境与商业环境发展良好、金融服务水平上升等良性态势，但仍存在法律体系不够完善、市场发展较落后以及创新性不足等一系列问题。周丹和金雪军（2014）通过国际比较研究了中国区域金融发展的特征，发现主要有以下特征：一方面，在国内，经济发展不平衡和地区差异是区域金融发展差异性产生的条件，开放自由的市场环境则是区域金融的运行条件；另一方面，在国外，经济全球化和金融全球化突出了中国区域金融发展的重要性。

中国金融发展的另一个特征是极化现象，邓向荣和杨彩丽（2011）在利用主成分分析方法设计中国金融发展指标的基础上构建了金融极化指标，通过实证研究发现中国金融发展已经呈现出极化现象，并且极化速度较快，与经济极化存在负相关性。此外，他们发现，东中西部地区之间的极化趋势存在较大差别，在东部存在主极和负极并存的多个极核现象；中西部地区金融发展程度较低，具有较强集聚能力的极核尚未呈现。刘华军和鲍振（2012）利用省际样本研究了中国金融发展的空间非均衡特征和极化现象，利用基尼系数测度与分解发现中国金融发展空间布局的总体差异呈扩大趋势，金融发展的空间极化也有递增趋势。进一步，他们的研究发现，地区间差异是中国金融发展极化的主要来源，且贡献率呈扩大趋势；而地区内差异的贡献率最低且呈下降趋势。

中国金融发展的区域差异特征也得到了大量研究的强调。李敬等（2008）通过理论和实证模型研究了中国金融发展区域差异的影响因素，发现各地区间经济地理条件等方面的差异是主要原因，具有先行优势和试点效应的地区有更高的金融发展程度；人均受教育程度和商品交易效率，也是影响金融发展区域差异的重要因素。此外，李敬等（2008）度量了中国金融发展的多维度差异并研究了变动趋势，发现中国金融发展的差异，一是城乡差异；二是东部地区内部差异；三是省际间区域差异。他们进一步进行趋势分析后发现，区域间金融差异将会进一步扩大，东部地区、中西部地区内部金融发展差异也呈现出持续扩大的趋势。杜家廷（2010）利用空间计量模型进行实证研究发现，金融发展有很强的空间溢出效应，空间差异和地理邻近是影响区域金融发展的重要因素，并且，在东部区域内部和中部区域内部也存在较强的空间溢出效应，而西部区域内部则存在较强的空间依赖效应。邓向荣等（2012）以金融开放为契机研究了中国区域金融差异的特征，对比金融开放前后展开实证研究发现，金融开放也会影响金融发展的区域差异，并且，这种影响在不同地区的表现有所不同。

也有文献探讨了中国金融发展区域差异的收敛性特征，陆文喜和李国平（2004）检验了区域金融发展的收敛特征，发现各地金融发展存在阶段性和区域性的收敛特征，并认为产生这种特征的原因是由金融政策决定的。赵伟和马瑞永（2006）研究了中国区域金融发展的收敛性特征，发现总体上区域金融发展不存在收敛性，但存在"俱乐部"收敛特征，并且，产生这种收敛特征是与地区经济发展不平衡、市场化改革以及各地区经济发展因素联系在一起的。李晓羽和支大林（2013）在度量中国金融发展总体水平的基础上发现，区域金融发展存在较大的差异，且存在"俱乐部"收敛的特征，只是在收敛速度上较慢；在区域上，中西部地区内部的"俱乐部"收敛要比东部地区明显。蒲勇健和魏亚敏（2013）利用省际面板数据研究了中国省域金融成熟度的空间相关性和收敛性，发现在金融开放过渡阶段，金融成熟度呈现出俱乐部收敛性，地区差异缩小；而在全面开放阶段，金融成熟度并不收敛，地区差异扩大。也有文献使用县级层面数据研究金融发展区域差异的收敛性，黄砚玲等（2010）利用浙江省县市区数据研究区域金融发展的收敛性特征，在排除县市区之间的空间相关性后，其研究发现浙江省县级层面金融发展存在绝对的收敛性，但收敛速度较慢。石盛林（2010）也利用县域数据分析了区域金融发展差异的收敛性，发现在县级层面上金融发展存在"俱乐部"收敛特征，并且，收敛速度在西部地区最快、东部地区居中、中部地区最慢。

二、中国企业对外直接投资特征文献

加入WTO以后，随着中国对外开放程度的提升，企业对外直接投资也取得了加速增长的业绩，现已跃居全球对外直接投资大国，在该过程中，中国企业对外直接投资也形成了自身特点。李敬等（2006）研究了中国企业对外直接投资制度的变迁历程和特征，发现存在以下特征：首先，中国企业对外直接投资制度与宏观经济战略有紧密联系；其次，政府是引领企业对外直接投资制度变迁的主导者；最后，企业在对外直接投资制度中多是被动接受，缺乏主动性。因而，李敬等（2006）将中国企业对外直接投资制度的特征概括为"自上而下"的演变。欧阳峣（2006）指出，中国企业对外直接投资战略的最大特征是"大国综合优势"，在这种优势下，中国企业对外直接投资具有地区多元结构、经济多元结构和技术多元结构的特征。因此欧阳晓（2006）提出，中国企业对外直接投资战略应整合各类资源，融合大国综合优势展开以获得最大的投资收益。阎海峰等（2009）构建了研究企业对外直接投资模式的四象限分析框架，将投资主体区分为大型企业和中小型企业，将投资目的国分为发达国家和新兴市场国家，基于此框架发现与发达国家不同，中国企业对外直接投资是经济全球化背景下国际化学习和成长的内在需要。

朱华（2012）研究了中国企业对外直接投资自 20 世纪 90 年代以来快速增长"蛙跳"型过程中的特征，指出中国企业对外直接投资在区位分布上主要集中于发展中国家，在行业分布上较为集中，在投资主体上单个企业投资规模较小。张慧（2014）利用统计数据分析阐述了中国企业对外直接投资的特征，指出中国企业对外直接投资存在平均规模较小与行业较为集中的现状特征，但也呈现出规模增长加速以及投资主体和区位多元化的发展趋势。

尽管中国企业对外直接投资在总体上发展势头良好，但也有研究表明中国企业对外直接投资存在不平衡及制约因素多的特征。逄芳（2007）在分析中国企业对外直接投资状况及积极效应的基础上，阐述了企业对外直接投资可能产生的负面效应，首先，可能会导致中国国内经济总量的失衡；其次，可能会导致中国国内产业空洞和就业减少；最后，由于和全球经济挂钩，可能会增加国内经济风险。梁静波（2012）研究了中国企业对外直接投资在多个层面上存在的不平衡现象，指出在投资行业上的不平衡，体现在高竞争力的制造业和服务业企业过少；在投资区域上的不平衡，体现在过于侧重亚洲。何帆（2013）认为，尽管中国企业对外直接投资近年来增长迅猛，政策上也在管制和审批等领域对企业进行了松绑，但仍面临一些问题，在国内方面，金融支持缺乏和政府服务不完善构成了主要制约因素，在国外方面，东道国的疑虑以及审查监管的严格化构成了主要制约因素。因此，从长远角度看，中国政府应加强对企业对外直接投资业务的利益保护以及积极参与国际规则的制定。金芳（2016）研究了金融危机发生后中国企业对外直接投资国际地位上升过程中存在的失衡特征及解决措施，指出中国企业对外直接投资存在规模上的国际地位失衡、收益上的国际地位失衡、主体上的国际地位失衡以及类别上的国际地位失衡，并且认为，这种国际失衡应从完善体制、规划布局、培育共赢以及促进协同四个方面进行优化。

中国经济进入新常态后，企业对外直接投资呈现了新的特征，也有文献对此进行了关注。叶初升和闫斌（2015）基于经济"新常态"从中等收入经济体的发展特征入手，分析了中国企业对外直接投资与其他国家不同的几大特征：第一，中国企业对外直接投资大规模增长，发生在经济发展水平较低的时期；第二，中国企业从顺向对发展中国家进行直接投资并从逆向对发达国家进行直接投资；第三，中国企业对外直接投资并不集中在具有竞争优势的制造业，而集中在不具有竞争优势的服务业。杨挺等（2016）也在经济新常态背景下研究了中国企业对外直接投资的特征和发展趋势，指出中国企业对外直接投资在快速增长的同时也呈现出结构优化和质量提升的良性发展趋势，并认为随着"一带一路"倡议的推进，中国企业对外直接投资的增长潜力将被进一步释放。

第三章

金融发展影响企业对外直接投资
跨国实证研究

在经济全球化的背景下，跨国企业在全球范围内开始兴起，跨国企业的对外直接投资行为也对全球经济产生了重要影响。然而，全球各国企业对外直接投资的表现存在较大差异，需要在全球范围内研究金融发展如何影响企业对外直接投资。本章利用跨国面板数据在比较各国企业对外直接投资状况的基础上，对金融发展对于企业对外直接投资的影响进行跨国实证研究。

第一节　企业对外直接投资总量规模
跨国（地区）比较

一、对外直接投资存量跨国（地区）比较

对外直接投资行为因跨国公司而产生，而跨国公司诞生于发达国家，因此，发达国家最早开始对外直接投资，其存量积累也最多。在发达国家中，主要存在美国和日本两种对外直接投资模式，两种模式的发展原因存在较大的区别。按照海默的垄断优势理论，以美国为主的欧美跨国公司基于特有的垄断优势进行对外直接投资，因此，在企业的发展阶段便开始海外拓展。不同的是，按照小岛清的边际产业转移理论，日本进行对外直接投资的原因往往是将在国内丧失比较优势的产业转移至海外。按照这个逻辑，欧美国家的对外直接投资不仅在时间上早于日本，在经济发展阶段上也早于日本，因此，对外直接投资存量也高于日本。表

3 – 1中对比了近年来对外直接投资存量前列国家（地区）的对外直接投资存量状况，按照以上逻辑可以发现欧美主要经济强国的对外直接投资存量规模要大于日本。美国、英国、德国和法国在企业对外直接投资规模中一直居于前列。

表 3 – 1　　　　　全球对外直接投资存量前列国家（地区）　　　单位：亿美元

排序	2012 年		2013 年		2014 年	
	国家	规模	国家	规模	国家（地区）	规模
1	美国	63 186	美国	63 495	美国	51 911
2	英国	15 842	英国	18 848	英国	18 082
3	德国	15 833	德国	17 103	德国	15 472
4	法国	12 791	法国	16 371	法国	14 968
5	日本	11 931	日本	9 929	日本	10 549
6	荷兰	9 583	中国	6 604	中国	5 319
7	中国	8 826	西班牙	6 432	维尔京群岛	4 336
8	加拿大	7 146	俄罗斯	5 012	俄罗斯	4 132
9	爱尔兰	6 280	新加坡	4 927	新加坡	4 014

资料来源：作者根据历年《中国对外直接投资统计公报》计算整理而得。

得益于近年来的快速发展，尽管中国企业对外直接投资起步较晚，但目前投资存量规模稳居前九位，并且增长势头明显，这也和其他国家（地区）对外直接投资存量规模的起伏形成了鲜明的对比。图 3 – 1 反映了中国对外直接投资存量规模的增长趋势，从趋势中可以发现近年来的快速发展。

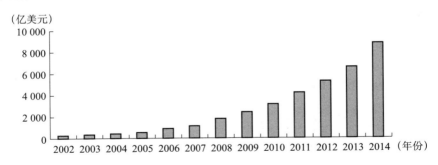

图 3 – 1　中国对外直接投资存量规模增长

资料来源：2014 年中国对外直接投资统计公报. 见 http：//hzs. mofcom. gov. cn/article/No-category/201512/20151201223578. shtml.

事实上，全球对外直接投资存量的分布也非常集中，规模最大的九个国家（地区）占据了全球对外直接投资存量规模的大部分份额。通过2014年主要国家（地区）的对外直接投资份额分布情况可以发现，前九位国家（地区）共占全球对外直接投资 58.58% 的份额。其中，美国占了 24.4%，遥遥领先于其他各国（地区）；欧盟四国（英国、德国、法国、荷兰）的总份额为 20.98%；中国占 3.4%。这种分布说明从积累的角度看，全球对外直接投资的主要推动力仅来自少数的几个国家（地区），这和全球经济实力的分布极其相似，即少数国家（地区）占了全球经济的大部分份额。

二、对外直接投资流量跨国（地区）比较

与存量不同，流量反映的是当年的规模，因此，全球对外直接投资流量的分布状况与存量也大不相同。除了美国稳居对外直接投资流量第一大国外，其他国家（地区）的表现与存量分布相差较大。近年来，随着欧洲各国经济的相对放缓以及中国经济的快速崛起，中国对外直接投资流量也已超越欧洲各国。此外，尽管日本在存量规模上不如欧洲经济强国，但是，在流量规模上却占据领先地位，这也反映了近年来欧洲经济和日本经济的对比。与中国类似，同为新兴市场国家之一的俄罗斯近年来在对外直接投资流量上的表现也较为强劲，已稳居全球前九位的位置。表3-2列出了近年来对外直接投资流量前列国家（地区）规模相对情况。

表3-2	全球对外直接投资流量前列国家（地区）				单位：亿美元	
排序	2012 年		2013 年		2014 年	
	国家	规模	国家（地区）	规模	国家（地区）	规模
1	美国	3 369	美国	3 383	美国	3 289
2	中国	1 231	日本	1 357	日本	1 226
3	日本	1 136	中国	1 078	中国	878
4	德国	1 122	俄罗斯	949	英国	714
5	俄罗斯	564	维尔京群岛	686	德国	669
6	加拿大	526	瑞士	600	加拿大	539
7	荷兰	408	德国	575	俄罗斯	511
8	新加坡	407	加拿大	426	瑞士	443
9	韩国	306	荷兰	374	维尔京群岛	424

资料来源：2014 年中国对外直接投资统计公报. 见 http://hzs.mofcom.gov.cn/article/Nocategory/201512/20151201223578.shtml.

从表 3－2 反映的趋势中可以发现，在对外直接投资前列国家（地区）中，除中国的对外直接投资流量稳步增长外，其他国家（地区）均出现了一定的起伏，这也映射出中国近几年来在对外直接投资上的稳定快速增长势头。图 3－2 绘制了中国对外直接投资流量的增长情况，从图中可以发现，除了 2009 年受全球金融危机的影响呈现出负增长外，其他年份均保持了快速增长。

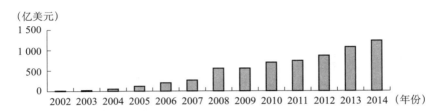

图 3－2　中国对外直接投资流量规模增长

资料来源：2014 年中国对外直接投资统计公报．见 http：//hzs. mofcom. gov. cn/article/Nocategory/201512/20151201223578. shtml.

进一步地，通过 2014 年前列国家（地区）对外直接投资流量占全球的份额可以发现，排名前九位国家（地区）共占了全球对外直接投资流量总额的 67.2％。其中，与存量占比类似，美国占了 25％ 的份额，中国占了 9.1％ 的份额，日本占了 8.4％ 的份额。欧洲在流量上的份额占比低于亚洲国家的份额，这说明与欧洲国家陷入政府债务危机相比，近年来，亚洲国家的经济发展势头相对较为快速。

三、对外直接投资占经济份额跨国（地区）比较

对外直接投资规模与经济规模息息相关，因此，对外直接投资存量和流量较高的国家（地区），其对外直接投资占经济的比重却不一定较高。为了对此进行直观的了解，表 3－3 列出了表 3－2 中对外直接投资流量规模排名前九位国家（地区）的对外直接投资净流量占 GDP 比重的分布情况。

表 3－3　　　　　全球对外直接投资前列国家（地区）
对外直接投资净流量占 GDP 比重　　　　　单位：%

2012 年		2013 年		2014 年	
美国	2.34	美国	2.38	美国	2.05
日本	1.98	日本	2.99	中国	1.81
中国	1.41	中国	1.72	日本	2.60

续表

2014 年		2013 年		2012 年	
英国	1.90	俄罗斯	4.16	德国	3.08
德国	2.83	维尔京群岛	—	俄罗斯	3.03
加拿大	2.95	瑞士	8.01	加拿大	3.16
俄罗斯	2.42	德国	1.88	荷兰	—
瑞士	6.22	加拿大	2.73	新加坡	13.21
维尔京群岛	—	荷兰	—	韩国	2.16

注："—"表示未列出的国家（地区）是由于数据缺失或者当年数据波动异常。
资料来源：作者根据联合国贸发会议相关数据计算整理而得。

从表 3-3 中可以发现，与表 3-2 中的中国对外直接投资流量高居前列相比，中国对外直接投资净流量占 GDP 份额较其他国家（地区）而言明显偏低。之所以产生这种现象，一方面，是中国尚属于发展中国家，跨国公司并未构成经济发展的主导力量；另一方面，也说明中国对外直接投资仍有大幅度提升的空间。

为了直观反映经济发展水平和对外直接投资净流量份额之间的关系，图 3-3 对比了 2013 年各层次收入水平国家（地区）对外直接投资净流量占 GDP 的比重。从图中可以明显发现，随着收入水平的提高，对外直接投资净流量占 GDP 的比重也逐步提高，这在理论上符合邓宁的对外直接投资收入周期假说。对比中国，2013 年对外直接投资净流量占 GDP 的比重为 1.72%，高于中等偏上收入国家（地区）的 1.59%，说明相对同等收入水平国家（地区）而言，中国企业对外直接投资流量处于相对较高的规模层次上。

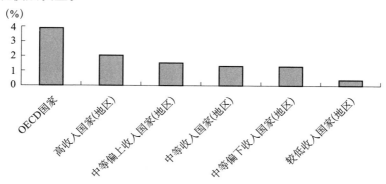

图 3-3　各收入水平国家（地区）对外直接投资净流量占 GDP 的比重
资料来源：根据联合国贸发会议原始数据计算整理而得。

第二节　企业对外直接投资新增绿地项目
跨国（地区）比较

外商直接投资市场（FDI Market）统计了全球对外直接投资的新增绿地情况，其发布的《2015 年 FDI 报告》显示，2014 年全球对外直接投资绿地项目数为 12 069 个，价值 6 490 亿美元，并创造了 184 万个工作岗位。[1] 在对外直接投资绿地项目的国家分布中，西欧仍是最大的输出国，西欧、北美和亚太地区的对外直接投资绿地项目金额占全球总金额的91%。在目的国方面，亚太地区则是最主要的对外直接投资绿地项目吸收地，占到了总项目金额的 38%，非洲吸引对外直接投资绿地项目增长迅速，2014 年金额达到 870 亿美元。

一、亚太地区

亚太地区的对外直接投资绿地项目输出的分布非常集中，前八位国家无论在项目数量还是项目金额上都占据了绝大多数的份额，其中，项目金额占比为 96.4%，项目数量占比为 94.6%。表 3 - 4 列出了 2014 年亚太（地区）对外直接投资绿地项目数量排在前列国家的情况。

表 3 - 4　2014 年亚太地区对外直接投资绿地项目前列输出国家和流入国家情况

项目输出						项目流入		
排名	国家	金额（亿美元）	排名	国家	数量（个）	排名	国家	数量（个）
1	中国	640	1	日本	874	1	中国	932
2	日本	500	2	中国	401	2	印度	641
3	韩国	230	3	印度	226	3	新加坡	409
4	新加坡	160	4	澳大利亚	219	4	澳大利亚	352
5	印度	130	5	韩国	205	5	越南	241
6	澳大利亚	110	6	新加坡	178	6	日本	196
7	马来西亚	90	7	泰国	59	7	马来西亚	187
8	泰国	40	8	马来西亚	52	8	泰国	149

资料来源：作者根据 FDI 报告 2015 整理汇总。见 https：//www.fdimarkets.com/。

[1]　见 https：//www.fdimarkets.com/.

从表3-4中可以发现，亚太地区对外直接投资绿地项目输出的分布具有如下几个特征。第一，中国和日本是最主要的项目输出国，不同的是中国金额高居第一，但项目数仅为日本的一半，说明中国对外直接投资单个项目的金额较大。第二，印度作为新兴市场国家之一，对外直接投资绿地投资项目金额和数量在亚太地区国家也名列前茅，说明印度跨国公司正在快速成长。第三，在东南亚国家中，新加坡、马来西亚和泰国在对外直接投资绿地项目方面表现较好，体现出东南亚国家经济的外向发展程度较高。

对比表3-4中项目输出和项目流入前八位国家可以发现，在总量上亚太地区吸引对外直接投资绿地投资项目的数量远大于输出项目数，说明总体上亚太地区仍是投资者看好的投资目的地。从分布来看，韩国已不在流入国前八位行列，而是新增了越南和印度尼西亚两个国家，这是因为韩国属于经济发展程度较高的国家，倾向于资本输出。中国和印度作为新兴市场国家的代表，则无论在输出、流入方面都高居前列，说明两者不仅具有经济大国的地位，同时增长前景也十分可观。

二、欧洲地区

欧洲是老牌的经济发达地区，尽管近年来受欧债危机的影响，2014年，对外直接投资绿地项目输出数量和金额均有明显减少，但仍是全球最主要的输出地区。西欧国家是欧洲最主要的对外直接投资绿地项目输出国，而部分东欧国家引进项目的数量也较多。表3-5列出了具体情况。

表3-5 欧洲地区对外直接投资绿地项目前十位输出国家和项目前十位流入国家情况

	项目输出						项目流入	
排名	国家	金额（亿美元）	排名	国家	数量（个）	排名	国家	数量（个）
1	德国	470	1	英国	1 128	1	英国	909
2	法国	400	2	德国	1 053	2	德国	378
3	英国	330	3	法国	583	3	西班牙	252
4	西班牙	160	4	瑞士	357	4	法国	237
5	荷兰	150	5	西班牙	340	5	波兰	177
6	意大利	140	6	荷兰	319	6	爱尔兰	168
7	瑞士	120	7	意大利	229	7	荷兰	144
8	希腊	100	8	瑞典	220	8	俄罗斯	134
9	比利时	70	9	卢森堡	143	9	罗马尼亚	125

项目输出						项目流入		
排名	国家	金额（亿美元）	排名	国家	数量（个）	排名	国家	数量（个）
10	卢森堡	60	10	爱尔兰	134	10	意大利	101
其他	—	370	其他	—	1 057	其他	—	1 075
总额	—	2 380	总额	—	5 563	总额	—	3 700

资料来源：作者根据 FDI 报告 2015 整理汇总，见 https://www.fdimarkets.com/。

相比于亚太地区，欧洲国家对外直接投资绿地项目输出国的集中程度略低，前十名国家项目金额占比为 84.5%，项目数量占比为 81.0%，均比亚太地区要低。英国、法国和德国作为欧洲地区经济实力最强的国家，无论在对外直接投资项目输出还是流入方面都名列前茅。此外，尽管西班牙、意大利和希腊遭受政府债务危机的影响较深，但由于经济发展水平较高，对外直接投资绿地项目输出能力仍较强。尽管卢森堡经济规模较小，但近年来在对外直接投资领域增长较快，不仅投资规模较大，绿地投资项目量和金额也名列前茅。

对比欧洲对外直接投资绿地项目输出和流入还可以发现几个特征。第一，从总体上看，欧洲绿地项目输出大于流入，一方面，说明欧洲经济实力强劲，跨国公司在全球发展的趋势明显；另一方面，也说明了欧洲近年来经济表现低迷，难以吸引项目落户。第二，在前十名国家中可以发现，对外直接投资绿地项目输出国均是西欧国家，而流入国中有部分东欧国家，包括俄罗斯、波兰和罗马尼亚等，说明欧洲经济实力强的国家集中在西欧，而经济增长速度快的国家在东欧。第三，在西欧国家中，英国吸引对外直接投资绿地项目最多，德国的输出项目数和流入项目数差距最大，这是因为英国遭受政府债务危机的影响较小。

三、北美地区

《2015 年 FDI 报告》将美国按州进行划分、将加拿大按省进行划分，比较分析了 2014 年对外直接投资绿地项目的输出情况和流入情况。由于经济发展稳定，2014 年，北美地区对外直接投资绿地项目输出金额和数量均有一定程度的增长，总金额达 1 420 亿美元，项目数达 3 000 多项。表 3-6 列出了北美地区对外直接投资绿地项目输出排名前十位州（省）

和项目流入排名前十州（省）的情况。

表 3-6 北美地区对外直接投资绿地项目输出前十位州（省）和项目流入
前十位州（省）情况

项目输出						项目流入		
排名	州（省）	金额（亿美元）	排名	州（省）	数量（个）	排名	州（省）	数量（个）
1	美国加利福尼亚州	230	1	美国加利福尼亚州	620	1	美国加利福尼亚州	270
2	美国纽约州	130	2	美国纽约州	368	2	美国纽约州	196
3	美国密歇根州	130	3	加拿大安大略省	209	3	美国得克萨斯州	122
4	加拿大安大略省	110	4	美国伊利诺伊州	159	4	加拿大安大略省	113
5	加拿大不列颠哥伦比亚省	70	5	美国得克萨斯州	142	5	美国马萨诸塞州	70
6	美国得克萨斯州	70	6	美国佐治亚州	103	6	美国佛罗里达州	68
7	美国华盛顿州	70	7	美国马萨诸塞州	103	7	美国伊利诺伊州	58
8	美国科罗拉多州	60	8	美国佛罗里达州	100	8	美国佐治亚州	57
9	加拿大亚伯达省	50	9	美国密歇根州	93	9	美国密歇根州	57
10	美国康涅狄格州	50	10	美国新泽西州	89	10	加拿大魁北克省	54
其他	—	450	其他	—	1 043	其他	—	718
总额	—	1 420	总额	—	3 029	总额	—	1 837

资料来源：作者根据 FDI 报告 2015 整理汇总。见 https://www.fdimarkets.com/。

从表 3-6 中可以发现，总体而言，美国和加拿大是典型的对外直接投资绿地项目输出国，项目输出量远多于流入量。从分布看，加利福尼亚州和纽约州作为美国经济最发达的地区，无论在绿地项目输出方面还是流入方面均位居前列。前十位排名中也以美国各州为主，加拿大只有经济最为集中的安大略省排名靠前，此外，在绿地项目流出规模上加拿大的不列颠哥伦比亚省和亚伯达省也位居前十名，项目流入中还有魁北克省位居前十名。这些数据说明，在北美地区，美国经济发达的州是对外直接投资绿地项目输入和项目流入的主要力量。

四、拉丁美洲地区

拉丁美洲地区都是发展中国家（地区），尽管经济增长潜力不如亚太地区，对外直接投资绿地项目输出金额和数量不多，但也吸引了一定数量的项目流入。由于经济发展不均衡，拉丁美洲地区的对外直接投资绿地项目输出和流入均非常集中，前十位国家（地区）占据了绝大部分的份额，其中，输出项目金额占比为96.7%，输出项目数量占比为91.8%，流入项目数量占比为88.9%。表3-7列出了拉丁美洲地区对外直接投资绿地项目前十位输出国家（地区）和绿地项目前十位的基本情况。

表3-7 拉丁美洲地区对外直接投资绿地项目前十位输出国家（地区）和绿地项目前十位流入国家情况

	项目输出						项目流入	
排名	国家（地区）	金额（亿美元）	排名	国家（地区）	数量（个）	排名	国家	数量（个）
1	墨西哥	30	1	巴西	56	1	墨西哥	365
2	巴西	10	2	墨西哥	43	2	巴西	322
3	百慕大	10	3	百慕大	19	3	哥伦比亚	75
4	委内瑞拉	10	4	阿根廷	14	4	智利	59
5	智利	10	5	秘鲁	14	5	阿根廷	57
6	开曼群岛	5	6	智利	13	6	秘鲁	42
7	秘鲁	4	7	哥伦比亚	13	7	哥斯达黎加	29
8	哥伦比亚	3	8	委内瑞拉	10	8	巴拿马	25
9	牙买加	2	9	牙买加	5	9	波多黎各	20
10	巴拿马	1	10	开曼群岛	4	10	乌拉圭	20
其他	—	3	其他	—	17	其他	—	126
总额	—	90	总额	—	208	总额	—	1140

资料来源：作者根据FDI报告2015整理汇总，见 https://www.fdimarkets.com/。

从表3-7中可以发现，拉丁美洲地区对外直接投资绿地项目流入数量远大于输出数量，属于非常典型的投资项目吸收地，这和拉丁美洲国家（地区）经济发展阶段的特征正好匹配。墨西哥作为北美自由贸易区的成员国，一方面，极易承接美国和加拿大的对外直接投资绿地项目投资，因而，成为拉丁美洲地区最大的项目流入国；另一方面，经济发展水平较快，也具备了资本项目输出的实力，因而，绿地项目输出金额和数量均居高位。巴西作为新兴市场国家之一，近年来经济发展速度较快，经济实力提升程度也较快，因此，无论是对外直接投资绿地项目输出还是流入都高居拉丁美洲国家（地区）前列。除墨西哥和巴西以外，其他拉丁美洲国家（地区）在项目输出和流入方面的表现均与这两个国家存在较大的差别，这反映出拉丁美洲地区经济发展的集中程度非常高。

五、中东地区、非洲地区

中东地区、非洲地区的国家基本上属于资源丰富型，因而出于资源开发的目的，对外直接投资绿地项目流入数量要大于输出数量，且项目也较为集中。同理，由于中东地区、非洲地区经济发展依靠资源，导致国别之间经济发展不均衡，从而也出现了对外直接投资绿地项目输出较为集中的现象。前十位国家的对外直接投资绿地项目金额占到了总金额的 89.5%，项目数量占到了总数量的 86.5%，不同的是，引进绿地项目并不集中，前十位国家引进数量仅占总数量的 67.5%。表 3 - 8 列出了具体情况。

表 3 - 8　中东地区、非洲地区对外直接投资绿地项目前十位输出国家和
绿地项目前十位流入国家情况

项目输出						项目流入		
排名	国家	金额（亿美元）	排名	国家	数量（个）	排名	国家	数量（个）
1	阿拉伯联合酋长国	190	1	阿拉伯联合酋长国	243	1	阿拉伯联合酋长国	302
2	南非	50	2	南非	74	2	南非	116
3	以色列	20	3	以色列	74	3	沙特阿拉伯	75
4	毛里求斯	20	4	沙特阿拉伯	30	4	摩洛哥	65
5	埃及	20	5	摩洛哥	25	5	肯尼亚	57
6	沙特阿拉伯	20	6	卡塔尔	23	6	埃及	51
7	摩洛哥	10	7	肯尼亚	20	7	莫桑比克	50
8	尼日利亚	10	8	尼日利亚	15	8	卡塔尔	44
9	吉布提	10	9	毛里求斯	11	9	尼日利亚	43
10	津巴布韦	10	10	科威特	11	10	加纳	33
其他	—	40	其他	—	71	其他	—	403
总额	—	380	总额	—	608	总额	—	1 239

资料来源：作者根据 FDI 报告 2015 整理汇总，见 https：//www. fdimarkets. com/。

从表 3 - 8 中可以发现，阿拉伯联合酋长国在对外直接投资绿地项目的输出和流入排名中均遥遥领先于其他国家，这是因为，一方面，阿拉伯联合酋长国石油资源丰富；另一方面，金融发展程度较高，有利于对外直接投资项目的运作。南非作为经济发展程度较高的非洲国家，位列第二，反映出一国经济发展和对外直接投资绿地项目之间的联系。其他排名前十

位的国家中，对外直接投资绿地项目输出量和流入量差别并不突出。

第三节　跨国实证研究

一、方程与数据

与国内投资不同，企业对外直接投资在项目投资前便需要投入相应的固定成本，包括用于市场特征识别和利润分析的市场成本，为适应东道国管制要求和消费者偏好的产品改造成本等。此外，在东道国投资设立新项目还需购买新的机器设备，新建厂房等。所以，这些都要求对外直接投资企业具有较高的资金实力，则企业资金在较大程度上依赖于信贷资金。企业获得信贷资金的难易程度以及为之付出的成本取决于金融发展，金融发展程度较高的国家能使企业更容易地获得投资所需的资金，从而降低融资成本，有利于对资金要求较高的企业进行对外直接投资。由此可以推论，金融发展程度较高的国家存在较高的企业对外直接投资倾向。

此外，一国企业对外直接投资流量还受该国国内经济发展的影响，一般而言，经济增长速度与经济发展程度是最基本的影响因素，贸易开放则被大多数研究认为是推动企业对外直接投资的先导力量。因此，本节构建金融发展影响企业对外直接投资的实证研究方程时，将这三个变量作为控制变量得到如下方程：

$$\text{Rofdi}_{it} = \alpha_0 + \alpha_1 \text{lnpgdp}_{it} + \alpha_2 \text{rgdp}_{it} + \alpha_3 \text{trade}_{it} + \alpha_4 \text{fin}_{it} + u_i + v_t + \varepsilon_{it}$$

$$(3-1)$$

在式（3-1）中，Rofdi_{it} 为 i 国 t 年企业对外直接投资净流量占 GDP 的比重；lnpgdp_{it} 为 i 国 t 年的人均 GDP（2005 年固定美元价格）的对数值；rgdp_{it} 为 i 国 t 年的 GDP 增长率；trade_{it} 为 i 国 t 年的贸易开放度，由货物贸易和服务贸易占 GDP 的比重度量。fin_{it} 为 i 国 t 年的金融发展指标，本节从两个维度进行度量，一是量维度，用金融部门总信贷额占 GDP 的比重度量，衡量金融资源总量的增加；二是质维度，用私营部门获得的信贷额占 GDP 的比重度量。u_i 和 v_t 分别为国家和时间变量，ε_{it} 为回归残差。实证研究样本国，见表 3-9。

表 3 - 9 实证研究样本国

发达国家	澳大利亚、奥地利、比利时、加拿大、丹麦、芬兰、法国、德国、希腊、冰岛、爱尔兰、以色列、意大利、日本、韩国、荷兰、新西兰、挪威、葡萄牙、俄罗斯、新加坡、南非、西班牙、瑞典、瑞士、土耳其、美国、英国
发展中国家	阿尔巴尼亚、阿尔及利亚、安哥拉、阿根廷、亚美尼亚、阿塞拜疆、巴林、伯利兹、波斯尼亚和黑塞哥维那、博茨瓦纳、巴西、保加利亚、佛得角、哥伦比亚、喀麦隆、智利、中国、柬埔寨、哥斯达黎加、科特迪瓦、克罗地亚、塞浦路斯、捷克、多米尼加、埃及、萨尔瓦多、爱沙尼亚、斐济、格鲁吉亚、危地马拉、洪都拉斯、匈牙利、印度、印度尼西亚、牙买加、约旦、哈萨克斯坦、肯尼亚、科威特、立陶宛、黎巴嫩、莱索托、利比亚、拉脱维亚、马其顿、马达加斯加、马来西亚、马里、毛里求斯、墨西哥、摩尔多瓦、摩洛哥、莫桑比克、纳米比亚、阿曼、巴基斯坦、巴拿马、巴拉圭、菲律宾、波兰、圣多美和普林西比、沙特阿拉伯、塞舌尔、斯洛伐克、斯里兰卡、斯威士兰、泰国、乌克兰、乌拉圭、越南、瓦努阿图、委内瑞拉

　　从表 3 - 10 中可以发现，除经济增长率以外，发达国家无论是对外直接投资流量占比还是金融发展程度等均高于发展中国家，这也为本节的实证研究提供了直观的参考。事实上，发达国家由于经济基础较好，无论是金融资源配置还是跨国公司发展均要明显优于发展中国家。在表 3 - 11 的变量相关矩阵中列出了所有变量之间的相关性，一方面，可以发现金融发展变量和其他控制变量之间没有高度的相关性，确定回归不存在共线性问题；另一方面，也发现对外直接投资流量占比和其他各解释变量之间存在一定程度的正向相关性。

表 3 - 10 数据基本信息

变量	全样本	发达国家	发展中国家
$Rofdi_{it}$	0.039 （0.224）	0.064 （0.123）	0.030 （0.250）
$lnpgdp_{it}$	8.744 （1.370）	10.246 （0.720）	8.192 （1.115）
$rgdp_{it}$	0.037 （0.059）	0.0169 （0.305）	0.046 （0.065）
$trade_{it}$	0.935 （0.483）	0.966 （0.696）	0.924 （0.376）
fin_{it} 量维度	0.838 （0.702）	1.506 （0.689）	0.590 （0.508）
fin_{it} 质维度	0.670 （0.508）	1.209 （0.499）	0.485 （0.357）

注：表内为均值，括号内为标准差。

表 3 - 11 　　　　　　　　　　　　变量相关矩阵

变量	Rofdi$_{it}$	lnpgdp$_{it}$	rgdp$_{it}$	trade$_{it}$	fin$_{it}$量维度	fin$_{it}$质维度
Rofdi$_{it}$	1.000 0					
lnpgdp$_{it}$	0.106 6	1.000 0				
rgdp$_{it}$	0.006 7	− 0.215 1	1.000 0			
trade$_{it}$	0.097 6	0.121 3	0.057 9	1.000 0		
fin$_{it}$量维度	0.100 8	0.622 9	− 0.230 9	− 0.047 8	1.000 0	
fin$_{it}$质维度	0.109 1	0.645 2	− 0.224 6	0.021 3	0.932 3	1.000 0

二、回归结果及稳健性检验

在本节的实证研究样本中，有些国家在部分年份出现对外直接投资净流量占比为负值的情况，反映出当年对外直接投资流回量大于流出量。为了避免这种负值产生的干扰信息，本节将负值情况处理成当年净流量为零的状况。由此，对于本节的回归方程而言，被解释变量出现了最小取值为零的受限回归，因此，需要采用 Tobit 回归方法，得到表 3 - 12 的结果。

表 3 - 12 　　　　　　　　　　　　Tobit 回归结果

变量	量维度金融发展		质维度金融发展	
C	− 17.310 *** (0.000)	12.667 (0.986)	− 17.152 *** (0.000)	− 39.508 (0.957)
lnpgdp$_{it}$	1.278 *** (0.000)	1.292 *** (0.000)	1.267 *** (0.002)	1.282 *** (0.001)
rgdp$_{it}$	0.199 ** (0.034)	0.207 ** (0.046)	0.196 ** (0.035)	0.260 * (0.050)
trade$_{it}$	0.046 *** (0.000)	0.046 *** (0.000)	0.043 *** (0.000)	0.043 *** (0.000)
fin$_{it}$	0.032 *** (0.003)	0.317 *** (0.002)	0.044 ** (0.014)	0.043 ** (0.012)
时间虚拟变量	无	有	无	有
次贷危机虚拟变量	无	有	无	有

注：括号内为 P 值；*、**、*** 分别表示在 10%、5% 和 1% 水平上显著。

从表 3 – 12 的回归结果中可以发现，无论是否包含时间虚拟变量和次贷危机虚拟变量，4 列回归结果中各变量系数符号和显著性均一致。lnpgdp$_{it}$ 的系数符号显著为正，说明经济发展水平较高的国家也具有较高的对外直接投资流量占比，意味着经济发展能推动跨国公司的发展。rgdp$_{it}$ 的系数符号显著为正，说明经济增长有利于推动企业增加对外直接投资流量。trade$_{it}$ 的系数符号显著为正，说明贸易开放也是企业增加对外直接投资流量的正向引导因素。量维度金融发展和质维度金融发展变量的系数符号均为正，说明无论是规模扩大还是市场化配置效率提升，金融发展均能推动企业进行对外直接投资。

考虑到金融发展和企业对外直接投资均是经济发展的结果，因此，两者之间回归的正相关性可能是由共同的其他经济因素决定的，并不一定表明金融发展推动企业对外直接投资，即回归结果可能存在内生性问题。为了消除这种内生性可能导致的谬误回归，本节采用工具变量回归方法对表 3 – 12 的回归结果进行稳健性检验。本节利用信贷规模占比度量金融发展，而信贷规模由银行发展和居民储蓄两者共同决定。因此，本节选用这两类变量作为金融发展的工具变量，分别选取银行资本 – 资产比，银行不良贷款占比，每百万成年人银行数以及劳动人口（15～64 岁）占总人口比重等 4 个变量作为金融发展的工具变量。前两个指标衡量银行绩效，第三个指标衡量银行基础设施，第四个指标间接反映储蓄情况。分别利用这 4 个变量作为金融发展的工具变量对回归方程进行二阶段最小二乘法回归，得到表 3 – 13 的结果。

表 3 – 13   **工具变量 Tobit 回归结果**

变量	量维度金融发展		质维度金融发展	
C	– 8.391 (0.269)	– 9.607 (0.180)	11.524 (0.525)	10.149 (0.550)
lnpgdp$_{it}$	– 0.851 (0.596)	0.820 (0.607)	– 4.315 (0.224)	– 4.284 (0.223)
rgdp$_{it}$	0.602 ** (0.028)	0.630 ** (0.041)	0.783 ** (0.042)	0.815 * (0.053)
trade$_{it}$	0.059 *** (0.001)	0.059 *** (0.001)	0.052 *** (0.003)	0.052 *** (0.003)
fin$_{it}$	0.111 ** (0.048)	0.111 * (0.050)	0.292 * (0.062)	0.293 * (0.062)

变量	量维度金融发展		质维度金融发展	
时间虚拟变量	无	有	无	有
次贷危机虚拟变量	无	有	无	有
Wald 统计量	2. 30 (0. 130)	2. 30 (0. 130)	3. 20 (0. 102)	3. 04 (0. 101)

注:括号内为 P 值;*、**、*** 分别表示在 10% 、5% 和 1% 水平上显著。

表 3 - 13 中的工具变量外生性 Wald 检测值均不显著,说明不能拒绝工具变量外生性的原假设,即本节的工具变量选择是恰当的。与表 3 - 13 相比,表 3 - 13 中除了 $lnpgdp_{it}$ 不再显著外,其他变量的回归系数符号和显著性均未发生变化,这是因为人均 GDP 内生于银行绩效和人口结构。量维度金融发展和质维度金融发展的系数仍显著为正,说明金融发展对企业对外直接投资的正向影响是稳健的。

三、分样本回归结果

由于发达国家和发展中国家之间的经济发展水平和经济结构均存在较大的差别,因此,金融发展对企业对外直接投资的影响也存在一定差别。为了对此进行研究,本部分分别使用发达国家样本和发展中国家样本对回归方程(3 - 1)进行 Tobit 回归,得到表 3 - 14 和表 3 - 15 的结果。

表 3 - 14 发达国家样本 Tobit 回归结果

变量	量维度金融发展		质维度金融发展	
C	- 50. 718 *** (0. 000)	- 42. 418 *** (0. 000)	- 58. 632 *** (0. 000)	- 53. 161 *** (0. 000)
$lnpgdp_{it}$	4. 647 *** (0. 000)	4. 163 *** (0. 000)	5. 907 *** (0. 000)	5. 772 *** (0. 000)
$rgdp_{it}$	0. 515 * (0. 073)	0. 256 (0. 349)	0. 439 (0. 121)	0. 194 (0. 484)
$trade_{it}$	0. 050 *** (0. 000)	0. 057 *** (0. 000)	0. 042 *** (0. 001)	0. 047 *** (0. 000)
fin_{it}	0. 023 * (0. 091)	0. 029 ** (0. 026)	- 0. 004 (0. 818)	- 0. 004 (0. 818)
时间虚拟变量	无	有	无	有
次贷虚拟变量	无	有	无	有

注:括号内为 P 值;*、**、*** 分别表示在 10% 、5% 和 1% 水平上显著。

表 3 – 15　　　　　　　　发展中国家样本 Tobit 回归结果

变量	量维度金融发展		质维度金融发展	
C	− 15.077 *** （0.003）	− 17.809 *** （0.007）	− 13.538 *** （0.003）	− 16.076 *** （0.007）
$lnpgdp_{it}$	1.103 *** （0.005）	1.107 *** （0.005）	0.841 ** （0.020）	0.863 ** （0.021）
$rgdp_{it}$	0.162 * （0.057）	0.196 * （0.062）	0.179 ** （0.045）	0.208 * （0.057）
$trade_{it}$	0.034 * （0.073）	0.034 * （0.072）	0.024 （0.115）	0.025 （0.111）
fin_{it}	0.040 * （0.064）	0.037 * （0.064）	0.076 * （0.056）	0.072 * （0.055）
时间虚拟变量	无	有	无	有
次贷虚拟变量	无	有	无	有

注：括号内为 P 值；*、**、*** 分别表示在 10%、5% 和 1% 水平上显著。

　　从表 3 – 14 发达国家样本的回归结果中可以发现，$rgdp_{it}$ 的系数仅在一列显著，其他三列均不显著，说明经济增长对发达国家企业对外直接投资的促进作用并不稳定，这是因为发达国家经济增长程度较低，且受次贷危机影响波动较大。质维度金融发展的系数在发达国家样本中也不显著，这是因为发达国家依市场配置金融资源，量维度金融发展是影响企业对外直接投资的重要因素，而质维度金融发展的重要性并不显著。从表 3 – 15 发展中国家样本的回归结果中可以发现，$trade_{it}$ 的系数仅在第一列和第二列中显著，在第三列和第四列中不显著，说明贸易开放对发展中国家企业的对外直接投资的促进作用并不稳定，这可能是因为发展中国家贸易开放起步较晚。与发达国家不同，发展中国家量维度金融发展和质维度金融发展对企业对外直接投资都有显著的推动作用。这说明对于发展中国家而言，金融资源总量的增加以及市场化程度的提升，对企业对外直接投资均有显著的带动作用。

小　结

　　本章利用跨国数据在比较各主要国家企业对外直接投资状况的基础上，对金融发展如何影响企业对外直接投资进行了跨国实证研究。本章研究发现，在总体上无论是量维度的金融发展还是质维度的金融发展，均能起到促进企业对外直接投资的作用。考虑到发达国家和发展中国家的经济差异性，本章的分样本实证研究发现，发达国家金融发展仅在量维度金融发展上促进企业对外直接投资，质维度金融发展不产生影响。这是因为发达国家金融市场本身比较完善，量维度金融发展基本能反映总体金融发展。发展中国家由于金融资源配置市场化程度不高，因此，实证研究发现量维度金融发展和质维度金融发展都能促进企业对外直接投资。

本章的跨国比较发现，中国企业对外直接投资近年来增长势头迅猛，在国际上已经占据重要地位，但是作为发展中国家，中国金融发展程度仍然较低。按照本章的结论，为了进一步促进企业对外直接投资，中国需要在量和质两个维度推动金融发展。首先，在金融资源总量增加方面推动金融发展，增加各类金融机构的可贷资金，扩大直接融资的规模；同时，为企业对外直接投资提供专项金融资源，保障量维度金融发展对企业对外直接投资的支撑。另外，优化金融资源的配置，强化市场因素在金融配置中的作用，推动金融机构为中小企业提供平等的金融服务，保障中小企业各类优质对外直接投资业务能获得金融支撑。

第四章

正规金融发展与中国企业对外直接投资

在中国金融体系中，包括银行在内的正规金融是最为重要的构成部分，因此，在金融发展对中国企业对外直接投资的影响中，正规金融发展也发挥着最为重要的影响。正规金融包括多个层面，在中国银行贷款是最为主要的构成部分，股市和保险也是金融的重要构成部分，外资引进也能在一定程度上反映外部金融资源的利用，本章对此逐个进行理论研究和实证研究。

第一节　中国企业对外直接投资区域分布概况

一、对外直接投资存量区域分布

改革开放以来，中国经济发展的区域差异特征开始凸显，东部地区经济发展程度高于中西部地区，构成了最大的区域经济不平衡因素。由于东部地区较早实行对外开放，企业进行对外直接投资的时间较长，因此，在对外直接投资存量上积累也较多。2014 年，尽管相比于中央企业，地方企业的对外直接投资存量达 2 354.4 亿美元，仅占存量总量的31.6%，但分布却极不平衡。东部地区投资存量为 1 922.4 亿美元，占地方企业投资总存量的 81.6%；西部地区投资存量为 249.2 亿美元，占比为 10.6%；中部地区投资存量为 182.8 亿美元，占比为 7.8%，见图 4 – 1。

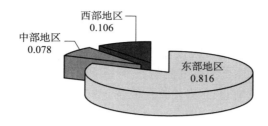

图 4 - 1　中国对外直接投资存量区域分布

资料来源：《2014 年度中国对外直接投资统计公报》，见 http：//hzs. mofcom. gov. cn/article/ Nocategory/201512/20151201223578. shtml.

　　从各省区市分布的角度看，中国对外直接投资存量前十位的省市大多集中在东部地区，如表 4 - 1 所示，前十位的省市中的前八位都属于东部地区。广东省的对外直接投资存量金额高达 494. 8 亿美元，领先于其他省市，高居第一。北京市和上海市的对外直接投资存量均高于 200 亿美元，位列第二和第三。在前十位中，仅排名第八位和第九位的湖南省和云南省不属于东部地区。这也说明了中国企业对外直接投资在积累上的东西部不均衡现象，东部地区由于发达的市场环境和配套支持有利于推动企业对外直接投资。

表 4 - 1　　　　中国企业对外直接投资存量前十位省市

排名	省市	存量（亿美元）
1	广东省	494. 8
2	北京市	284. 9
3	上海市	254. 8
4	山东省	197
5	江苏省	156. 1
6	浙江省	153. 7
7	辽宁省	92. 6
8	天津市	92. 3
9	湖南省	55. 2
10	云南省	51. 4

资料来源：《2014 年度中国对外直接投资统计公报》，见 http：//hzs. mofcom. gov. cn/article/ Nocategory/201512/20151201223578. shtml.

二、对外直接投资流量区域分布

　　随着市场化程度的提高，越来越多的地方企业进行对外直接投资，也改变了中央企业和地方企业在对外直接投资流量中的比重格局。2014年，地方企业的对外直接投资流量首次超过中央企业，占到总投资流量规模的51.1%。与对外直接投资存量相似的是，流量的区域分布也极不平衡，东部地区对外直接投资流量在2014年增长了53.2%，达到447.8亿美元，占地方总流量的81.8%；西部地区增长最快，增长了78.4%，流量规模达65.19亿美元，占比为11.9%；中部地区出现了3.1%的小幅下降，金额为34.27亿美元，占比为6.3%。图4-2绘制了2014年中国对外直接投资流量的区域分布状况。

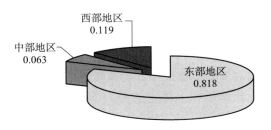

图4-2 中国对外直接投资流量区域分布

资料来源：2014年度中国对外直接投资统计公报．见商务部网站．http：//hzs．mofcom．gov．cn/．

与存量在省际间的分布相似，2014年，中国企业对外直接投资流量前十位的省市也基本上集中在东部，见表4-2。中国企业对外直接投资流量前三位的排序和存量排序一致，仍是广东省、北京市和上海市。尽管在流量上中西部地区也仅有两个省的规模进入前十位，但是，与存量省市不同，四川省因当年表现强劲替代了存量前十位中的湖南省。其他省市的排序和存量前十位排序的变化不大，说明中国企业对外直接投资在省份之间的差异性并未产生多大变化。中国企业对外直接投资流量前十位省市分布情况，见表4-2。

表4-2 中国企业对外直接投资流量前十位省市

排名	省市	流量（亿美元）
1	广东省	108.97
2	北京市	72.74
3	上海市	49.92
4	天津市	41.46
5	江苏省	40.70
6	山东省	39.16

续表

排名	省市	流量（亿美元）
7	浙江省	38.62
8	辽宁省	14.79
9	四川省	13.82
10	云南省	12.62

资料来源：2014 年度中国对外直接投资统计公报，见商务部网站. http：//hzs. mofcom. gov. cn/.

三、中国企业对外直接投资企业数区域分布

2014 年末，中国从事对外直接投资的企业（机构）达到了 1.85 万家。尽管在投资流量和投资存量规模上中央企业占据了绝大多数，但是，在企业数量上却是地方企业大于中央企业。这也是市场化发展的结果，中央企业往往承担政策任务进行对外直接投资，投资规模较大；地方企业多数是出于市场规则进行对外直接投资，规模较小，但数量众多。地方企业的分布也呈现出与存量及流量类似的情况，即东部地区远大于中西部地区，图 4 - 3 绘出了中国企业对外直接投资数量的分布状况。

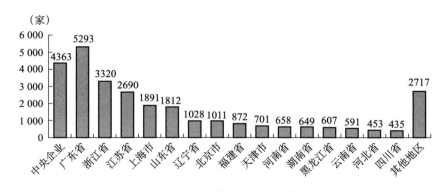

图 4 - 3　中国对外直接投资企业数量区域分布

资料来源：2014 年度中国对外直接投资统计公报，见商务部网站. http：//hzs. mofcom. gov. cn/.

从图 4 - 3 中可以发现，广东省对外直接投资企业数量与规模均高居全国榜首，这是由于广东省作为中国对外开放最早地区所致。浙江省对外直接投资企业数量位列第二位，这是因为浙江省拥有全国最多的民营

企业，尽管投资规模不大，但从事对外直接投资业务的企业数量众多。排名前十位的其他省市，江苏省、上海市、山东省、辽宁省、北京市、福建省和天津市均是东部地区，这也是因为东部地区的市场经济最为活跃，参与跨国经营的企业远多于中西部地区。由此可以发现，中国对外直接投资企业数量的地区分布特征与投资流量及存量规模的分布特征一致。

第二节　银行金融发展对中国企业对外直接投资的影响

一、理论影响机理

戈德史密斯（1969）最早定义了金融发展，强调金融结构的变化，而金融结构本身包含了金融资源规模及配置方式，因而，也可以从量和质两个维度理解金融发展。对于中国而言，金融市场的不完善包括银行金融资源的短缺和配置的低效率，因此，结合中国现状，银行金融发展有量维度，质维度两个维度。银行金融发展程度的提高使中国企业获得更多的资金，企业利用新增资金进行投资，然而，需要在国内投资和对外直接投资之间进行权衡。根据中国银行金融发展的特征，银行金融发展在量的维度上主要为国有企业提供资金服务，而银行金融发展在质的维度上为非国有企业带来一定的金融资源。由于国有企业和非国有企业的对外直接投资动机存在较大差异，影响因素也大相径庭，因此，银行金融发展量维度和质维度影响中国企业对外直接投资的传导机理也存在各自的方式。

（一）量维度银行金融发展影响的传导机理

尽管银行金融发展在量维度金融发展上体现出金融资源规模的加大，增加了国有企业的融资能力和投资机会。

当国内经济发展水平较低时，国内劳动力成本较低，市场也尚未开发完全，此时，国有企业资本实力的提升使其更倾向于在国内市场进行投资，因为对外直接投资需要支付额外的固定成本且相对于国内无法达到更多市场扩大和成本节约的效果。在这种情况下，银行金融发展在量的维度上阻碍了企业对外直接投资行为。当国内经济发展水平较高时，劳动力成本提升，国内市场也趋于饱和，此时对国有企业而言，资本实力的增强使其更倾向于通过对外直接投资进行市场开拓和成本节约，此时，意味着银行金融发展在量的维度上能促进企业对外直接投资。

　　综上所述，在量的维度上，银行金融发展为国有企业提供了资金支持，能否起到促进企业对外直接投资的效果，取决于其所处的国内经济发展水平。图4－4描绘了量维度银行金融发展影响企业对外直接投资的传导机理。

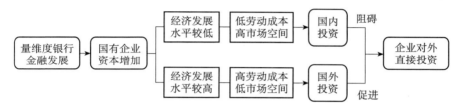

图4－4　量维度银行金融发展影响企业对外直接投资的传导机理

（二）质维度银行金融发展影响的传导机理

　　银行金融发展在质维度上体现为金融资源市场化配置程度的提高，意味着更多的金融资源将配置给优质的非国有企业。我国的非国有企业诞生于市场化过程，部分非国有企业具有较强的生命力和进取心。这类企业有获取技术资源进行长期发展的动机，但由于资金缺乏而无法取得技术获取的投资机会。银行金融发展在质的维度上能使非国有企业获得更多金融资源的支持，增加其进行技术获取型投资的可能性。当国内经济发展水平较低时，国内技术创新不足，技术水平较低，国内投资的增加无法使企业获取技术的正外部性，因而，此时非国有企业资金的增加使其通过进行对外直接投资的方式获取技术资源。在这种情况下，银行金融发展会促进企业对外直接投资。而当国内经济发展水平较高时，创新资源投入增加，国内技术水平不断提高，此时，非国有企业在资金支持下可以通过国内投资的方式获取技术进步的正外部性。此时，银行金融发展在质的维度上会阻碍企业对外直接投资。

由以上的逻辑可以归纳出，质维度的银行金融发展加大了追求技术资源的非国有企业的资本实力，是否促使其进行对外直接投资取决于国内经济发展和技术水平。图 4-5 归纳了质维度金融发展影响企业对外直接投资的传导机理。

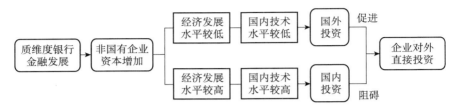

图 4-5　质维度银行金融发展影响企业对外直接投资的传导机理

二、银行金融发展的度量及现状

在现有中外文文献中，度量银行金融发展最常用的指标为全部银行金融机构贷款总额占 GDP 的比重，该指标反映了银行金融资源能在多大程度上服务于经济总量，因而可以作为量维度的银行金融发展指标。在发达国家，由于银行金融资源的配置基本上由市场来完成，银行金融机构基于利润最大化原则根据市场效益将有限的资金进行合理配置。在这种情况下，量维度的银行金融发展可以全面概括银行金融市场的发展状况。发展中国家的银行金融市场则存在明显的不同，尤其是新兴市场经济国家。在这样的背景下，显然无法从量的维度全面概括银行金融发展，全部银行金融机构信贷总额占 GDP 的比重也仅能度量银行金融发展的一个侧面。张军和金煜（2005）指出，对中国而言，对于金融发展的理解应该包括国有银行的市场化行为，应与各类金融机构贷款在国有企业和其他类型企业之间的配置关系相联系，即应考虑金融机构的市场化维度。从这个维度出发，结合本节第一部分的研究，需要构建银行金融发展在质维度上的度量指标。

微观层面数据的缺乏使得学术界难以从银行金融机构内部治理角度度量银行金融资源的配置比例和效率，仅能从宏观数据层面估计银行金融资源的配置效率和市场化程度。基于此考虑，本节使用银行金融机构贷款余额与国有企业总负债的比率度量银行金融资源的配置市场化效率，即度量质维度的银行金融发展程度。当该比率越大时，银行金融机构为非国有企业提供资金资源的能力较强。反之，当该比率越低时，银行金融机构可用于非国有企业贷款的资金相对较少。与张军和金煜（2005）使用回归方法估计非国有企业贷款比例的处理方法不同，本节度量质维度银行金融发展的方法较为简便，使用可得数据的直接比率度量，在反映指标逻辑的前提下能消除回归过程可能产生的各种不确定性。

按照本节理论影响传导机理的分析，量维度的银行金融发展主要为国有企业提供服务，质维度的银行金融发展主要为非国有企业提供服务。由于国有企业和非国有企业存在对外直接投资动机的差异，因此，银行量维度金融发展和质维度金融发展产生的企业对外直接投资影响也存在较大区别。在这种情况下，本节使用全部银行金融机构贷款总额占 GDP 的比重度量银行金融发展在量维度上的表现，使用银行金融机构贷款余额与国有企业总负债的比率度量银行金融发展在质维度上的表现是较为恰当的选择。表 4 – 3 列出了中国部分地区量维度银行金融发展和质维度银行金融发展的基本度量信息。

表 4 – 3　　　　　　中国部分地区银行金融发展指标基本信息

省区市	2003 年		2010 年		省区市	2003 年		2010 年	
	量维度	质维度	量维度	质维度		量维度	质维度	量维度	质维度
北京	2.40	3.07	2.58	6.78	江西	0.92	0.81	0.83	0.87
天津	1.47	1.49	1.49	1.31	山东	0.91	1.27	0.83	2.22
河北	0.83	1.29	0.78	1.07	河南	0.96	1.30	0.69	1.37
山西	1.27	1.45	1.06	0.83	湖北	1.11	1.88	0.91	1.07
内蒙古	0.83	0.60	0.68	0.55	湖南	0.84	1.04	0.72	0.82
辽宁	1.27	1.98	1.06	1.32	广东	1.27	2.62	1.09	2.65
吉林	1.29	1.52	0.84	0.77	广西	0.84	0.99	0.94	0.97
黑龙江	1.01	1.32	0.71	0.63	四川	1.14	1.29	1.13	0.91
上海	1.97	3.11	1.99	4.35	云南	1.18	1.06	1.48	0.97
江苏	0.97	1.12	1.03	2.44	陕西	1.40	0.98	1.01	0.65
浙江	1.28	1.67	1.69	3.90	甘肃	1.25	0.86	1.11	0.63

省区市	2003 年		2010 年		省区市	2003 年		2010 年	
	量维度	质维度	量维度	质维度		量维度	质维度	量维度	质维度
安徽	0.89	1.09	0.95	0.97	新疆	1.14	0.84	0.96	0.85
福建	0.83	1.49	1.08	1.49	全样本	1.17	1.42	1.11	1.62

资料来源：在指标度量中，银行金融机构信贷数据来源于历年《中国金融年鉴》；国有企业负债数据来自历年《中国财政年鉴》；GDP 数据来自历年《中国统计年鉴》。

从数据基本信息中可以发现，除东部地区少数省市外，其他大部分省区市银行金融发展在量维度上和质维度上均出现了倒退的现象，从而导致从全国平均水平而言，银行金融发展在量维度上出现了微弱的倒退，在质维度上仅存在微弱的发展。出现这种情况的原因，是中国的银行金融市场目前仍由国有银行占据垄断地位，与其他领域的改革相比，银行金融领域的市场化程度存在明显的滞后。数据信息显示，北京、上海、江苏、浙江、山东以及广东等东部地区在银行金融发展质维度上取得了一定进展。这是因为这些地区开放程度较高，其他银行金融机构和国有银行之间的竞争提升了银行金融资源的配置效率。除江西和河南等少数地区外，其他中西部省区的银行金融发展在质维度上均出现了倒退。

三、实证研究

（一）模型设计和变量说明

按照本节第一部分的分析，在不同经济发展水平下，银行金融发展对于企业对外直接投资产生的影响是不同的，因此，本节建立如下的回归模型进行研究：

$$\ln ODI_{it} = \alpha_0 + \alpha_1 \ln ODI_{it-1} + \alpha_2 \ln GDP_{it} + \alpha_3 \ln EX_{it} + \alpha_4 FD_{it}$$
$$+ \alpha_5 \ln PGDP_{it} \times FD_{it} + u_i + v_t + \varepsilon_{it} \qquad (4-1)$$

在式（4-1）中，$\ln ODI_{it}$ 为 i 地区 t 年的对外直接投资流量的对数值，$\ln ODI_{it-1}$ 则为其上一期值，加入该变量的目的在于研究企业对外直接投资决策在时间上的联系。$\ln GDP_{it}$ 为 i 地区 t 年的 GDP 的对数值，考察经济规模对该地区企业对外直接投资的影响。$\ln EX_{it}$ 为 i 地区 t 年的出口贸易的对数值，加入该变量的原因是较多研究发现出口贸易是企业对外直接投资的先行者。FD_{it} 为 i 地区 t 年的银行金融发展指标，按上一部分的分析分别从量和质两个维度进行度量，$\ln PGDP_{it}$ 为 i 地区 t 年的人均 GDP 的对数值，用来反映经济发展水平，$\ln PGDP_{it} \times FD_{it}$ 为两者的乘积项，加入这个变量的目的在于研究不同经济发展水平下银行金融发展到底是企业对外直接投资的助推器还是绊脚石。u_i 和 v_t 分别为地区和时间变量，ε_{it} 为回归残差。表 4 - 4 列出了各变量的基本数据信息。

表 4 - 4　　　　　　　　　　变量基本数据信息

变量	全样本	东部	中西部
$\ln ODI_{it}$	3.737 (0.859)	4.231 (0.648)	3.408 (0.826)
$\ln GDP_{it}$	3.324 (0.302)	3.530 (0.271)	3.187 (0.238)
$\ln EX_{it}$	14.034 (1.518)	15.584 (0.976)	13.001 (0.725)
$\ln PGDP_{it}$	3.703 (0.259)	3.923 (0.195)	3.556 (0.181)
FD_{it}（量维度）	1.023 (0.371)	1.212 (0.479)	0.897 (0.194)
FD_{it}（质维度）	1.496 (0.965)	2.288 (1.098)	0.968 (0.299)

注：表内为变量均值，括号内为变量标准差。

本节的样本包括 2003～2010 年中国的 25 个省区市的面板数据，海南、重庆、贵州、西藏、青海和宁夏因缺乏对外直接投资的部分数据而未包含在本节的样本内，以保证面板数据的平衡性。企业对外直接投资数据，来源自商务部发布的《中国对外直接投资统计公报》；银行金融发展的数据，按上一部分的分析由历年《中国金融年鉴》《中国财政年鉴》和《中国统计年鉴》整理而得；其他数据均来源于历年《中国统计年鉴》。

（二）回归结果及解释

由于在回归方程式（4 - 1）中，解释变量包含了被解释变量的滞后一期项，因此，需要采用动态面板数据方法进行回归，得到表 4 - 5 的结果。

表 4 - 5   回归结果

变量	量维度银行金融发展		质维度银行金融发展	
	（1）	（2）	（3）	（4）
C	- 10. 481 *** (0. 000)	- 7. 530 *** (0. 000)	- 10. 424 *** (0. 000)	- 14. 118 *** (0. 000)
$lnODI_{it-1}$	- 0. 164 *** (0. 000)	- 0. 188 *** (0. 000)	- 0. 206 *** (0. 000)	- 0. 156 *** (0. 000)
$lnGDP_{it}$	3. 842 *** (0. 000)	3. 313 *** (0. 000)	4. 219 *** (0. 000)	5. 004 *** (0. 000)
$lnEX_{it}$	0. 123 *** (0. 005)	0. 099 (0. 140)	0. 046 * (0. 095)	0. 084 *** (0. 000)
FD_{it}	0. 299 *** (0. 000)	- 3. 171 * (0. 070)	0. 156 *** (0. 000)	3. 204 *** (0. 000)
$lnPGDP_{it} \times FD_{it}$	—	0. 893 * (0. 051)	—	- 0. 734 *** (0. 000)
Sargan	22. 876 (0. 295)	23. 298 (0. 274)	22. 854 (0. 296)	23. 401 (0. 270)
A - B（1）	- 2. 693 *** (0. 007)	- 2. 438 ** (0. 015)	- 2. 506 ** (0. 012)	- 2. 697 *** (0. 007)
A - B（2）	0. 408 (0. 683)	0. 076 (0. 940)	0. 023 (0. 982)	0. 158 (0. 875)

注：括号内为 P 统计量；*、**、*** 分别表示在10%、5%和1%水平上显著；"—"表示回归时，未包含该变量。

从表 4 - 5 中可以发现，四个回归结果的 Sargan 统计量均不显著，说明无法拒绝"所有工具变量都有效"的原假设；A - B（1）统计量显著，而 A - B（2）统计量不显著，说明扰动项的差分不存在二阶自相关性，即接受"扰动项不存在自相关"的原假设，两个统计量均说明本节回归方程的设计是合理的。在四列回归结果中，$lnODI_{it-1}$ 的系数显著为负，说明企业在对外直接投资决策时具有平滑性特征，本期过多的投资将导致下一期对直接投资量的减少。$lnGDP_{it}$ 的系数均显著为正，$lnEX_{it}$ 的系数也基本显著为正，说明经济规模的扩大和出口贸易的发展均能促进企业对外直接投资规模，符合大多数研究的逻辑，验证了出口贸易是对外直接投资先行者的理论结论。

在表 4 - 5 的四列回归结果中，回归结果（1）和回归结果（2）关注银行金融发展在量维度上对企业对外直接投资的影响，回归结果（3）和回归结果（4）则关注质维度银行金融发展产生的影响。在回归结果（1）中，FD_{it} 的系数显著为正，说明总体而言，量维度的银行金融发展，即银行金融资源总量的增加能促进企业对外直接投资。回归结果（2）中添加了量维度银行金融发展和人均 GDP 对数值的乘积项，结果显示 FD_{it} 的系数显著为负，$\ln PGDP_{it} \times FD_{it}$ 的系数则显著为正，说明在经济发展水平较低时，量维度的银行金融发展阻碍了企业对外直接投资；当经济发展水平较高时，量维度的银行金融发展能促进企业对外直接投资。该结论有效地验证了本节第二部分关于量维度银行金融发展对企业对外直接投资影响机理的理论解释。在回归结果（3）中，FD_{it} 的系数也显著为正，说明质维度的银行金融发展，即银行金融资源配置效率的提高在整体上也能促进企业对外直接投资。在回归结果（4）中也添加了质维度银行金融发展和人均 GDP 对数值的乘积项，结果显示 FD_{it} 的系数显著为正，$\ln PGDP_{it} \times FD_{it}$ 的系数显著为负，该结果意味着在经济发展水平较低时，质维度的银行金融发展能促进企业对外直接投资；而当经济发展水平较高时，质维度的银行金融发展反而会阻碍企业对外直接投资。类似地，本节第一部分关于质维度银行金融发展对企业对外直接投资的影响机理能有效地解释该回归结果。从综合角度看，本节的实证研究表明，银行金融发展对中国企业对外直接投资的影响不仅取决于银行金融发展的量维度和质维度，还取决于国内经济发展所处的阶段。

（三）传导机制稳健性检验

本节第一部分研究了不同经济发展水平下，量维度银行金融发展和质维度银行金融发展对企业对外直接投资的影响，并在本部分通过实证研究进行了验证。但在传导机制中，本节的分析表明，量维度银行金融发展主要依据劳动力成本高低影响国有企业的对外直接投资；质维度的银行金融发展，则依据技术水平的正外部性影响非国有企业的对外直接投资。为了进一步验证该传导机制的稳健性，并考察经济发展水平是否分别通过劳动力成本和技术外部性对量维度银行金融发展和质维度银行金融发展的传导机制产生影响，本节再次建立如下回归方程进行验证：

$$\ln\text{ODI}_{it} = \beta_0 + \beta_1\ln\text{ODI}_{it-1} + \beta_2\ln\text{GDP}_{it} + \beta_3\ln\text{EX}_{it} + \beta_4\text{FD}_{it}$$
$$+ \beta_5\ln W_{it} \times \text{FD}_{it} + \sigma_i + \tau_t + \omega_{it} \qquad (4-2)$$

$$\ln\text{ODI}_{it} = \gamma_0 + \gamma_1\ln\text{ODI}_{it-1} + \gamma_2\ln\text{GDP}_{it} + \gamma_3\ln\text{EX}_{it} + \gamma_4\text{FD}_{it}$$
$$+ \gamma_5 H_{it} \times \text{FD}_{it} + \phi_i + \varphi_t + \tau_i \qquad (4-3)$$

在式（4-2）中，FD_{it}代表量维度的银行金融发展，$\ln W_{it}$为 i 地区 t 年的劳动力平均工资的对数值，检验在不同水平劳动力成本下，量维度银行金融发展对企业对外直接投资的影响。在式（4-3）中，FD_{it}为质维度的银行金融发展，H_{it}为 i 地区 t 年人力资本存量，用大专及以上学历就业人员占总就业人员的比重衡量，反映对技术的吸收能力和正外部性程度，目的在于检验不同技术正外部性吸收能力条件下，质维度银行金融发展对企业对外直接投资产生的影响。$\ln W_{it}$和 H_{it} 的数据均由历年《中国劳动统计年鉴》整理而得，其他变量与式（4-1）中均保持一致。使用动态面板数据回归方法对式（4-2）和式（4-3）进行回归，得到表4-6的结果。

表4-6　　　　　　　　　　传导机制稳健性检验回归结果

变量	量维度银行金融发展	质维度银行金融发展
C	-2.458 (0.153)	-10.940 *** (0.000)
$\ln\text{ODI}_{it-1}$	-0.291 *** (0.000)	-0.181 *** (0.000)
$\ln\text{GDP}_{it}$	2.047 *** (0.000)	4.365 *** (0.000)
$\ln\text{EX}_{it}$	0.056 (0.322)	0.029 (0.490)
FD_{it}	-10.661 *** (0.000)	0.383 *** (0.000)
$\ln W_{it} \times \text{FD}_{it}$	2.372 *** (0.000)	—
$H_{it} \times \text{FD}_{it}$	—	-0.435 *** (0.007)
Sargan	19.678 (0.478)	23.313 (0.274)

变量	量维度银行金融发展	质维度银行金融发展
A－B（1）	－1.883* (0.060)	－2.454** (0.014)
A－B（2）	－0.404 (0.686)	0.163 (0.870)

注：括号内为 P 统计量；*、**、*** 分别表示在10%、5%和1%水平上显著；"—"表示回归时，未包含该变量。

对比表 4－5 的回归结果（2）、回归结果（4）和表 4－6 的回归结果，可以发现除表 4－6 出口贸易的系数不再显著外，其他变量的系数符号和显著性均未发生变化。在表 4－6 量维度银行金融发展的回归结果中，FD_{it} 的系数显著为负，$lnW_{it} \times FD_{it}$ 的系数显著为正。这说明当劳动成本较低时，量维度银行金融发展阻碍了企业对外直接投资，而当劳动成本较高时，量维度银行金融发展则会促进企业对外直接投资，该结果有效地验证了本节第二部分量维度银行金融发展传导机制的稳健性。在表 4－6 质维度银行金融发展的回归结果中，FD_{it} 的系数显著为正，$H_{it} \times FD_{it}$ 的系数显著为负。这说明当技术正外部性吸收能力较弱时，质维度银行金融发展能促进企业对外直接投资，当技术正外部性吸收能力较强时，质维度银行金融发展则会阻碍企业对外直接投资，验证了本节第二部分质维度银行金融发展传导机制的稳健性。

第三节　非银行金融发展与中国企业对外直接投资

一、理论影响机理

非银行金融指的是，以发行股票和债券、接受信用委托、提供保险等形式筹集资金并将资金运用于长期投资的金融形式。尽管当前中国金融体系主要以银行为主，企业的主要资金来源也是银行系统，但是，非银行金融在一定程度上也构成了银行体系的有效补充。对企业而言，非银行金融中的证券市场提供了长期融资的平台，保险市场则提供了风险规避平台，两者都便于企业进行更为深入的投资行为。本节分别考察了股票市场发展和保险市场发展对中国企业对外直接投资的影响，从非银行金融的角度出发对第二节的研究进行补充。与银行金融相比，中国非银行金融起步较晚，发展程度也明显低于银行金融体系，在资源有限的情况下，非银行金融优先服务于国有企业资金业务。由于当前中国非银行金融的发展基本上是量和规模上的增长，结构上的优化并不明显，因此，按照第三节的理论，非银行金融的发展使国有企业增加了获得更多用于对外直接投资资金的可能性。类似于第二节的推论，在经济发展水平较低的地区，国有企业贷款资金的增加提升其国内投资，阻碍了对外直接投资；在经济发展水平较高的地区，国有企业资金的增加提升了对外直接投资，促进了企业对外直接投资规模。图 4-6 以此为基础描述了非银行金融发展影响企业对外直接投资的传导机理。

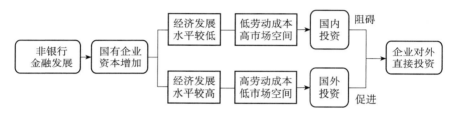

图 4-6 非银行金融发展对企业对外直接投资影响机理

二、中国非银行金融发展概况

资本市场的发展为中国企业提供了获取资金的更多途径，从 20 世纪 90 年代开始，中国上市公司的数量从 1991 年的 14 家增加到 2012 年的 2 494 家，意味着更多的企业从非银行金融市场的发展中获得收益。图 4-7 描述了上市公司数量的增长趋势。

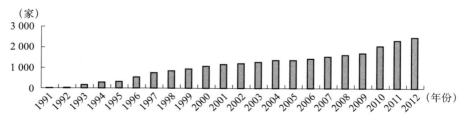

图 4-7 中国上市公司数量变化趋势

资料来源：作者根据历年《中国金融年鉴》的相关数据计算绘制而得。

与公司数量不同，受资本市场震荡性特征的影响，上市公司的股票筹资额在 2007 年前保持快速的增长势头，但受全球经济危机的影响，在 2008 年以后起伏较大。中国企业股票筹资额的变动趋势，见图 4 - 8。

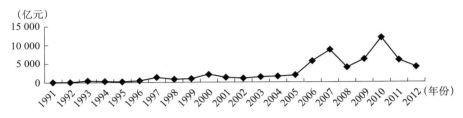

图 4 - 8　中国企业股票筹资额

资料来源：作者根据历年《中国金融年鉴》的相关数据计算绘制而得。

在保险领域，保险数量和保费收入均呈现出良好的增长势头，为企业各项投资行为提供了可选择的风险规避机制，能有效地刺激企业的投资规模。从图 4 - 9 中可以发现，中国保险公司保费收入总额逐年增加，增长率也较高。

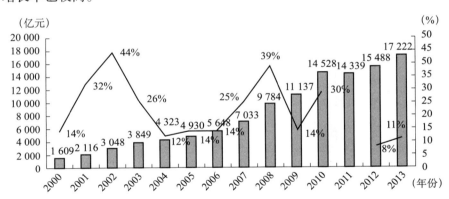

图 4 - 9　中国保险公司保费收入总额及增长趋势

资料来源：作者根据历年《中国金融年鉴》的相关数据计算绘制而得。

尽管非银行金融在总量上快速、持续地发展，为企业的各类投资行为提供了资金支撑和保障，但同时，中国非银行金融发展在地区上存在较大的差异。表 4 - 7 列出了各省区市的股票市值和保险公司保费收入数值，从表中可以发现，东部地区各省市的非银行金融发展程度明显高于中西部地区的省区市，反映出地区之间的非平衡性。

表 4 – 7　　　　　　　　各省区市非银行金融发展状况　　　　　　　单位：亿元

省区市	2008 年		2010 年		2012 年	
	股票市值	保费收入	股票市值	保费收入	股票市值	保费收入
北京	76 855.9	586	114 891.6	966.5	108 299.3	923.1
天津	2 068.73	175.62	3 953	214.01	2 803	238.16
河北	1 388.65	480.59	3 482.97	746.4	3 508.2	766.16
山西	2 387.37	260.89	6 249.15	365.3	4 502.89	384.65
内蒙古	820.19	141.35	3 570.68	215.54	2 969.48	274.47
辽宁	1 068.6	251.2	2 122.5	343.2	1 592.5	344.1
吉林	2 268.8	159.52	2 291.09	239.25	2 114.2	232.5
黑龙江	2 178	436.1	4 501.9	604.9	3 174	563
上海	14 949	600.06	24 286	883.86	21 395	820.64
江苏	3 471.99	775.4	13 000	1 162.67	11 394.27	1 301.28
浙江	3 129.42	576.33	13 815.2	834.4	11 126.11	984.6
安徽	1 994	296.5	5 337.3	438.3	4 843.5	453.6
福建	2 047.49	290.67	6 568.78	423.6	6 018.54	477.4
江西	793.31	171.66	3 670.22	253.26	2 057.9	271.7
山东	3 754.21	673.9	11 111.21	1 030.07	9 043.59	1 128
河南	739.12	519	4 351	793.28	4 067.29	841.13
湖北	1 814.65	317.15	5 123.99	500.33	4 076.9	595.41
湖南	1 345.41	312.49	4 965.14	438.53	4 184.28	465.1
广东	11 823.41	1 124.98	32 553.2	1 593.25	27 742.7	1 692.92
广西	481.89	133.48	1 521.95	190.9	1 276.9	238.36
海南	451.02	30.07	1 506.68	47.95	1 444.86	60.27
四川	2 772.7	494.27	7 492.84	765.77	5 929	819.53
贵州	1 361.3	80	3 075.8	122.6	3 209.06	150.22
云南	1 123.4	165.39	2 791.58	235.68	1 988.5	271.29
陕西	839.3	217.78	1 258.22	333.8	2 121.01	365.33
甘肃	449.46	97.45	1 303	146.34	1 214.78	158.77
青海	1 443.69	14.11	2 082.03	25.7	991.44	32.4
宁夏	159.03	31.79	535.67	52.75	381.73	62.69
新疆	1 441.47	152.51	3 703.07	190.92	2 520.93	235.56
总样本	5 014.535	329.871	10 038.47	488.243 4	8 827.305	522.494 5

资料来源：作者根据历年《中国金融年鉴》的相关数据计算整理而得。

三、实证研究

(一) 回归方程和变量说明

为了从股票市场和保险市场出发，研究非银行金融发展对企业对外直接投资的影响，类似第二节，本节建立如下回归方程：

$$\ln ODI_{it} = \alpha_0 + \alpha_1 \ln ODI_{it-1} + \alpha_2 \ln GDP_{it} + \alpha_3 \ln EX_{it} + \alpha_4 \ln PS_{it}$$
$$+ \alpha_5 \ln PGDP_{it} \times \ln PS_{it} + u_i + v_t + \varepsilon_{it} \qquad (4-4)$$

$$\ln ODI_{it} = \beta_0 + \beta_1 \ln ODI_{it-1} + \beta_2 \ln GDP_{it} + \beta_3 \ln EX_{it} + \beta_4 \ln PI_{it}$$
$$+ \beta_5 \ln PGDP_{it} \times \ln PI_{it} + \phi_i + \lambda_t + \tau_{it} \qquad (4-5)$$

和第二节一样，这里，$\ln ODI_{it}$ 表示企业对外直接投资流量的对数值，$\ln GDP_{it}$ 表示 GDP 规模的对数值，反映经济总量规模；$\ln EX_{it}$ 表示出口额的对数值，研究国际贸易的规模；$\ln PGDP_{it}$ 表示人均 GDP 的对数值，用以表示经济发展水平。$\ln PS_{it}$ 表示 i 地区 t 年的股票市值的对数值，反映股票市场的发展程度；$\ln PI_{it}$ 表示 i 地区 t 年保费收入的对数值，反映保险市场的发展程度；$\ln PGDP_{it} \times \ln PS_{it}$ 和 $\ln PGDP_{it} \times \ln PI_{it}$ 分别表示人均 GDP 与股票市值的乘积、人均 GDP 与保费收入的乘积，用来研究经济发展水平处于不同阶段时，非银行金融发展如何影响企业对外直接投资。

本节的样本数据为 2008~2012 年 26 个省区市的面板数据，为保证样本数据的平衡性，由于数据可得性原因，回归中去除了重庆、贵州、西藏、青海和宁夏的样本。除股票市值和保费收入的数据来源于历年《中国金融年鉴》[①] 外，其他数据来源与第二节相同，由历年《中国统计年鉴》[②] 和《中国对外直接投资统计公报》[③] 整理而得。

(二) 回归结果及分析

分别使用普通最小二乘法及动态面板数据回归方法，对式（4-4）和式（4-5）进行回归，得到表4-8和表4-9的结果。

[①] 数据来源于中国人民银行网站. http://www.pbc.gov.cn/rmyh/105223/105413/index.html.
[②] 数据来源于国家统计局网站. http://www.stats.gov.cn/tjsj/ndsj/.
[③] 数据来源于商务部网站. http://hzs.mofcom.gov.cn/article/Nocategory/201512/20151201223578.shtml.

表4－8　　　　　　　　股票市值对企业对外直接投资影响回归结果

变量	普通最小二乘法		动态面板数据回归方法	
	（1）	（2）	（3）	（4）
C	− 9. 270 *** （0. 000）	− 3. 644 （0. 108）	− 21. 594 *** （0. 000）	− 6. 953 （0. 462）
lnODI$_{it-1}$	—	—	− 0. 247 *** （0. 003）	− 0. 323 *** （0. 000）
lnGDP$_{it}$	1. 820 *** （0. 000）	1. 635 *** （0. 000）	3. 123 *** （0. 000）	1. 732 * （0. 075）
lnEX$_{it}$	− 0. 019 （0. 912）	− 0. 182 （0. 302）	0. 318 （0. 470）	0. 277 （0. 522）
lnPS$_{it}$	0. 323 ** （0. 038）	− 1. 420 *** （0. 006）	0. 008 （0. 980）	− 2. 557 * （0. 051）
lnPGDP$_{it}$ × lnPS$_{it}$		0. 396 *** （0. 000）		0. 647 ** （0. 031）
R^2	0. 580	0. 560	—	—
Sargan	—	—	132. 22 *** （0. 000）	139. 31 *** （0. 000）

注：括号内为 P 值；*、**、*** 分别表示在10%、5%和1%水平上显著；"—"表示回归时，未包含该变量。

表4－9　　　　保险公司保费收入对企业对外直接投资影响回归结果

变量	普通最小二乘法		动态面板数据回归方法	
	（1）	（2）	（3）	（4）
C	− 8. 597 *** （0. 000）	− 2. 133 （0. 477）	− 20. 401 *** （0. 000）	− 4. 247 （0. 614）
lnODI$_{it-1}$	—	—	− 0. 170 *** （0. 061）	− 0. 172 *** （0. 070）
lnGDP$_{it}$	1. 884 *** （0. 001）	1. 343 ** （0. 019）	2. 482 *** （0. 000）	0. 756 （0. 424）
lnEX$_{it}$	0. 037 （0. 837）	− 0. 171 （0. 340）	0. 216 （0. 623）	0. 175 （0. 682）
lnPI$_{it}$	0. 094 ** （0. 038）	− 1. 943 *** （0. 008）	0. 947 （0. 110）	− 2. 507 * （0. 088）
lnPGDP$_{it}$ × lnPI$_{it}$	—	0. 590 *** （0. 000）	—	0. 913 ** （0. 031）
R^2	0. 575	0. 600	—	—
Sargan	—	—	169. 21 *** （0. 000）	176. 67 *** （0. 000）

注：括号内为 P 值；*、**、*** 分别表示在10%、5%和1%水平上显著；"—"表示回归时，未包含该变量。

从表4-8和表4-9的回归结果中可以发现，各控制变量回归系数的符号和显著性基本上和第二节银行金融发展的回归结果保持一致。表4-8和表4-9中的回归结果（1）和回归结果（3）未添加非银行金融发展和人均GDP的乘积项，结果显示 $\ln PS_{it}$ 和 $\ln PI_{it}$ 仅在普通最小二乘法回归结果中具有正效应，说明非银行金融发展对企业对外直接投资的影响并不明显。表4-8和表4-9中的回归结果（2）和回归结果（4）分别添加了股票市值和保费收入与人均GDP的乘积项，结果显示 $\ln PS_{it}$ 和 $\ln PI_{it}$ 的系数均显著为负，$\ln PGDP_{it} \times \ln PS_{it}$ 和 $\ln PGDP_{it} \times \ln PI_{it}$ 的系数均显著为正。这说明当经济发展水平较低时，非银行金融发展会阻碍企业对外直接投资；当经济发展水平较高时，非银行金融发展则能促进企业对外直接投资。该回归结果和理论推断一致，也契合第二节银行金融发展对企业对外直接投资的影响分析，说明宏观金融发展能否促进企业对外直接投资取决于地区的经济发展水平。

第四节　外资引进对中国企业对外直接投资的影响

一、理论影响机理

外资的引入不仅为中国带来了充足的资金，而且带来了先进的技术和管理经验，为中国企业融入经济国际化带来了各项必不可少的资源，这也构成了大量文献认为外商直接投资有利于中国长期经济增长的依据。与此同时，外资企业的入驻也加剧了行业内的企业竞争，在扩大经济规模的同时也提升了生产要素的成本，增加了国内企业的经营压力。另外，中国企业进行对外直接投资有主动和被动两类动机，主动动机是指为了获取其他国家的先进技术和管理经验，被动动机是指国内要素成本过高推动的。外商直接投资对经济影响的两面性，恰好对应企业对外直接投资的主动动机和被动动机。因此，外商直接投资对企业对外直接投资的影响机制，可以分为国际化效应和竞争效应两类。这里，国际化效应强调的是为国内企业提供国际资源，竞争效应则强调与国内企业争夺资源，本部分分别阐述这两种效应的传导机制。

在国际化效应传导机制中，引进外资作为中国对外开放战略的主要构成之一，拓展了中国国内企业的国际视野。随着国内经济的发展，中国国内企业有较强的意愿融入世界经济，这就需要与国外企业进行近距离接触。尽管国际贸易的发展增加了国内外企业的交流机会，但是，更为全面地学习国外企业的先进技术和管理经验，需要与国外企业在同一市场中长期共存。在这种情况下，当不存在外商直接投资时，为了近距离接触国外企业，中国企业必须选择"走出去"，到国外市场与国外企业竞争共存；当引进外商直接投资时，跨国公司进入中国市场，在竞争关系中为国内企业提供了先进技术和管理的学习模板，拓展了国内企业的国际化视野。这意味着，外商直接投资满足了国内企业原本需要通过对外直接投资获取国际化资源的需求。因此，在国际化效应传导机制中，外商直接投资和企业对外直接投资存在互补关系。由此可以得出本节的推论1：在国际化效应传导机制中，引进外商直接投资会减少企业对外直接投资，即"引进来"不利于"走出去"。

在竞争效应传导机制中，外商直接投资的大规模引进扩大了跨国公司在中国的生产，通过增加要素需求而提升要素成本。这在中国加入WTO以后更为明显，大量的跨国公司将生产基地转移至中国，这一过程在促进中国经济增长的同时，也明显提升了中国的要素成本。要素成本的提升加剧了外资企业和中国国内企业的竞争，以劳动密集型为主的中国中小企业在竞争力上明显不如大型跨国公司，要素成本的提升加大了这类企业在国内的生产难度。为了规避国内的激烈竞争和高昂的要素成本，企业选择对外直接投资将生产转移至国外，产生了成本推动的倒逼型被动"走出去"。在这种情况下，外商直接投资的增加将成为企业对外直接投资的推动力，与之形成互补关系。由此可以得出本节的推论2：在竞争效应传导机制中，引进外商直接投资会增加企业对外直接投资，即"引进来"能推动"走出去"。

外商直接投资规模的扩大和中国经济发展水平的提升存在着共同的趋势，从综合角度上看，当外商直接投资规模较低时，难以大幅度提升中国的要素成本，因此竞争效应较弱；当外商直接投资规模较高并成为经济的主要构成时，规模的进一步扩大会提升要素成本，此时，竞争效应会占据主导作用。同时，当国内要素成本较低时，竞争效应不会占据主导地位；只有当国内要素成本较高时，竞争效应才可能会大于国际化效应。由此可以得出本节的推论3：当外商直接投资规模较低时，国际化效应占主导，规模的进一步扩大会减少企业对外直接投资，此时，"引进来"会减少"走出去"；当外商直接投资规模较高时，竞争效应占据主导地位，外商直接投资规模的进一步扩大会增加企业对外直接投资，此时，"引进来"会推动"走出去"。图4-10绘制出了本节的两种传导机制。

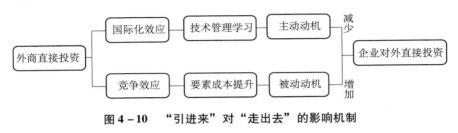

图4-10　"引进来"对"走出去"的影响机制

二、实证研究

（一）方程设计和变量描述

根据本节第二部分的描述，为研究不同规模外商直接投资如何影响企业对外直接投资，本节建立了如下回归方程：

$$\ln ODI_{it} = \alpha_0 + \alpha_1 \ln ODI_{it-1} + \alpha_2 \ln GDP_{it} + \alpha_3 \ln EX_{it} + \alpha_4 \ln FDI_{it}$$
$$+ \alpha_5 (\ln FDI_{it})^2 + u_i + v_t + \varepsilon_{it} \qquad (4-6)$$

在式（4-6）中，$\ln ODI_{it}$ 为 i 地区 t 年的企业对外直接投资流量的对数值，$\ln ODI_{it-1}$ 为其滞后一期项，反映了企业对外直接投资是否具有持续性。$\ln GDP_{it}$ 为 i 地区 t 年 GDP 的对数值，反映了地区经济规模对企业对外直接投资的影响；$\ln EX_{it}$ 为 i 地区 t 年出口贸易额的对数值，反映了出口对企业对外直接投资是否具有先导性；$\ln FDI_{it}$ 为 i 地区 t 年引进外商直接投资规模的对数值，$(\ln FDI_{it})^2$ 为其平方项，两者反映了不同规模外商直接投资如何影响企业对外直接投资；u_i、v_t 和 ε_{it} 分别为地区变量、时间变量和回归残差。

本节的样本数据为2003～2010年26个省区市的面板数据，出于获取平衡面板数据的考虑，由于数据可得性原因，本节未将重庆、贵州、西藏、青海和宁夏的数据纳入本节的回归样本中。在回归方程各变量中，企业对外直接投资来源自历年《中国对外直接投资统计公报》，外商直接投资数据由各省区市统计年鉴整理而得，其他数据来源于历年《中国统计年鉴》。表4－10列出了本节数据的基本信息。

表4－10　　　　　　　　回归方程数据基本信息

变量	总样本	东部	中西部
$lnODI_{it}$	9.119 (2.088)	10.326 (1.551)	8.439 (2.047)
$lnGDP_{it}$	9.137 (0.767)	9.603 (0.719)	8.876 (0.664)
$lnEX_{it}$	14.205 (1.528)	15.880 (0.906)	13.262 (0.846)
$lnFDI_{it}$	10.021 (1.572)	11.349 (0.696)	9.273 (1.427)
样本数	250	90	160

注：表中为均值，括号内为标准差。

图4－11和图4－12则分别拟合了东部地区外商直接投资和西部地区外商直接投资与对外直接投资的相关图。图中可以发现，尽管都存在正相关性，但东部地区的相关系数大于中西部地区，这是因为东部地区吸引外商直接投资的规模较大。因此，对企业对外直接投资影响机制中的竞争效应力度较大，能更为有效地推动企业对外直接投资，符合本节第一部分的理论逻辑分析。

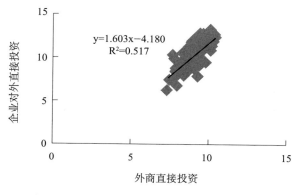

图4－11　东部地区拟合

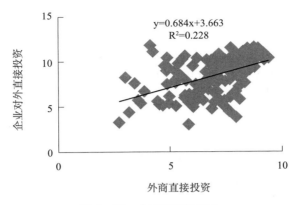

图 4 - 12　中西部地区拟合

（二）回归结果及解释

由于回归方程式（4 - 6）的解释变量中包含了被解释变量的滞后一期值，因此，需要用动态面板数据回归方法对方程式（4 - 6）进行回归，得到表 4 - 11 的结果。

表 4 - 11　　　　　　　　　　全样本回归结果

变量	（1）	（2）
C	− 21. 336 *** （0. 000）	− 9. 263 *** （0. 000）
$lnODI_{it-1}$	− 0. 115 *** （0. 000）	− 0. 119 *** （0. 000）
$lnGDP_{it}$	3. 222 *** （0. 000）	2. 419 *** （0. 000）
$lnEX_{it}$	0. 089 （0. 574）	0. 203 （0. 337）
$lnFDI_{it}$	0. 105 （0. 359）	− 2. 291 *** （0. 002）
$(lnFDI_{it})^2$	—	0. 194 *** （0. 001）
Sargan	24. 114 （0. 917）	21. 122 （0. 969）

注：括号内为 P 值；*、**、*** 分别表示在 10% 、5% 和 1% 水平上显著；Sargan 统计量不显著，说明回归方程的设计是合理的；"—"表示回归时，未包含该变量。

从表 4 - 11 的回归结果可以发现，$lnODI_{it-1}$ 的系数显著为负，说明企业对外直接投资具有平滑性的特征。$\ln\text{GDP}_{it}$ 的系数显著为正，说明经济规模较大的地区有更大的企业对外直接投资规模。$\ln\text{EX}_{it}$ 的系数并不显著，说明出口贸易对企业对外直接投资的先导影响并不稳健。表 4 – 11 的回归结果（1）未包含外商直接投资的平方项 $(\ln\text{FDI}_{it})^2$，此时 $\ln\text{FDI}_{it}$ 的系数并不显著，说明外商直接投资对企业对外直接投资并没有直接的影响。回归结果（2）则包含了该平方项，结果显示 $\ln\text{FDI}_{it}$ 的系数显著为负，$(\ln\text{FDI}_{it})^2$ 的系数显著为正，说明外商直接投资规模较小时，对企业对外直接投资将产生负面影响；而外商直接投资规模较大时，对企业对外直接投资则会产生正向的促进作用。本节的实证研究恰好验证了本节第二部分的理论推论，即负向的国际化效应在外商直接投资规模较小时起主导作用；只有当外商直接投资规模较大时，对企业对外直接投资影响的正向竞争效应才会起主导作用，此时，"引进来"才能推动"走出去"。

从表 4 – 10 的数据基本信息中可以发现，中国东部地区和中西部地区的经济因素之间存在较大的差异，考虑到这种经济的区域差异可能会使外商直接投资对企业对外直接投资产生不同的影响，本节再次分别用东部地区和中西部地区的样本对式（4 – 6）进行回归，得到表 4 – 12 的结果。

表 4 – 12　　　　　　　　分区域样本回归结果

变量	东部地区		中西部地区	
	（1）	（2）	（3）	（4）
C	− 22. 096 *** （0. 006）	110. 237 ** （0. 026）	− 22. 200 *** （0. 000）	− 14. 021 （0. 216）
$\ln\text{ODI}_{it-1}$	− 0. 185 （0. 662）	− 0. 797 * （0. 085）	− 0. 129 （0. 139）	− 0. 126 （0. 197）
$\ln\text{GDP}_{it}$	4. 969 ** （0. 048）	0. 746 （0. 566）	3. 394 *** （0. 000）	3. 167 *** （0. 000）
$\ln\text{EX}_{it}$	0. 325 （0. 624）	2. 728 * （0. 060）	− 0. 015 （0. 912）	− 0. 144 （0. 752）
$\ln\text{FDI}_{it}$	− 2. 072 （0. 246）	− 13. 158 *** （0. 009）	0. 253 （0. 240）	− 1. 330 （0. 398）
$(\ln\text{FDI}_{it})^2$	—	1. 914 *** （0. 008）	—	0. 131 （0. 333）
Sargan	6. 533 （1. 000）	1. 345 （1. 000）	15. 077 （0. 999）	14. 322 （0. 999）

注：括号内为 P 值；*、**、*** 分别表示在 10%、5% 和 1% 水平上显著；Sargan 统计量不显著，说明回归方程的设计是合理的；"—"表示回归时，未包含该变量。

从表 4 - 12 中可以发现，在东部地区样本回归结果中 $\ln FDI_{it}$ 和 $(\ln FDI_{it})^2$ 的系数及显著性均与表 4 - 11 保持一致，中西部地区回归结果中 $\ln FDI_{it}$ 和 $(\ln FDI_{it})^2$ 均不显著。这一结果说明，东部地区外商直接投资对企业对外直接投资的影响符合本节第二部分先减少、后增加的理论影响机制，中西部地区则不符合这一影响机制，这是因为中西部地区外商直接投资规模较小，尚无法产生不同途径的影响过程。

（三）稳健性检验

在本节第一部分的理论影响机制中，外商直接投资影响企业对外直接投资的正向竞争效应发生的前提是要素成本的提高。在中国，劳动力成本是最主要的要素成本，因此，本部分通过劳动力成本变量对回归方程式（4 - 6）的稳健性进行检验，建立如下方程：

$$\ln ODI_{it} = \beta_0 + \beta_1 \ln ODI_{it-1} + \beta_2 \ln GDP_{it} + \beta_3 \ln EX_{it} + \beta_4 \ln FDI_{it}$$
$$+ \beta_5 \ln W_{it} \times \ln FDI_{it} + \eta_i + \zeta_t + \tau_{it} \qquad (4 - 7)$$

在式（4 - 7）中，$\ln W_{it}$ 为 i 地区 t 年的人均工资的对数值，$\ln W_{it} \times \ln FDI_{it}$ 为人均工资对数值和外商直接投资对数值的乘积项。加入该项的目的是为了检验当劳动力成本不同时，外商直接投资对企业对外直接投资产生的不同影响。各地区人均工资的数据来自历年《中国劳动统计年鉴》，其他数据与式（4 - 6）保持一致。使用动态面板数据回归方法对式（4 - 7）进行回归，得到表 4 - 13 的结果。

表 4 - 13　　　　　　　　稳健性检验回归结果

变量	全样本	东部	中西部
C	2. 687 （0. 444）	19. 999 （0. 340）	- 5. 810 （0. 543）
$\ln ODI_{it-1}$	- 0. 175 *** （0. 000）	- 0. 405 （0. 287）	- 0. 168 *** （0. 031）
$\ln GDP_{it}$	0. 407 （0. 290）	- 1. 632 （0. 551）	1. 472 （0. 203）
$\ln EX_{it}$	0. 059 （0. 627）	0. 675 （0. 441）	0. 101 （0. 788）
$\ln FDI_{it}$	- 3. 552 *** （0. 000）	- 7. 610 * （0. 068）	- 0. 311 * （0. 059）

变量	全国	东部	中西部
$\ln W_{it} \times \ln FDI_{it}$	0.393 *** （0.000）	0.725 * （0.065）	0.328 ** （0.043）
Sargan	20.823 （0.972）	6.351 （1.000）	14.259 （0.999）

注：括号内为 P 值；*、**、*** 分别表示在 10%、5% 和 1% 水平上显著；Sargan 统计量不显著，说明回归方程的设计是合理的。

从表 4 - 13 的回归结果中可以发现，无论在全样本还是东部地区及中西部地区样本中，$\ln FDI_{it}$ 的回归系数均显著为负，$\ln W_{it} \times \ln FDI_{it}$ 的系数均显著为正，说明在劳动力成本较低的地区，外商直接投资会减少企业对外直接投资；在劳动力成本较高的地区，外商直接投资会加大企业对外直接投资。这是因为在劳动力成本较高的地区，外商直接投资的引进更易产生劳动力的稀缺，从而竞争效应更为明显，会推动企业进行成本规避的对外直接投资，既符合本节第二部分的理论推论，也验证了本节方程式（4 - 6）回归结果的稳健性。不同的是，在表 4 - 13 中，中西部地区样本的回归结果显著而在表 4 - 12 中不显著，说明相比于外商直接投资规模的扩大，劳动力成本的提升更容易推动竞争效应的产生。

小　结

本章研究了国内正规金融发展对企业对外直接投资的影响，从银行金融发展、非银行金融发展以及外资引进三个方面发现了不同的影响方式。首先，在银行金融对企业对外直接投资的影响中，理论和实证研究表明，当经济发展水平较低时，量维度金融发展会阻碍企业对外直接投资；只有当经济发展水平较高时，量维度金融发展才构成企业对外直接投资的助推器。与之相反，质维度的银行金融发展在经济发展水平较低的情况下，能促进企业对外直接投资；而当经济发展水平较高时，质维度金融发展则成为企业对外直接投资的绊脚石。其次，在非银行金融发展中，实证研究也表明，无论是股市还是保险发展，只有在经济发展程度较高时才能促进企业对外直接投资；在经济发展水平较低时，反而会阻碍企业对外直接投资。最后，在外资引进方面，理论和实证研究表明，当外资引进规模较小时，会减少企业对外直接投资；只有外资引进规模较大时，才能促进企业对外直接投资。

在政策上，本章研究发现，在特定条件下，正规金融发展确实能起到促进企业对外直接投资的作用，为了实现这一效果，政府部门应采取如下措施：首先，在促进金融发展的同时应配套国内市场化改革，为不同维度的金融发展搭配不同的有利条件，保证各地量维度金融发展和质维度金融发展都拥有促进企业对外直接投资的市场条件；其次，在经济发展程度低的地区积极培育非银行金融发展，既能保证企业对外直接投资可以从股市直接融资，也能获得投资不稳定性的风险保障；最后，鉴于较大规模的外资引进，能促进企业对外直接投资，因此，在企业"走出去"支持政策的背景下也可以同时推行引进外资支持政策，大幅度引进优质外资，实现"引进来"和"走出去"齐头并进、相互促进的效果。

第五章

民间金融发展与中国企业对外直接投资

民间金融是正规金融的有效补充，在中国更是民营企业从事各类投资活动的重要资金来源，因此，对企业对外直接投资也有重要的影响。不同于正规金融，民间金融具有隐蔽性的特征，监管难度较大，但也更为灵活，更能按照利率为投资主体提供资金服务，并基于投资收益而非国家政策为企业提供资金服务，因此，民间金融是中小企业进行对外直接投资的重要支撑。在民间金融的实证研究中，指标度量方法是保证结果可靠性的关键，因此，本章从民间金融的三个层次进行度量，研究其对企业对外直接投资的影响。

第一节 民间借贷规模与中国企业对外直接投资

一、理论影响机理

中国各类不同性质类型的企业进行对外直接投资有不同的资金来源，国有企业往往获得国家政策的支持而进行对外直接投资，因此，资金支持也主要来源于银行等正规金融机构。民营企业对外直接投资则存在较大的区别，因其规模较小难以获得国内正规金融的支持，信息不对称则使民营企业难以在东道国进行融资，因此，民间金融对于民营企业对外直接投资而言成了较为重要的资金来源。民营企业对外直接投资具有两个显著的特点，一是民营企业往往由于国内成本上升而进行生产转移动机的对外直接投资；二是民营企业依市场原则进行对外直接投资。这两点成为民营企业在何种条件下进行对外直接投资选择的依据，也构成了民间借贷影响企业对外直接投资的传导路径。因此，本部分从这两个特征展开论述民间借贷对企业对外直接投资的影响机理。

在对外直接投资动机上，生产转移的纵向动机构成了民营企业对外直接投资的主要原因，而国内生产成本提高则是企业生产转移的推动因素。在生产上，企业依据成本最小化的原则选择在国内生产还是在国外生产，而对于以生产劳动密集型产品为主的民营企业，劳动成本是最主要的生产成本构成部分。民间借贷的繁荣增加了企业的资金供给，也增加了企业的投资机会，从而扩大企业的潜在生产规模，此时，企业依劳动成本的高低选择在国内生产还是通过对外直接投资进行国外生产。当国内劳动成本较低时，企业获得更多的资金将会促使企业扩大国内生产规模，并通过国内固定成本投资的增加降低国外生产的吸引力，故此时民间借贷减少了企业对外直接投资。而当国内劳动成本较高时，尽管国外生产的固定成本较高，但边际成本的降低使其更具吸引力，此时，民间借贷繁荣所带来的投资增加会促使企业进行对外直接投资将生产转移至国外，因此，民间借贷会促进企业对外直接投资。图 5 - 1 描绘了这一影响过程。

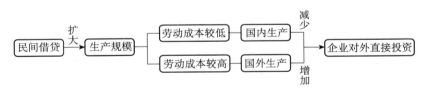

图 5 - 1　民间借贷对企业对外直接投资影响机理（劳动成本差异）

另外，企业依市场利润收益状况决定是否进行对外直接投资，异质性企业国际贸易理论依此指出企业根据自身生产率选择内向发展还是外向发展，生产率较低的企业选择在国内生产，生产率较高的企业则选择对外直接投资在国外生产（Antras and Helpman，2004）。在微观上，这意味着不同生产率企业规模的扩大会产生完全不同的行为方式，在地区层面也可以得出类似的结论。企业生产受多重因素的影响，地区技术水平的高低也会对此产生影响。一般而言，技术水平较高的地区具有较高的整体平均生产率；在技术水平较低的地区，企业平均生产率也较低。民间借贷的发展增加了企业的投资机会，按市场原则企业会依据所处地区技术水平所影响的生产率进行国内投资扩张或国外投资扩张的选择。据此观点，技术水平较高地区的民间借贷的发展增加了高生产率企业的资金供给，提升了外向发展倾向，能促进企业对外直接投资；技术水平较低的地区民间借贷的发展增加了低生产率企业的资金供给，提升了内向发展倾向，降低国外生产的吸引力，不利于企业对外直接投资。图 5 - 2 绘制了这一影响过程。

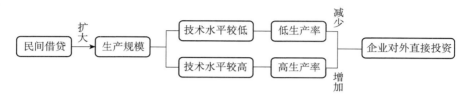

图 5 - 2　民间借贷对企业对外直接投资影响机理（技术水平差异）

二、民间借贷规模度量

民间金融活动游离于正规金融统计之外，因此，对民间借贷规模的度量也存在较大的难度，更无法用直接观测的方式进行度量，而只能采取间接估计的方式。由于统计方便，正规金融贷款规模大多从加大贷款规模的金融机构进行统计计算。不同的是，民间借贷的隐蔽性难以从贷款者角度估计，而只能从借款者需求进行估计。目前，中文文献存在两种民间借贷的估计方法：一是通过民间借贷利率间接反映民间借贷的繁荣（胡金焱，张博，2013）；二是根据各地经济规模和借款需求之间的比例关系，间接推导民间借贷的规模（李建军，2010；李健，卫平，2015）。第一种方法的计算数据主要来源于中国人民银行发布的《中国区域金融运行报告》及各省区市的《金融运行报告》，但是，一方面，民间借贷利率是供给和需求共同作用的结果，难以间接反映单方面的供给规模；另一方面，有些省区市并未统计该数据而无法形成质量良好的平衡数据样本。基于这种考虑，本节采用第二种方法估算出的民间借贷规模数据，主要来自李建军（2010）、王春宇（2010）以及李健和卫平（2015）的方法进行设计与计算。

第二种方法的估算建立在如下几个假设之上：①民间借贷仅为非公开的地下经济提供资金服务，并且，都属于短期借贷行为；②正规金融仅为公开经济提供资金服务；③地下经济和公开经济对短期借贷融资的需求比例是相同的。由此可以得到，民间借贷规模与正规金融短期贷款的比值正好等于地下经济规模和公开经济规模的比值，即$\dfrac{SI}{SF} = \dfrac{GI}{GF}$，SI和SF分别为民间金融的借贷规模和正规金融的短期贷款规模，GI和GF分别为地下经济的规模和公开经济的规模，由此可以得到民间借贷规模$SI = \dfrac{GI}{GF} \times SF$。进一步假设地下非公开经济规模恰好等于经济主体从地下经济中获得的收入总额，这样便可以通过计算 GF 而估算民间借贷规模 SF。

为了得到各省区市的民间借贷规模，还需对地区间民间借贷的比例关系进行假设，李健和卫平（2015）假设各地民间借贷占比等于各地金融机构短期贷款占比进行估算，即$\dfrac{SI_i}{SI} = \dfrac{SF_i}{SF}$，$SI_i$ 和 SF_i 分别为 i 地区的民间借贷规模和短期贷款规模。在中国经济市场化的过程中，地区民间金融的发展程度和地区经济发展存在一定的相关性，也正是经济规模的扩大催生了民间金融的繁荣，由此可以通过 GDP 占比的方式估算地区民间借贷规模，即$\dfrac{SI_i}{SI} = \dfrac{GDP_i}{GDP}$。本节用$SIF_i = \dfrac{SF_i}{SF} \times SI$表示李健和卫平（2015）通过短期贷款占比方式估算的地区民间借贷规模，用$SIG_i = \dfrac{GDP_i}{GDP} \times SI$代表通过 GDP 占比方式估算的地区民间借贷规模，两种方式估算指标的共同使用可以检验下文实证研究的稳健性。

SIF_i的数据来自李健和卫平（2015）的估算，他们估算的全国民间借贷总规模 SI 也可以用于本节计算SIG_i，表 5 - 1 列出了估算出的各地民间借贷规模数据。

表 5 - 1　　　　　　　　　各地区民间借贷规模估算值　　　　　　　　单位：亿元

省区市	2003 年		2007 年		2011 年	
	SIF_i	SIG_i	SIF_i	SIG_i	SIF_i	SIG_i
北京	184. 197	94. 390 76	262. 491	163. 069 1	473. 408	299. 317 1
天津	74. 02	63. 071 09	108. 128	88. 050 55	176. 584	208. 249 9
河北	137. 623	182. 915 6	168. 261	239. 016 4	310. 586	451. 514 7

续表

省区市	2003 年		2007 年		2011 年	
	SIF$_i$	SIG$_i$	SIF$_i$	SIG$_i$	SIF$_i$	SIG$_i$
山西	79. 428	63. 301 24	109. 759	99. 957 18	181. 459	206. 965 4
内蒙古	40. 823	174. 514 7	62. 792	106. 194 5	150. 797	264. 470 5
辽宁	182. 507	154. 673 6	199. 582	192. 187 5	343. 333	409. 356 5
吉林	85. 454	65. 002 86	87. 151	92. 135 04	125. 865	194. 649 6
黑龙江	104. 941	114. 152 1	92. 769	123. 174 2	150. 015	231. 726 9
上海	242. 253	161. 071	249. 51	212. 504 7	476. 228	353. 533 2
江苏	297. 834	321. 090 9	470. 127	448. 780 3	947. 659	904. 479 7
浙江	297. 611	242. 090 2	597. 124	327. 424 6	1364. 959	595. 226 8
安徽	87. 779	102. 360 4	120. 808	128. 389 7	223. 179	281. 797
福建	88. 788	134. 822 8	147. 434	161. 252 7	347. 577	323. 411 5
江西	62. 108	72. 935 32	76. 877	95. 893 48	154. 945	215. 534 5
山东	264. 873	320. 449	403. 232	452. 698 9	769. 376	835. 443 8
河南	167. 155	181. 627 9	214. 027	261. 732 5	353. 386	495. 997 4
湖北	104. 734	139. 191 4	120. 608	160. 930 9	225. 131	361. 573 6
湖南	89. 495	119. 530 8	110. 803	160. 396 2	174. 777	362. 260 6
广东	408. 426	351. 111 6	418. 342	541. 936 3	704. 808	979. 991
广西	45. 209	70. 479 1	57. 865	103. 833	106. 528	215. 866 9
海南	12. 304	17. 288 43	10. 703	21. 326 98	19. 174	46. 460 82
重庆	56. 91	61. 348 98	65. 319	56. 566 25	106. 94	80. 418 88
四川	126. 543	140. 598 7	154. 883	183. 152 9	256. 492	387. 255 2
贵州	26. 709	34. 944 45	35. 548	47. 803 2	55. 769	105. 012 7
云南	58. 827	63. 525 46	86. 915	82. 661 87	134. 104	163. 787 5
陕西	72. 049	61. 806 59	78. 946	95. 292 48	131. 808	230. 443 3
甘肃	37. 455	33. 616 89	42. 931	47. 114 73	83. 299	92. 461 78
青海	8. 355	10. 054 51	11. 449	13. 661 58	20. 997	30. 765 07
宁夏	11. 85	9. 929 458	19. 391	15. 502 7	40. 203	38. 717 1
新疆	44. 265	48. 382 26	50. 7	61. 424 08	96. 322	121. 739 4

注：SIF$_i$ 来自李健和卫平（2015），SIG$_i$ 由上文所述方法估算。因数据缺失，西藏自治区的数据未包含在本节的样本数据中。

三、实证研究

（一）方程设计和变量描述

按照本节第二部分的理论机理分析，劳动工资和技术水平不同时，民间借贷对企业对外直接投资的影响也是不同的，为了对此进行研究，本节建立如下回归方程：

$$\ln ODI_{it} = \alpha_0 + \alpha_1 \ln ODI_{it-1} + \alpha_2 \ln GDP_{it} + \alpha_3 \ln EX_{it} + \alpha_4 \ln SI_{it}$$
$$+ \alpha_5 \ln W_{it} \times \ln SI_{it} + u_i + v_t + \varepsilon_{it} \tag{5-1}$$

$$\ln ODI_{it} = \beta_0 + \beta_1 \ln ODI_{it-1} + \beta_2 \ln GDP_{it} + \beta_3 \ln EX_{it} + \beta_4 \ln SI_{it}$$
$$+ \beta_5 \ln T_{it} \times \ln SI_{it} + \varphi_i + \varphi_t + \tau_{it} \tag{5-2}$$

这里，$\ln ODI_{it}$ 为 i 地区 t 年的企业对外直接投资流量规模的对数值，$\ln ODI_{it-1}$ 为其滞后一期项，此项为了研究企业对外直接投资的时间持续性或平滑性。$\ln GDP_{it}$ 为 i 地区 t 年 GDP 的对数值，反映了经济规模对企业对外直接投资的影响。$\ln EX_{it}$ 为 i 地区 t 年出口贸易规模的对数值，反映了出口贸易对企业对外直接投资是否具有先导性。$\ln SI_{it}$ 为 i 地区 t 年民间借贷规模的对数值，分别由上文设计的 SIF_i 和 SIG_i 进行度量。方程式（5-1）中的 $\ln W_{it}$ 为 i 地区 t 年的平均工资水平的对数值，$\ln W_{it} \times \ln SI_{it}$ 为工资水平和民间借贷规模的乘积项，反映工资水平不同时，民间借贷规模如何影响企业对外直接投资。在式（5-2）中，$\ln T_{it}$ 为 i 地区 t 年的专利授权数的对数值，用来反映技术水平，$\ln T_{it} \times \ln SI_{it}$ 为技术水平和民间借贷规模的乘积项，用以研究技术水平不同时，民间借贷规模对企业对外直接投资的不同影响。u_i 和 φ_i 为地区变量，v_t 和 φ_t 为时间变量，ε_{it} 和 τ_{it} 为回归残差。

在回归方程式（5-1）、式（5-2）中，企业对外直接投资数据来源自历年《中国对外直接投资统计公报》，各地 GDP、出口贸易和专利授权数来自历年《中国统计年鉴》，劳动工资水平来自历年《中国劳动统计年鉴》，民间借贷规模数据来自李健和卫平（2015）以及本节上一部分的估算。本节的样本为 2003~2011 年 26 个省区市的面板数据，重庆、贵州、西藏、宁夏和青海由于缺乏部分年份对外直接投资数据，出于获取平衡面板数据的考虑未将这几个地区的数据列入回归样本中。表5-2列出了本节数据的基本信息。

表 5 – 2 变量基本信息

变量	全样本	东部	中西部
$\ln ODI_{it}$	8.865 (2.028)	10.106 (1.463)	8.166 (1.971)
$\ln GDP_{it}$	9.059 (0.747)	9.530 (0.701)	8.795 (0.634)
$\ln EX_{it}$	14.121 (1.525)	15.817 (0.895)	13.168 (0.805)
$\ln W_{it}$	10.062 (0.437)	10.310 (0.424)	9.923 (0.380)
$\ln T_{it}$	8.705 (1.263)	9.840 (0.998)	8.067 (0.896)
SIF_i	5.073 (0.824)	5.745 (0.739)	4.695 (0.599)
SIG_i	6.050 (0.869)	6.521 (0.832)	5.786 (0.775)
样本数	225	81	144

注：表内为变量均值，括号内为标准差。

（二）对外直接投资规模回归结果及分析

利用动态面板数据回归方法分别对式（5－1）、式（5－2）进行回归，得到表 5－3 的结果。

表 5 – 3 对外直接投资流量回归结果

变量	(1)	(2)	(3)	(4)	(5)	(6)
C	−21.472*** (0.000)	−7.527*** (0.007)	−16.325*** (0.000)	−14.216*** (0.000)	2.997** (0.036)	−3.706** (0.015)
$\ln ODI_{it-1}$	−0.112** (0.011)	−0.142*** (0.000)	−0.108 (0.156)	−0.246*** (0.000)	−0.096** (0.019)	−0.017 (0.719)
$\ln GDP_{it}$	3.155*** (0.000)	1.677*** (0.000)	2.540*** (0.000)	—	—	—
$\ln EX_{it}$	0.217 (0135)	0.150 (0.226)	0.210 (0.227)	1.277*** (0.000)	0.362*** (0.000)	0.658*** (0.000)
$\ln SIF_i$	−0.038 (0.735)	−3.754*** (0.000)	−0.601** (0.016)	—	—	—

续表

变量	（1）	（2）	（3）	（4）	（5）	（6）
$\ln W_{it} \times \ln SIF_{it}$	—	0. 377 *** （0. 000）	—	—	—	—
$\ln T_{it} \times \ln SIF_{it}$	—	—	0. 071 * （0. 054）	—	—	—
$\ln SIG_i$	—	—	—	0. 505 *** （0. 000）	− 4. 980 *** （0. 000）	− 0. 815 *** （0. 000）
$\ln W_{it} \times \ln SIG_{it}$	—	—	—	—	0. 520 *** （0. 000）	—
$\ln T_{it} \times \ln SIG_{it}$	—	—	—	—	—	0. 160 *** （0. 000）
Sargan	22. 493 （0. 712）	22. 916 （0. 690）	22. 208 （0. 727）	23. 857 （0. 638）	23. 272 （0. 670）	22. 333 （0. 720）

注：括号内为 P 值；*、**、*** 分别表示在 10%、5% 和 1% 水平上显著；Sargan 统计量不显著，说明回归方程的设计是合理的；"—"表示回归时，未包含该变量。

在表 5 - 3 中，回归结果（1）～回归结果（3）用SIF_i度量民间借贷规模，回归结果（4）～回归结果（6）用SIG_i度量民间借贷规模，由于SIG_i从 GDP 比例估算而得，因此，为了避免共线性问题在回归结果（4）～回归结果（6）中未包含变量$\ln GDP_{it}$项。从回归结果中可以发现，$\ln ODI_{it-1}$的系数显著为负或为负但不显著，说明企业对外直接投资在各期的分布具有平滑性，但不稳定。$\ln GDP_{it}$的系数在回归结果（1）～回归结果（3）中显著为正，说明经济规模越大的地区具有更大的企业对外直接投资。$\ln EX_{it}$在回归结果（1）～回归结果（3）中不显著，但在回归结果（4）～回归结果（6）中显著为正，这是因为回归结果（1）～回归结果（3）中受 GDP 变量制约无法体现出口贸易对企业对外直接投资的先导作用。回归结果（1）和回归结果（4）分别用SIF_i和SIG_i衡量民间借贷规模对企业对外直接投资的直接影响，发现$\ln SIF_i$的系数不显著，$\ln SIG_i$的系数显著为正，反映了用 GDP 占比的方式估算的民间借贷规模更能反映出民间金融对企业对外直接投资的正向影响。回归结果（2）和回归结果（5）研究工资水平不同情况下民间借贷规模对企业对外直接投资的影响，结果显示$\ln SIF_i$和$\ln SIG_i$的系数均显著为负，$\ln W_{it} \times \ln SIF_{it}$和$\ln W_{it} \times \ln SIG_{it}$的系数均显著为正，两列均说明了当工资水平较低时，民间借贷规模的扩大会减少企业对外直接投资；只有当工资水平较高时，民间借贷规模的扩大才能增加企业对外直接投资，该结论恰好验证了图 5-1 的理论机理分析。回归结果（3）和回归结果（6）研究技术水平不同的情况下，民间借贷规模对企业对外直接投资的不同影响，结果显示 $\ln SIF_i$ 和 $\ln SIG_i$ 的系数显著为负，$\ln T_{it} \times \ln SIF_{it}$ 的系数和 $\ln T_{it} \times \ln SIG_{it}$ 的系数显著为正，说明当技术水平较低时，民间借贷规模的扩大会减少企业对外直接投资；而当技术水平较高时，民间借贷规模的扩大能增加企业对外直接投资，恰好验证了本节图 5-2 的理论机理分析过程。由此，本节的回归结果发现，当外部经济条件不同时，民间借贷会对企业对外直接投资产生完全不同的影响。

（三）对外直接投资项目数实证研究

企业对外直接投资除流量增加外，还包括新设项目，流量规模增加主要源自国有企业的贡献，而新设项目则主要归功于大量中小企业的功劳。因此，民间借贷影响企业对外直接投资项目数的方式可能与对流量规模影响的方式存在区别。为了对此进行研究，本部分将式（5-1）、式（5-2）中被解释变量换成对外直接投资项目数，得到式（5-3）、式（5-4）。

$$NUM_{it} = \alpha_0 + \alpha_1 NUM_{it-1} + \alpha_2 \ln GDP_{it} + \alpha_3 \ln EX_{it} + \alpha_4 \ln SI_{it}$$
$$+ \alpha_5 \ln W_{it} \times \ln SI_{it} + u_i + v_t + \varepsilon_{it} \quad (5-3)$$
$$NUM_{it} = \beta_0 + \beta_1 NUM_{it-1} + \beta_2 \ln GDP_{it} + \beta_3 \ln EX_{it} + \beta_4 \ln SI_{it}$$
$$+ \beta_5 \ln T_{it} \times \ln SI_{it} + \varphi_i + \varphi_t + \tau_{it} \quad (5-4)$$

这里，NUM_{it} 为 i 地区 t 年新设的对外直接投资项目数，数据由商务部发布的《境外投资企业（机构）名录》中整理而得，其他变量均和式（5-1）以及式（5-2）一致。由于被解释变量各地区企业对外直接投资项目数为非负整数，因此属于离散变量，需要采用计数模型进行回归。本节使用计数模型中的泊松估计方法进行回归，得到表 5-4 的结果。

表 5-4　　　　　　　　　对外直接投资项目数回归结果

变量	（1）	（2）	（3）	（4）	（5）	（6）
C	−2.315 *** (0.000)	−1.929 *** (0.000)	−3.458 *** (0.001)	−1.870 *** (0.000)	−1.211 ** (0.027)	−3.322 *** (0.000)
NUM_{it-1}	0.004 *** (0.000)	0.003 *** (0.000)	0 005 *** (0.000)	0.005 *** (0.000)	0.005 *** (0.000)	0.006 *** (0.000)

续表

变量	（1）	（2）	（3）	（4）	（5）	（6）
$\ln GDP_{it}$	0.156 *** (0.000)	0.211 *** (0.000)	0.221 * (0.090)	—	—	—
$\ln EX_{it}$	0.124 *** (0000)	0.063 *** (0.000)	0.155 *** (0.001)	0.163 *** (0.000)	0.120 ** (0.011)	0.222 *** (0.000)
$\ln SIF_i$	0.448 *** (0.000)	− 0.498 *** (0.000)	0.665 *** (0.000)	—	—	—
$\ln W_{it} \times \ln SIF_{it}$	—	0.097 *** (0.000)	—	—	—	—
$\ln T_{it} \times \ln SIF_{it}$	—	—	− 0.018 (0.0187)	—	—	—
$\ln SIG_i$	—	—	—	0.468 *** (0.000)	− 0.337 ** (0.038)	0.766 *** (0.000)
$\ln W_{it} \times \ln SIG_{it}$	—	—	—	—	0.079 *** (0.000)	—
$\ln T_{it} \times \ln SIG_{it}$	—	—	—	—	—	0.023 (0.000)
R^2	0.771	0.792	0.772	0.775	0.792	0.778

注：括号内为 P 值；*、**、*** 分别表示在10%、5%和1%水平上显著；"—"表示回归时，未包含该变量。

从表 5 - 4 中可以发现，NUM_{it-1} 的系数显著为正，说明企业新设对外直接投资项目具有持续性，这点符合企业集群构成东道国吸引新晋企业对外直接投资的观点（余官胜，林俐，2015）。$\ln GDP_{it}$ 和 $\ln EX_{it}$ 的系数均显著为正，说明经济规模和出口贸易均能有效地增加企业对外直接投资项目数。与表 5 - 3 不同的是，表 5 - 4 中的回归结果（1）和回归结果（4）中的 $\ln SIF_{it}$ 和 $\ln SIG_{it}$ 均显著为正，说明民间借贷能直接促进企业对外直接投资项目的增多，这是因为民间借贷主要增加了民营企业的资金，而民营企业是对外直接投资项目设立的主要推动者。回归结果（2）和回归结果（5）中，$\ln SIF_{it}$、$\ln SIG_{it}$、$\ln W_{it} \times \ln SIF_{it}$ 以及 $\ln W_{it} \times \ln SIG_{it}$ 的系数符号和显著性与表 5 - 3 相应各列保持一致。而在回归结果（3）和回归结果（6）中，仅 $\ln SIF_{it}$ 和 $\ln SIG_{it}$ 显著为正，$\ln T_{it} \times \ln SIF_{it}$ 和 $\ln T_{it} \times \ln SIG_{it}$ 的系数不再显著。这说明对于企业对外直接投资项目数而言，民间借贷仅起到直接的促进作用，基于技术水平方面的影响机制不再显著，这反映了新设项目数更多由于成本上升推动而不是生产率因素导致。

第二节　小额贷款公司与中国企业对外直接投资

一、理论影响机理

按照央行和中国银监会的定义，小额贷款公司的性质是由自然人、企业法人及其他社会组织投资设立，不吸收公众存款，经营小额贷款业务的有限责任公司或股份有限公司。在这个定义中，一是小额贷款公司由市场设立；二是不吸收存款。这两个性质决定了小额贷款公司所受的政府监管必然小于正规银行体系中的各类机构，因此，其市场灵活性相对于正规金融较强。从 2008 年起，央行和中国银监会发布文件放开对小额贷款公司的限制，使得小额贷款公司在各地迅猛发展，也在一定程度上反映了市场对民间金融的强势需求。哈斯（2012）通过模糊数学模型说明小额贷款公司对民间融资具有替代效应和转化效应，反映出其较为灵活的市场属性。小额贷款公司的这些属性保证了其依托民间金融为中小企业提供金融服务，按市场原则进行决策的特质，从而也成为企业对外直接投资的资金来源选择之一，尤其是从事对外直接投资业务的中小企业。由于中国企业对外直接投资主体的特殊性，对外直接投资流量规模和企业数量在分布上极不匹配，从而也使小额贷款公司对投资流量规模和投资项目的影响存在较大差异。

在投资流量规模方面，中国企业对外直接投资流量已跃居世界第三位，2012 年投资流量规模达 777.3 亿美元，但其中主要部分由国有企业贡献。根据商务部发布的《2012 年度中国对外直接投资统计公报》显示，在投资流量规模中，国有企业贡献为 46.6％，私营企业贡献仅为 2.9％；尽管与往年相比，国有企业份额已有下降，但仍是投资规模增长的主力军。不同于私营企业，国有企业对外直接投资往往从事资源开发和基础设施建设等大型项目，资金需求巨大，资金来源渠道也与私营企业区别较大。一方面，国有企业和国内正规金融机构业务联系较多；另一方面，小额贷款公司提供的资金额度难以满足国有企业的资金需求，因此，国有企业的对外直接投资资金主要来源于国内正规银行机构。不同的是，受制于市场力量，中小企业在对外直接投资中较难获得正规金融的支持，因此，小额贷款公司在对外直接投资业务中主要服务于中小企业，但中小企业对外直接投资流量规模的贡献较小，难以与国有企业相比。因此，可以得出结论，小额贷款公司的发展能推动企业对外直接投资流量规模的增加，但影响幅度较小。

　　而在企业对外直接投资项目数量方面的情况则迥然相反，数量众多的地方中小企业贡献了较大份额的对外直接投资项目数量。根据商务部发布的《境外企业（机构）名录》统计总结，2012 年，中国共在境外新设 4257 个对外直接投资项目，其中，中央企业新设 438 个对外直接投资项目，剩余其他项目均由地方企业设立。这点也可以通过对外直接投资企业数量分布加以验证，根据商务部发布的《2012 年度中国对外直接投资统计公报》统计，2012 年对外直接投资企业中，中央企业在数量上仅占总数的 9.1%；而民营企业众多的浙江省企业占到了总数的 16.8%。[①]由于设立对外直接投资项目的数量取决于从事对外直接投资业务的企业数量，因此可以说明，对外直接投资新设项目大多由地方中小企业贡献，国有企业的贡献并不强。按照上文的分析，小额贷款公司主要服务于地方中小企业，而从事对外直接投资业务的地方中小企业更难获得正规金融的资金支持，因而小额贷款公司成为这类企业的主要资金来源。综上分析可以得出另一个结论，小额贷款公司的发展能大力推动中国企业新设对外直接投资项目数的增加，并且，这种正向影响幅度较大。

　　图 5-3 简单绘制了小额贷款公司对中国企业对外直接投资的影响机理。

图 5-3　小额贷款公司对企业对外直接投资影响机理

二、中国小额贷款公司发展现状

　　自 2008 年央行和中国银监会发布《关于小额贷款公司试点的指导意

---

① 作者根据商务部．《境外企业（机构）名录》相关数据计算而得。

金融发展与中国企业对外直接投资研究

见》以来，中国小额贷款公司应市场资金需求如雨后春笋般快速发展，数量从 2008 年的不到 500 家猛增至 2013 年的 7 839 家，增长迅速。这种现象，一方面，使小额贷款公司通过市场获得了大量收益，规范引导资金去向；另一方面，也为市场提供了大量可用资金，提升了金融资源的配置效率。央行从 2010 年起详细统计中国各地小额贷款公司的发展规模，能较充分地进行地区间的横向比较，表 5 - 5 归纳了各地区小额贷款公司2010 ~ 2012 年的发展概况。

表 5 - 5　　　　　　　各地区小额贷款公司发展概况统计

省区市	2010 年			2011 年			2012 年		
	公司数量（家）	实收资本（亿元）	贷款余额（亿元）	公司数量（家）	实收资本（亿元）	贷款余额（亿元）	公司数量（家）	实收资本（亿元）	贷款余额（亿元）
北京	20	19.35	18.78	33	37.75	39.55	41	49.95	49.85
天津	19	12.76	10.23	33	32.55	33.51	63	72.31	69.47
河北	152	87.89	85.94	186	109.15	117.89	325	194.76	205.43
山西	151	87.53	77.27	209	121.49	114.68	243	153.60	151.24
内蒙古	286	231.42	212.89	390	313.29	331.21	452	345.40	356.18
辽宁	204	86.88	64.96	312	144.30	122.83	434	245.81	222.84
吉林	106	23.24	17.31	179	40.49	30.53	265	69.84	55.85
黑龙江	98	22.94	19.12	172	44.26	40.80	229	73.23	66.36
上海	49	50.85	64.12	66	77.08	109.31	80	98.15	136.95
江苏	194	271.78	374.12	327	559.78	805.16	485	798.38	1036.6
浙江	134	225.63	33.23	170	350.53	535.34	250	518.83	731.60
安徽	176	91.91	106.43	278	160.25	189.54	454	301.96	325.00
福建	6	13.38	19.44	42	83.67	99.83	58	127.97	160.80
江西	39	27.25	31.86	115	98.38	110.63	175	167.44	191.25
山东	97	87.73	95.13	184	186.01	222.53	257	278.17	331.38
河南	108	34.54	31.79	181	63.74	64.87	241	102.77	112.41
湖北	52	20.57	25.21	96	59.27	69.76	154	130.74	150.12
湖南	30	13.95	14.22	59	34.63	39.13	77	50.19	56.63
广东	98	85.04	90.67	167	164.42	178.78	234	262.45	284.49
广西	46	14.64	13.07	109	45.92	47.85	159	90.06	113.02
海南	6	6	5.12	13	15.30	12.23	21	21.90	24.30
重庆	75	55.28	60.32	110	127.10	139.29	157	247.11	302.05

续表

省区市	2010 年			2011 年			2012 年		
	公司数量（家）	实收资本（亿元）	贷款余额（亿元）	公司数量（家）	实收资本（亿元）	贷款余额（亿元）	公司数量（家）	实收资本（亿元）	贷款余额（亿元）
四川	42	51.60	54.79	81	110.28	130.84	177	246.88	286.49
贵州	79	18.46	16.05	131	39.22	37.56	204	60.71	59.42
云南	127	42	40.92	213	83.47	83.94	276	126.41	129.75
陕西	60	40.82	33.0	155	104.55	93.43	187	131.90	128.86
甘肃	65	13.9	10.49	102	21.71	18.62	171	56.91	44.95
青海	5	0.91	0.79	18	9.29	12.36	19	14.44	21.98
宁夏	61	26.86	26	90	43.38	37.74	90	45.49	43.52
新疆	28	15.36	17.02	60	36.90	44.28	101	62.67	71.89
全样本	87	59.35	65.81	143	110.61	130.47	203	171.55	215.51

注：最后三行分别为分地区和全样本平均值。

资料来源：央行 2010~2012 年发布《小额贷款公司分地区情况统计表》。

从表 5-5 中可以发现，中国小额贷款公司在规模上和分布上的两个特点：一是规模总量增长迅速，无论是公司数量还是实收资本和贷款余额均呈现出快速增长的势头；二是区域差异明显，尽管个别中西部省区市小额贷款公司发展较快，但在平均水平上中西部地区的发展状况仍远落后于东部地区。同时，东部地区从事对外直接投资业务的企业数量众多，恰好小额贷款公司的发展为其提供了充足的资金保障。图 5-4 绘出了小额贷款公司贷款规模与企业对外直接投资流量规模及新设项目数之间的相关图。

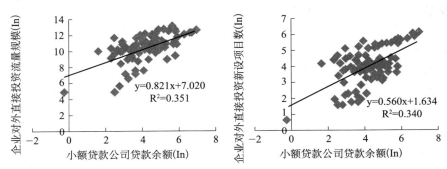

图 5-4　小额贷款公司贷款余额和企业对外直接投资相关

从图 5 - 4 中可以发现，小额贷款公司贷款余额和企业对外直接投资流量规模及新设项目数均存在明显的正相关关系，在一定程度上能验证小额贷款公司对中国企业对外直接投资影响的正向效应。

三、实证研究

（一）方程设定和变量说明

为了以小额贷款公司为样本分别研究民间金融发展对中国企业对外直接投资流量规模和新设项目数量的影响，本节建立如下回归方程：

$$\ln ODI_{it} = \alpha_0 + \alpha_1 \ln GDP_{it} + \alpha_2 \ln PGDP_{it} + \alpha_3 \ln EX_{it} + \alpha_4 STR_{it}$$
$$+ \alpha_5 \ln FIN_{it} + u_i + v_t + \varepsilon_{it} \tag{5-5}$$

$$NUM_{it} = \beta_0 + \beta_1 \ln GDP_{it} + \beta_2 \ln PGDP_{it} + \beta_3 \ln EX_{it} + \beta_4 STR_{it}$$
$$+ \beta_5 \ln FIN_{it} + \eta_i + \tau_t + \omega_{it} \tag{5-6}$$

这里，$\ln ODI_{it}$ 为 i 地区 t 年的企业对外直接投资流量规模的对数值；NUM_{it} 为 i 地区 t 年的新设企业对外直接投资项目数。在控制变量中，$\ln GDP_{it}$ 为 i 地区 t 年的 GDP 的对数值，衡量经济规模对企业对外直接投资的影响；$\ln PGDP_{it}$ 为 i 地区 t 年的人均 GDP 的对数值，反映经济发展水平对企业对外直接投资的影响；$\ln EX_{it}$ 为 i 地区 t 年的出口贸易额的对数值，度量国际贸易产生的影响；STR_{it} 为 i 地区 t 年第三产业占 GDP 的比重，用以说明产业结构对企业对外直接投资的影响。$\ln FIN_{it}$ 为 i 地区 t 年的小额贷款公司发展状况指标，分别用小额贷款公司、实收资本和贷款余额的对数值衡量其发展规模。u_i、v_t 和 η_i、τ_t 为两个方程的区域变量和时间变量，ε_{it} 和 ω_{it} 为两个方程的回归残差。

由于央行于 2010 年开始统计各地区小额贷款公司的发展状况，因此，本节实证研究的样本为 2010 ~ 2012 年 30 个省区市的面板数据，由于数据可得性，西藏自治区的数据未纳入本节的回归样本中。两个方程中，企业对外直接投资流量规模数据来源于商务部发布的《2012 年度中国对外直接投资统计公报》，对外直接投资新设项目数由商务部发布的《境外企业（机构）名录》整理而得；GDP、人均 GDP、出口贸易以及产业结构的数据，均由 2011 ~ 2013 年《中国统计年鉴》整理计算而得；小额贷款公司发展规模的各项数据，则来自央行发布的 2010 ~ 2012 年《小额贷款公司分地区情况统计表》。

（二）投资流量规模回归结果分析

为研究小额贷款公司对企业对外直接投资流量规模的影响，本部分对式（5－5）进行回归，得到表5－6所示的结果。

表5－6　　　　　　　企业对外直接投资流量规模回归结果

变量	实收资本	贷款余额	公司数量
C	－5.772 （0.125）	－6.053 （0.112）	－8.988 *** （0.008）
$lnGDP_{it}$	0.969 ** （0.022）	1.032 ** （0.014）	1.015 ** （0.026）
$lnPGDP_{it}$	0.247 （0.583）	0.271 （0.551）	0.520 （0.232）
$lnEX_{it}$	0.135 （0.534）	0.108 （0.621）	0.170 （0.458）
STR_{it}	0.040 * （0.072）	0.041 * （0.072）	0.038 * （0.096）
$lnFIN_{it}$	0.313 ** （0.014）	0.273 ** （0.022）	0.258 * （0.077）
Hausman	8.02 （0.155）	8.98 （0.110）	7.72 （0.126）
R^2	0.652	0.646	0.642

注：括号内为 P 值；*、**、*** 分别表示在 10%、5% 和 1% 的水平上显著；回归根据 Hausman 统计量确定，采取固定效应模型或随机效应模型。

在表5－6中的三列回归结果分别利用实收资本、贷款余额以及公司数量衡量小额贷款公司发展规模进行实证研究。从回归结果中可以发现，所有变量的符号及显著性在三列结果中基本保持一致，在控制变量中 $lnGDP_{it}$ 和 STR_{it} 的系数显著为正，$lnPGDP_{it}$ 和 $lnEX_{it}$ 不显著，说明经济规模和产业结构是促进企业对外直接投资流量增加的主要推动力，经济发展水平和出口贸易则不影响对外直接投资流量的增加。小额贷款公司发展 $lnFIN_{it}$ 的三重衡量指标均显著为正，说明小额贷款公司无论在数量上还是在规模上的发展均能有效地促进企业对外直接投资，但从显著性角度看公司数量仅在 10% 水平上显著，实收资本和贷款余额在 5% 水平上显著，说明相比于小额贷款公司规模，公司数量发展对企业对外直接投资的影响相对较弱。总体而言，小额贷款公司发展指标均未在 1% 水平上显著，因此，该结论验证了本节第一部分的理论分析之一，即小额贷款公司对企业对外直接投资流量规模有正向影响，但影响幅度不大。

（三）新设投资项目数回归结果分析

在境外新设对外直接投资项目的资金需求区别于投资流量规模的增加，为了对小额贷款公司发展如何影响新设投资项目数量进行实证研究，本部分对式（5－6）进行回归。由于式（5－6）中因变量为项目数量，属于非负整数，因而方程为明显的离散被解释变量模型，需使用计数模型进行回归。本部分使用计数模型中的泊松方法进行回归，得到表5－7的回归结果。

表5－7　　　　　　企业对外直接投资新设项目数计数模型回归结果

变量	实收资本	贷款余额	公司数量
C	-3.871^{***} (0.000)	-3.554^{***} (0.000)	-5.197^{***} (0.000)
$\ln GDP_{it}$	0.252^{***} (0.000)	0.249^{***} (0.000)	0.394^{***} (0.000)
$\ln PGDP_{it}$	-0.126^{***} (0.001)	-0.150^{***} (0.000)	-0.028 (0.456)
$\ln EX_{it}$	0.353^{***} (0.000)	0.339^{***} (0.000)	0.347^{***} (0.000)
STR_{it}	0.027^{***} (0.000)	0.028^{***} (0.000)	0.022^{***} (0.000)
$\ln FIN_{it}$	0.136^{***} (0.000)	0.154^{***} (0.000)	-0.010 (0.589)
R^2	0.748	0.752	0.741

注：括号内为P值；*、**、*** 分别表示在10%、5%和1%的水平上显著。

从表5－7的回归结果中可以发现，与表5－6相比，表5－7各解释变量的系数显著性明显提高，说明相比于投资流量的增加，新设企业对外直接投资项目数更为敏感，更易受国内经济变化的影响。在表5－7的各列回归结果中，$\ln GDP_{it}$、$\ln EX_{it}$和STR_{it}的系数均显著为正，说明经济规模、出口贸易和第三产业比重都是推动企业在境外设立直接投资项目的正向因素；$\ln PGDP_{it}$在前两列回归结果中显著为负，在第三列中不显著，说明经济发展水平较高地区的企业不倾向于在境外设立投资项目，但该结果并不稳健。在三列回归结果中，小额贷款公司实收资本和贷款余额的系数显著为正，公司数量的系数不显著，说明小额贷款公司对企业新设对外直接投资项目的影响取决于整体规模的提升而不是公司数量的增加，这是由于新设项目资金需求更大，需要资金的集中，小额贷款公司数量增加无法保证该需求。此外，相比于表 5 - 6 的回归结果，小额贷款公司实收资本和贷款余额均在 1% 水平上显著，显著水平较高，验证了本节第一部分的另一个结论，即小额贷款公司对企业新设对外直接投资项目产生正向影响，并且这种影响幅度较大。

（四）内生性和稳健性检验

本节实证研究考察小额贷款公司发展对企业对外直接投资的影响，为了排除其他经济发展因素同时影响小额贷款公司发展和企业对外直接投资行为所造成的内生性问题，本部分使用小额贷款公司发展的滞后一期值替代当期值分别对表 5 - 6 和表 5 - 7 进行稳健性检验，进一步得到表 5 - 8 和表 5 - 9 的回归结果。

表 5 - 8　　　企业对外直接投资流量规模回归结果稳健性检验

变量	实收资本	贷款余额	公司数量
C	- 1. 655 (0. 669)	- 1. 378 (0. 724)	- 4. 382 (0. 228)
$\ln GDP_{it}$	0. 824 * (0. 056)	0. 846 ** (0. 048)	0. 861 * (0. 061)
$\ln PGDP_{it}$	- 0. 057 (0. 898)	- 0. 067 (0. 882)	0. 148 (0. 740)
$\ln EX_{it}$	0. 152 (0. 498)	0. 124 (0. 579)	0. 197 (0. 406)
STR_{it}	0. 041 * (0. 058)	0. 418 * (0. 055)	0. 041 * (0. 065)
$L. \ln FIN_{it}$	0. 310 ** (0. 019)	0. 304 ** (0. 013)	0. 244 (0. 110)
Hausman	4. 08 (0. 538)	4. 55 (0. 474)	5. 86 (0. 320)
R^2	0. 634	0. 626	0. 624

注：括号内为 P 值；*、**、*** 分别表示在 10%、5% 和 1% 的水平上显著。本表的回归根据 Hausman 统计量确定采取固定效应模型或随机效应模型。

表 5 – 9　　　　企业对外直接投资新设项目数回归结果稳健性检验

变量	实收资本	贷款余额	公司数量
C	-3.567 *** (0.000)	-3.332 *** (0.000)	-4.853 *** (0.000)
$\ln GDP_{it}$	0.316 *** (0.000)	0.322 *** (0.000)	0.442 *** (0.000)
$\ln PGDP_{it}$	-0.176 *** (0.001)	-0.190 *** (0.000)	-0.093 ** (0.039)
$\ln EX_{it}$	0.318 *** (0.000)	0.302 *** (0.000)	0.321 *** (0.000)
STR_{it}	0.029 *** (0.000)	0.030 *** (0.000)	0.025 *** (0.000)
$L.\ln FIN_{it}$	0.144 *** (0.000)	0.151 *** (0.000)	0.003 (0.876)
R^2	0.742	0.745	0.733

注：括号内为 P 值；*、**、*** 分别表示在 10%、5% 和 1% 的水平上显著。

分别对比表 5 - 8、表 5 - 9 和表 5 - 6、表 5 - 7 的回归结果可以发现，仅在对外直接投资流量规模回归结果中小额贷款公司数量发展的系数不再显著，其他变量的系数均未发生变化。这说明小额贷款公司数量发展对企业对外直接投资的正向影响并不稳健，而小额贷款公司规模发展对企业对外直接投资产生的正向影响则是稳健的。

第三节　温州市企业层面数据的实证研究

一、理论影响机理

在国内外经济学研究的概念中，民间金融或非正规金融普遍被定义为相对于官方的正规金融和银行体系自发形成的民间信用，因此，对资金使用的监管相对较弱。这种属性为民营企业从事对外直接投资业务提供了恰当的资金来源支持：一方面，民营企业受到的正规金融服务程度较低，需要民间金融为其补充更多的金融服务；另一方面，不同于国内业务，对外直接投资业务由于较难监管，较少能获得正规金融的支持，需要更为灵活的民间金融进行补充。民营企业因生产率差异而选择不同程度的外向发展模式，按照异质性企业国际贸易理论的框架（Antras and Helpman，2004），生产率较低的企业选择在国内生产，生产率居中的企业选择国际贸易行为，生产率最高的企业采取对外直接投资的方式获取国外市场。在这种逻辑下，尽管民间金融发展增加了各类民营企业的资金来源，但却对不同生产率民营企业的对外直接投资决策产生迥然不同的影响，因此，本节按生产率分类展开论述民间金融发展对民营企业对外直接投资决策的影响。

对于生产率较低的民营企业，由于高额对外直接投资固定成本的存在，其选择对外直接投资的收益将低于在国内生产，因此，其将不选择对外直接投资活动。民间金融发展增加了低生产率民营企业的资金来源，这类资金的使用受到的监管程度也较低，增多了民营企业的投资选择。对于民营企业而言，由于资金成本较高，民间金融资源较少被用于长期的技术改进中，因而民间金融发展也较难起到提升民营企业生产率的效果。在这种情况下，理性的低生产率民营企业获取高成本民间金融的动机将是扩大国内部分的投资和生产，国内生产的增加使对外直接投资的吸引力进一步降低，从而降低了低生产率民营企业对外直接投资的决策倾向。由此可以得到本节的第一个推论：对于低生产率民营企业而言，民间金融的发展将会降低其对外直接投资的决策倾向。

对于生产率较高的民营企业，尽管存在较高的对外直接投资固定成本，但其所具备的竞争优势可以在海外获得高额的收益，因此，进行对外直接投资是其利益最大化的理性选择。由于需要更高额的成本开展海外业务，这类民营企业最需要资金的支持，信息不对称问题的存在使得国内正规金融和国外当地金融的资金支持难以获得。因此，高生产率民营企业获得民间金融支持的加大无疑使其更易于开展对外直接投资业务。民间金融的融资成本高于正规金融，为了弥补这项高成本，高生产率民营企业必将这项资金运用于收益更高的业务中，而按照异质性企业国际贸易理论的分析，对外直接投资是高生产率企业收益最高的选择。在这种情况下，民间金融发展提供的资金突破了高生产率民营企业对外直接投资业务资金"瓶颈",加大了其开展对外直接投资的决策倾向。由此可以得出本节的第二个推论:对于高生产率民营企业而言,民间金融的发展将会提升其对外直接投资的决策倾向。

图 5 - 5 归纳了民间金融发展对民营企业对外直接投资决策倾向的影响机制。

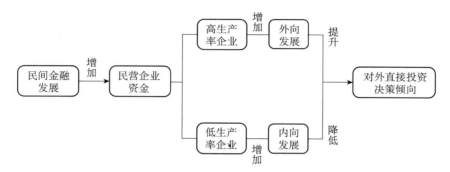

图 5 - 5　民间金融发展对民营企业对外直接投资影响机制

二、实证研究

(一) 方程构建与数据说明

温州市民间金融发展和民营企业对外直接投资行为均领先全国,因此,本节利用温州民营企业微观数据研究民间金融如何影响民营企业对外直接投资决策倾向,具有较强的典型性和前沿推广性。本节通过匹配中国工业企业数据库中的温州民营企业数据和温州商务局提供的民营企业对外直接投资信息构建本节实证研究的样本数据库。温州商务局提供的信息为 2006 ~ 2010 年共 147 家从事对外直接投资业务的民营企业的企业名称、投资东道国等信息。由于样本年份起点为 2006 年,为研究起点年份民间金融发展产生的影响,本节将该数据通过企业名称和 2006 年的中国工业企业数据库进行匹配,最终保留的样本为 61 家对外直接投资民营企业和 5 180 家非对外直接投资民营企业,对外直接投资民营企业中有31 家对发达国家进行投资,30 家对发展中国家进行投资。

按照本节第一部分的逻辑,为研究民间金融发展对不同生产率民营企业对外直接投资的影响,本节建立如下回归方程:

$$P_i = \alpha_0 + \alpha_1 Y_i + \alpha_2 XP_i + \alpha_3 FIN_i + \alpha_4 PRO_i \times FIN_i + u_i \qquad (5-7)$$

在式（5-7）中，因变量 P_i 为民营企业 i 在 2006～2010 年是否进行对外直接投资业务，如果有则记为 1；如果无则记为 0。自变量 Y_i 为 2006 年民营企业 i 的内部发展因素，包括民间金融发展的企业内因素，因变量和自变量的时间差异性处理有两方面好处：一方面，可以反映出民间金融发展对民营企业对外直接投资影响的时间延续性；另一方面，可以避免对外直接投资行为反向影响民营企业内部发展的内生性问题。在自变量中，Y_i 为民营企业 i 的规模，用该企业国内雇用就业人员数的对数值进行度量，反映企业规模对民营企业对外直接投资的影响。XP_i 为民营企业 i 的出口倾向，用该企业出口交货值占工业销售值的比重度量，反映企业出口行为对于对外直接投资的先导作用。PRO_i 为民营企业 i 的生产率，用该企业人均增加值的对数值进行度量，该指标的作用在于衡量民间金融发展对不同生产率民营企业对外直接投资决策的影响。FIN_i 为民间金融发展指标，$PRO_i \times FIN_i$ 为民营企业生产率和民间金融发展的乘积项。

需要重点说明的是，民间金融发展指标 FIN_i 的度量方法，与以往研究不同，本节从企业内部度量民间金融发展。由于民间金融具有隐蔽性的特征，难以获得详细数据，在统计上存在一定的困难，因此，现有文献也较少有针对民间金融发展的大样本数据实证研究。民间金融的高利率属性则为从企业负债状况出发度量企业获得民间金融资源的变量指标提供了可能性。2011 年，中国人民银行公布的金融机构 1 年期法定基准贷款利率为 6.56%，而同期官方公布的温州民间借贷利率高达 18%～30%，甚至可能更高。这意味着，获得民间金融发展的资金支持需要支付更多的利息。从这点出发，本节利用民营企业利息支出占总负债额的比重度量一个企业获得的民间金融发展支持程度，尽管这一指标无法精确地描述民营企业获得的民间金融规模，但相对而言，能反映不同民营企业获得民间金融的对比状况。由于正规金融的资金借贷利率差别不大，因此，较高的利息支持占负债总额的比重意味着较高的民间金融支持，较低的该比重则反映出获得民间金融资源较少。

表 5-10 对本节各解释变量的信息进行了对比归纳。

表5-10 解释变量基本信息

变量	指标	度量方法	对外直接投资企业	非对外直接投资企业
Y_i	企业规模	企业就业人数（对数值）	5.993 (1.219)	4.688 (0.905)
XP_i	出口倾向	出口交货值占工业销售值比重	0.504 (0.409)	0.220 (0.369)
PRO_i	生产率	人均增加值的对数值	4.007 (0.760)	3.840 (0.662)
FIN_i	民间金融发展	利息支出占负债总额比重	0.022 (0.033)	0.023 (0.038)
样本数	—	—	61	5180

注：表内数值为均值，括号内为标准差。

（二）回归结果及分析

在回归方程式（5-7）中，因变量 Y_i 为民营企业 i 是否在 2006～2010 年进行对外直接投资，为取值是 0 或 1 的离散变量，因此，需要采用二值选择模型进行回归。本节分别利用 Probit 模型和 Logit 模型对式（5-7）进行回归，得到表5-11 的结果。

表5-11 民间金融发展和民营企业对外直接投资回归结果

变量	Probit 回归		Logit 回归	
	（1）	（2）	（3）	（4）
C	-4.894*** (0.000)	-4.883*** (0.000)	-10.911*** (0.000)	-10.893*** (0.000)
Y_i	0.472*** (0.000)	0.470*** (0.000)	1.154*** (0.000)	1.150*** (0.000)
XP_i	0.453*** (0.000)	0.450*** (0.000)	1.044*** (0.001)	1.177*** (0.000)
FIN_i	-0.450 (0.777)	-16.755* (0.064)	-1.469 (0.744)	-45.880** (0.034)
$PRO_i \times FIN_i$	—	3.894* (0.052)	—	10.468** (0.026)
R^2	0.167	0.173	0.168	0.175

注：括号内为 P 值；*、**、*** 分别表示在 10%、5% 和 1% 水平上显著；"—"表示回归时，未包含该变量。

表5-11 中的回归结果（1）和回归结果（3）未包括民营企业生产

率和民间金融发展的乘积项 $PRO_i \times FIN_i$，而回归结果（2）和回归结果（4）则包括了该乘积项。从四列回归项中可以发现，Y_i 的系数均显著为正，说明规模越大的民营企业对外直接投资倾向越明显；XP_i 的系数也显著为正，反映出口倾向越高的民营企业有更大的可能性进行对外直接投资。在回归结果（1）和回归结果（3）中，民间金融发展 FIN_i 均不显著，说明民间金融发展对民营企业对外直接投资决策倾向没有直接的影响。在回归结果（2）和回归结果（4）中，民间金融发展 FIN_i 显著为负，而企业生产率和民间金融发展乘积项 $PRO_i \times FIN_i$ 的系数显著为正，说明当企业生产率较低时，民间金融发展会降低民营企业的对外直接投资决策倾向；而只有当企业生产率较高时，民间金融发展才会提升民营企业的对外直接投资倾向。这一结论与本节第一部分的影响机制分析保持一致，即低生产率民营企业倾向于内向发展，高生产率民营企业倾向于外向发展，民间金融发展带来的资金来源增加对两类企业的对外直接投资决策将产生恰好相反的影响。

（三）对发达国家和发展中国家对外直接投资回归结果及分析

除了母国国内金融资金能支持民营企业对外直接投资外，在东道国当地进行融资也构成了民营企业对外直接投资解决资金问题的来源之一。发达国家和发展中国家金融发展及服务体系存在较大差别，从而使得国内民间金融发展对推动民营企业对外直接投资的作用也有所不同。为此，本节将式（5-7）中的因变量改成是否对发达国家以及发展中国家进行对外直接投资，分别研究民间金融发展如何影响民营企业对发达国家及发展中国家的对外直接投资的决策倾向。表5-12和表5-13分别列出了回归结果。

表5-12　民间金融发展和民营企业对发达国家对外直接投资回归结果

变量	Probit 回归		Logit 回归	
	（1）	（2）	（3）	（4）
C	-4.286 *** (0.000)	-4.281 *** (0.000)	-9.849 *** (0.000)	-9.841 *** (0.000)
Y_i	0.319 *** (0.000)	0.317 *** (0.000)	0.843 *** (0.000)	0.839 *** (0.000)
XP_i	0.405 *** (0.000)	0.430 *** (0.007)	1.063 *** (0.000)	1.132 *** (0.008)

续表

变量	Probit 回归		Logit 回归	
	（1）	（2）	（3）	（4）
FIN$_i$	− 0. 091 (0. 953)	− 8. 669 (0. 412)	− 0. 035 (0. 982)	− 21. 972 (0. 490)
PRO$_i$ × FIN$_i$	—	2. 095 (0. 378)	—	5. 372 (0. 370)
R^2	0. 095	0. 097	0. 094	0. 096

注：括号内为 P 值；*、**、*** 分别表示在10%、5%和1%水平上显著；"—"表示回归时，未包含该变量。

表 5 – 13　　民间金融发展和民营企业对发展中国家对外直接投资回归结果

变量	Probit 回归		Logit 回归	
	（1）	（2）	（3）	（4）
C	− 5. 612 *** (0. 000)	− 5. 600 *** (0. 000)	− 13. 182 *** (0. 000)	− 13. 172 *** (0. 000)
Y$_i$	0. 544 *** (0. 000)	0. 540 *** (0. 000)	1. 420 *** (0. 000)	1. 404 *** (0. 000)
XP$_i$	0. 441 *** (0. 000)	0. 510 *** (0. 005)	1. 045 ** (0. 019)	1. 266 *** (0. 006)
FIN$_i$	− 0. 716 (0. 768)	− 22. 450 * (0. 060)	− 6. 372 (0. 444)	− 68. 981 *** (0. 012)
PRO$_i$ × FIN$_i$	—	5. 135 * (0. 050)	—	15. 218 ** (0. 013)
R^2	0. 218	0. 223	0. 218	0. 229

注：括号内为 P 值；*、**、*** 分别表示在10%、5%和1%水平上显著；"—"表示回归时，未包含该变量。

对比表 5 – 12、表 5 – 13 和表 5 – 11 的回归结果可以发现，在表 5 – 12 民间金融发展和民营企业对发达国家对外直接投资回归结果中，四列回归结果均显示，FIN$_i$ 以及 PRO$_i$ × FIN$_i$ 不再显著；而表 5 – 13 民间金融发展和民营企业对发展中国家对外直接投资回归结果和表 5 – 11 完全一致，即民间金融发展降低了低生产率民营企业对发展中国家进行对外直接投资的倾向，而增加了高生产率民营企业对发展中国家进行对外直接投资的倾向。出现表 5 – 12 和表 5 – 13 的不同结果是因为，在发达国家，发达的当地金融体系能为在该国进行对外直接投资的中国民营企业提供资金支持,因此国内民间金融发展带来的影响并不重要;而发展中国家由于金融服务体系较为落后,无法提供中国对外直接投资民营企业所需的资金,因此必须依靠我国国内民间金融提供资金服务,从而民间金融发展的作用较为明显。

小　结

在中国二元金融结构的背景下,正规金融和民间金融并存,分别构成不同性质投资主体的主要金融服务来源,包括企业对外直接投资的资金来源。本章研究民间金融发展对企业对外直接投资的影响,得出多个层面的结论。在民间借贷规模上,理论和实证研究发现:第一,民间借贷规模的扩大会减少劳动工资较低地区的企业对外直接投资,仅增加劳动工资较高地区的企业对外直接投资;第二,民间借贷规模的扩大会减少技术水平较低地区的企业对外直接投资,仅增加技术水平较高地区的企业对外直接投资。在小额贷款公司上,研究发现小额贷款公司能同时促进企业对外直接投资流量规模的扩大和新设项目数量的增加,但对前者的正向影响幅度较小,对后者的正向影响幅度较大。在微观企业上,理论和实证研究发现,民间金融发展能提升高生产率民营企业的对外直接投资倾向,但却会降低低生产率民营企业的对外直接投资倾向;并且按投资目的国的不同,民间金融发展不影响民营企业对发达国家的对外直接投资,但对民营企业对发展中国家的对外直接投资有较为显著的影响。

当前金融改革的一个难点是如何引导民间资本的去向,本节的研究为企业对外直接投资提供了一个可选渠道,因此为了达到同时推动民间资本配置效率提升和促进企业对外直接投资的效果,以下的政策建议可供借鉴。第一,由于民间借贷规模的扩大在高劳动成本和高技术水平条件下才能促进企业对外直接投资,因此在促进民间金融发展扩大民间借贷规模时,应有针对性地为高劳动成本地区和高技术水平地区优先培育民间金融发展,以优先达到促进企业对外直接投资的目的。第二,金融管理部门应给民间金融更大的生存空间,同时,也要引导其依法发展,使其能支配更多的金融资源用于扶持企业对外直接投资业务,应鼓励小额贷款公司的健康发展,并设立企业对外直接投资专项业务。第三,政府应协助民间金融机构建立识别体系，协助民间金融机构区分高生产率民营企业和低生产率民营企业，起到为高生产率民营企业提供更多金融支持并提升其对外直接投资倾向的效果；鼓励民间金融机构加大对发展中国家进行对外直接投资民营企业资金的支持力度，以消除在发展中东道国无法取得资金支持的负面影响。

第六章

东道国金融发展与中国企业对外直接投资

　　企业除了通过国内正规金融和民间金融为对外直接投资业务进行融资外，在东道国当地进行融资也构成了企业获取直接投资所需资金的来源之一，因此，东道国金融发展程度也构成吸引中国企业对外直接投资的区位因素。中国企业在对外直接投资过程中能否从东道国获取所需资金，一方面，取决于东道国金融发展程度的资源规模和配置效率，即量维度和质维度；另一方面，也取决于对东道国金融市场环境的适应能力，即金融发展距离的影响。本章主要从这两个方面研究东道国金融发展对中国企业对外直接投资的影响。

第一节　中国企业对外直接投资东道国
（地区）分布概况

一、对外直接投资存量东道国（地区）分布

　　2014 年末，中国企业对外直接投资分布在全球 186 个国家（地区），然而分布非常集中，其中，亚洲占了总存量的 68.1%，拉丁美洲占 12%，欧洲占 7.9%，北美洲、非洲和大洋洲分别占 5.4%、3.7%以及 2.9%，见图 6-1。中国企业对外直接投资存量集中在亚洲。此外，中国在其他洲的对外直接投资分布也非常集中。比如，在拉丁美洲投资的 88.2% 集中在维尔京群岛和开曼群岛，说明中国近年来对外直接投资流向离岸中心的规模较大。中国企业对外直接投资存量的洲际分布，见图 6-1。

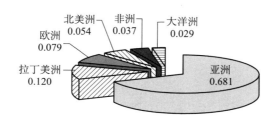

图 6 - 1　中国企业对外直接投资存量的洲际分布

资料来源：2014 年度中国对外直接投资统计公报. 见 http：//hzs. mofcom. gov. cn/article/No-category/201512/20151201223578. shtml.

从东道国的经济发展水平看，中国企业对外直接投资存量的 82.5%流向了发展中经济体，存量金额达 7 281.68 亿美元；15.3%流向了发达经济体，存量金额达 1 352.51 亿美元；其他 2.2%流向了转型经济体，见图6 - 2。发达经济体和发展中经济体对中国企业对外直接投资的吸引因素不同，一般而言，发达经济体靠先进的技术和成熟的市场吸引对外直接投资，发展中经济体主要靠廉价劳动力吸引对外直接投资。由此说明，中国企业对外直接投资从存量角度更大地倾向于低劳动成本。而在对发达经济体的直接投资中，欧盟和美国因最为成熟的市场成为中国企业对外直接投资存量的最主要流向地。中国企业对外直接投资存量按经济发展水平分布情况，见图 6 - 2。

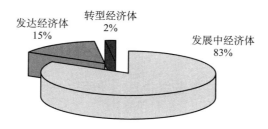

图 6 - 2　中国企业对外直接投资存量按经济发展水平分布

资料来源：2014 年度中国对外直接投资统计公报. 见 http：//hzs. mofcom. gov. cn/article/Nocategory/201512/20151201223578. shtml.

从国别（地区）角度看，中国企业对外直接投资存量分布高度集中在几个国家（地区），在 2014 排名年前列的国家（地区）占中国企业对外直接投资总存量的 89.2%，见表 6 - 1。从表 6 - 1 中可以发现，维尔京群岛和开曼群岛等离岸中心是中国企业对外直接投资存量最大的流向地。

除此之外，在国别集中上，中国企业对外直接投资存量主要分布在发达国家以及部分"一带一路"沿线国家。对于发达国家而言，完善的市场是主要的吸引力；而对于"一带一路"沿线国家而言，政府政策推动是主要的影响因素。

表 6－1　　中国企业对外直接投资存量分布前列国家（地区）

排名	国家（地区）	存量（亿美元）	占比（％）
1	维尔京群岛	493.2	5.6
2	开曼群岛	442.37	5.0
3	美国	380.11	4.3
4	澳大利亚	238.82	2.7
5	新加坡	206.40	2.3
6	卢森堡	156.67	1.8
7	英国	128.05	1.5
8	俄罗斯	86.95	1.0
9	法国	84.45	1.0
10	加拿大	77.89	0.9
11	哈萨克斯坦	75.41	0.8
12	印度尼西亚	67.94	0.8
13	南非	59.54	0.7
14	德国	57.86	0.6
15	挪威	52.24	0.6
16	老挝	44.91	0.5
17	荷兰	41.94	0.5
18	缅甸	39.26	0.4

资料来源：2014 年度中国对外直接投资统计公报．见 http：//hzs. mofcom. gov. cn/article/No-category/201512/20151201223578. shtml.

二、中国企业对外直接投资流量东道国（地区）分布

2014 年，中国企业对外直接投资流量增长迅速，稳定保持在全球第三大流量国的位置，但是，对各地的直接投资流量增长情况差别较大。流向发达经济体的直接投资增长了 72.3%，其中，对欧盟的投资增长了

116.3%，对美国的投资增长了 96.1%。尽管中国对发展中经济体的直接投资流量在规模上仍占据大份额，但增长速度缓慢，仅增长了 6.5%；流向转型经济体的直接投资出现了负增长，下降了 29.1%。表 6 - 2 列出了 2014 年中国对发达经济体、发展中经济体以及转型经济体的对外直接投资流量情况。

表 6 - 2　　　　中国对外直接投资流量按经济发展水平分布情况

经济体	金额（亿美元）	占比（%）	增长率（%）
发达经济体	238.3	19.4	72.3
发展中经济体	976.8	79.3	6.5
转型经济体	16.1	1.3	-29.1
合计	1231.2	14.2	14.2

资料来源：2014 年度中国对外直接投资统计公报. 见 http：//hzs. mofcom. gov. cn/article/No-category/201512/20151201223578. shtml.

　　在洲际分布上，亚洲仍是中国企业对外直接投资流量最大的去向地，增长了 12.4%，金额规模达 849.9 亿美元，占比为 69%。对北美洲和欧洲的投资增长速度最快，分别增长了 88% 和 82.2%，占流量总规模的 7.5% 和 8.8%。拉丁美洲因为有维尔京群岛和开曼群岛两个离岸中心，吸引中国企业对外直接投资流量规模也较高，占到了总量的 8.6%。对大洋洲的投资也出现了 18.6% 的增长，占比达到 3.5%。只有对非洲的投资流量出现了下降，下降了 5%，占比为 2.6%。图 6 - 3 绘制了中国企业对外直接投资流量的洲际分布状况。

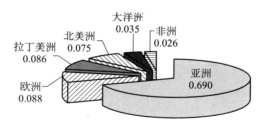

图 6 - 3　中国企业对外直接投资流量洲际分布

资料来源：2014 年度中国对外直接投资统计公报. 见 http：//hzs. mofcom. gov. cn/article/No-category/201512/20151201223578. shtml.

　　与中国企业对外直接投资存量国别（地区）分布类似，投资流量国别（地区）分布也非常集中，前列国家（地区）的流量总和占了总流量规模的90.3%，见表6-3。不同于存量国别（地区）分布的是，2014年，中国对美国和卢森堡的投资流量超过了维尔京群岛和开曼群岛两个离岸中心，说明中国企业对外直接投资到离岸中心中转的规模存在减少的趋势。此外，流量规模排名的国家（地区）也主要是发达经济体和部分"一带一路"沿线国，说明包括金融发展在内的完善市场以及政府政策推力仍是推动中国企业对外直接投资流量增长的最主要国内外因素。中国企业对外直接投资流量前列国家（地区）分布情况，见表6-3。

表6-3　　　　中国企业对外直接投资流量分布前列国家（地区）

排名	国家（地区）	流量（亿美元）	占比（%）
1	美国	75.96	6.2
2	卢森堡	45.78	3.7
3	维尔京群岛	45.70	3.7
4	开曼群岛	41.92	3.4
5	澳大利亚	40.49	3.3
6	新加坡	28.14	2.3
7	英国	14.99	1.2
8	德国	14.39	1.2
9	印度尼西亚	12.72	1.0
10	荷兰	10.30	0.8
11	老挝	10.27	0.8
12	巴基斯坦	10.14	0.8
13	加拿大	9.04	0.7
14	泰国	8.39	0.7
15	巴西	7.30	0.6
16	百慕大群岛	7.08	0.6
17	阿拉伯联合酋长国	7.05	0.6
18	阿尔及利亚	6.66	0.5

资料来源：2014年度中国对外直接投资统计公报. 见http://hzs. mofcom. gov. cn/article/Nocategory/201512/20151201223578. shtml.

三、东道国金融发展与中国对外直接投资的相关性

发展经济学兴起后，金融发展的重要性受到普遍关注，各国尤其是发展中国家在政策实践中也大力推进金融领域的改革，使其无论在规模

上还是在结构上都取得了较大的增长。在世界银行 2011 年发布的《世界发展》指标中，恰好有两个指标可以匹配度量规模和结构层面的金融发展，分别是银行体系总信用占 GDP 的比重，以及私营部门获得信用总额占 GDP 的比重；前者反映了一国的金融信用规模，后者说明了一国金融资源配置的方式，符合戈德史密斯（1969）对于金融发展规模和结构概念的阐释。为了保持数据的连贯性以及与下文实证研究的对应，表6－4列出了中国企业对外直接投资的 55 个东道国 2003 年和 2010 年金融发展的基本数据信息。

表6－4　　　　东道国规模和结构金融发展基本数据信息　　　　单位:%

国家	规模		结构		国家	规模		结构	
	2003 年	2010 年	2003 年	2010 年		2003 年	2010 年	2003 年	2010 年
孟加拉国	49.6	65.9	30.2	47.1	毛里塔尼亚	11.4	52.9	28.1	30.4
柬埔寨	6.6	22.7	7.2	27.6	毛里求斯	98.3	110.8	73.2	87.8
印度	57.4	71.1	32.1	49	摩洛哥	68.5	103.1	42.4	68.8
印度尼西亚	49.2	36.5	22.9	29.1	尼日利亚	21.2	36.3	13.8	29.4
日本	317.3	326.5	190.8	169.2	南非	163.1	182.2	31	45.7
哈萨克斯坦	14.8	45.4	21.9	39.3	乌干达	10.9	17.1	8.4	15.8
吉尔吉斯斯坦	12.2	14	4.2	15.1	赞比亚	37.9	18.9	6.7	11.5
韩国	88.7	103.2	90.1	100.8	丹麦	161.4	216.8	151.6	225
老挝	8.6	26.1	6.5	20.4	法国	105.4	134.4	88.7	114.4
马来西亚	139.8	132.2	119	114.9	德国	141.7	132	116.3	107.7
蒙古国	19.9	29.9	22.3	39.6	意大利	102.5	155.3	83.6	122.5
巴基斯坦	37.9	46.3	24.6	21.5	荷兰	160.2	212.1	148	199.3
菲律宾	54.3	49.2	33.1	29.6	罗马尼亚	15.8	54.9	13.7	46.1
沙特阿拉伯	43.3	0.15	28.4	47.6	俄罗斯	27.9	38.6	21.2	45.1
新加坡	80.2	85.7	106.6	102.1	乌克兰	33.1	78.6	24.6	61.7
泰国	130.7	135.5	100.5	116.6	英国	144.9	223.9	143.1	204
土耳其	42.8	69.3	14.5	44	阿根廷	50.6	29.2	10.8	14.6
越南	51.8	135.8	48.4	125	巴西	74	97.8	28.7	57
阿尔及利亚	31.3	7.5	11.4	15.8	厄瓜多尔	16.5	26.5	19.1	30.9
安哥拉	6.2	22.9	5.1	20.3	墨西哥	33.2	45	16	24.6

续表

国家	规模		结构		国家	规模		结构	
	2003 年	2010 年	2003 年	2010 年		2003 年	2010 年	2003 年	2010 年
博茨瓦纳	6.3	9.4	18.6	23.4	秘鲁	20.5	18	20.5	24.3
喀麦隆	14.6	7	9.3	11.5	委内瑞拉	15.8	20.5	12.2	21.7
刚果	1.4	0.9	0.8	6.6	加拿大	203.7	177.6	178.3	128.2
科特迪瓦	18.8	25.1	13.6	18.1	美国	214.4	231.4	183.3	202.2
埃及	104.6	69.4	53.9	33.1	澳大利亚	100.8	143.6	90.9	127.8
埃塞俄比亚	44.5	37.1	21.4	17.8	新西兰	114.3	157.8	108.8	149
加纳	26.9	28.3	12.5	15.2	发达国家	148.9	176.9	129.2	150.2
肯尼亚	39.8	51	24.6	33.8	发展中国家	40.6	49.2	24.7	38.4
马达加斯加	17.9	10.5	8.8	11.7	平均值	66.2	79.4	49.4	64.4

资料来源:《世界发展》数据库，网址 http://wdi.worldbank.org/.

　　从表 6-4 的基本数据中可以发现，尽管发达国家在规模和结构层面的金融发展均领先于发展中国家，但除了少数国家之外，大部分发展中国家在这两个层面上的金融发展均取得了快速增长，尤其是结构层面的发展较为突出。按照上文的分析，东道国这两个层面金融发展的金融发展可能构成吸引外国企业对外直接投资的因素之一。为了对此进行直观分析，图 6-4 分别绘制了 2003～2010 年东道国规模层面金融发展和结构层面金融发展与中国企业对东道国对外直接投资流量之间的相关散点图。

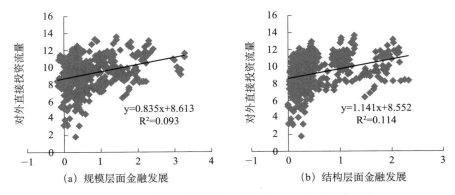

(a) 规模层面金融发展　　　　　　(b) 结构层面金融发展

图 6-4　东道国金融发展和中国企业对外直接投资相关

　　从图 6-4 中可以发现，东道国规模层面的金融发展和结构层面的金融发展均与中国企业对外直接投资存在明显的正相关关系，说明东道国金融发展也可能是构成吸引中国企业对外直接投资的区位优势之一。

第二节　东道国金融发展程度与中国
企业对外直接投资

一、理论影响机理

在关于金融发展最早的定义中，戈德史密斯（1969）认为，金融发展包含金融资源总量的增加和配置效率的提升，两者对不同企业的资金支持存在较大的差异。中国金融发展程度较为落后，尤其是中小民营企业较难获得资金支持，这在企业对外直接投资行为中体现得更为充分。由于对外直接投资将资金用于国外，信息不对称问题导致国内贷款机构更难监管资金的使用，因此，中小民营企业更难获得贷款资源。在这种情况下，东道国当地的金融支持必然构成中国企业获取对外直接投资所需资金的有效来源，从而也凸显了东道国金融发展对于吸引中国企业对外直接投资的重要性。东道国金融机构向对外直接投资企业提供资金的优势在于，能及时、有效地跟踪资金去向，但也存在与企业不熟悉的劣势，尤其是中小对外直接投资企业。中国不同规模的企业因不同动机进行对外直接投资，其获取东道国金融资源的能力也存在较大差异，因此，东道国金融发展不同层面的内容对中国不同动机企业对外直接投资的影响也大相径庭。

对于大型国有企业而言，由于其自身具备较强的实力，按照海默（1967）的理论是利用所有权优势进行市场扩张。在国际贸易形势恶化的情况下，对外直接投资成为其市场扩张的替代行为，这类企业的对外直接投资具有典型的横向特征。因此，只要东道国具备较为丰富的金融资源，这类企业便能获得较多的资金支持用于在东道国的投资。由此可以推断，东道国量维度的金融发展能吸引中国的更多横向动机的对外直接投资。此外，由于这类企业在国内也有进一步扩展资金来源的空间，因此，东道国量维度金融发展的不足不会阻碍其对外直接投资行为，即对于具备横向动机的大型国有企业而言，东道国量维度的金融发展具有吸引其对外直接投资的正向效应，而不会产生负面影响。

　　不同的是，迫于国内各类生产成本上升的压力，以劳动密集型为典型特征的部分中小企业将生产转移到国外以规避成本的持续上升，因此，其对外直接投资行为具备典型的纵向动机。这类企业实力较弱，在国内获取金融资源的数额较少。在东道国金融市场上，正规化的东道国资金来源渠道更易于解决中国中小企业对外直接投资的资金"瓶颈"。在这种情况下，东道国量维度的金融发展所带来的资金增多并不一定能为中小民营企业带来金融支持，质维度的金融发展才能从实质上为中小企业的对外直接投资提供资金支持。由此可以推断，东道国质维度的金融发展，更能吸引中国纵向动机的中小企业对外直接投资。此外，由于这类中小企业在国内的筹资能力和空间有限，东道国资金供给不足对其投资可能带来后续的损失，因此，东道国质维度的金融发展虽然具备吸引纵向对外直接投资的正面效应，但其发展不足也构成了不利于吸引投资的负面效应。

　　图 6-5 归纳了东道国量维度金融发展和质维度金融发展对中国不同动机企业对外直接投资的影响机理。

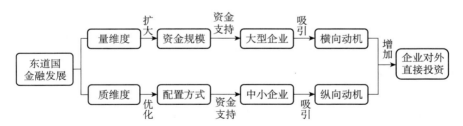

图 6-5　东道国金融发展对企业对外直接投资影响机理

二、实证研究

（一）方程构建和数据说明

　　本节旨在研究东道国金融发展如何影响中国不同动机的企业对外直接投资，为此需要区分横向动机企业对外直接投资和纵向动机企业对外直接投资的影响因素。类似于余官胜和李会粉（2013）的区分方式，本节建立如下回归方程：

$$\ln ODI_{it} = \alpha_0 + \alpha_1 \ln GDP_{it} + \alpha_2 ENG_{it} + \alpha_3 TR_{it} + \alpha_4 Dlnpgdp_{it}$$
$$+ \alpha_5 FINL_{it} + \alpha_6 TR_{it} \times FINL_{it} + u_i + v_t + \varepsilon_{it} \qquad (6-1)$$
$$\ln ODI_{it} = \beta_0 + \beta_1 \ln GDP_{it} + \beta_2 ENG_{it} + \beta_3 TR_{it} + \beta_4 Dlnpgdp_{it}$$
$$+ \beta_5 FINS_{it} + \beta_6 Dlnpgdp_{it} \times FINS_{it} + \gamma_i + \tau_t + \omega_{it} \qquad (6-2)$$

这里，被解释变量 $\ln ODI_{it}$ 为中国 t 年对 i 国的对外直接投资流量的对数值。在解释变量中，$\ln GDP_{it}$ 为东道国 i 国 t 年的 GDP 的对数值，反映市场规模；ENG_{it} 为 i 国 t 年的矿物资源和金属资源出口占商品出口的比重，度量自然资源产生的影响，两者构成了主要的控制变量。TR_{it} 为 i 国 t 年的平均关税率，高关税迫使企业采用对外直接投资替代出口贸易，因此，构成了横向动机对外直接投资的主要影响因素（余官胜，李会粉，2013）。$Dlnpgdp_{it}$ 为 i 国 t 年人均实际 GDP 的对数值和中国相应人均 GDP 的差值，由于人均工资往往和一国的经济发展水平挂钩，因此，该指标基本能反映东道国和中国的劳动成本差异，构成了纵向对外直接投资的主要影响因素（余官胜，李会粉，2013）。$FINL_{it}$ 和 $FINS_{it}$ 分别为东道国 i 国 t 年量维度的金融发展指标和质维度的金融发展指标，如上所述，分别用银行体系总信用额占 GDP 比重度量以及私营企业获得的信用额占 GDP 的比重度量（因优质私营企业数据无法获取，所以用私营企业数据替代）。在式（6-1）中，包括了横向动机影响因素 TR_{it} 和东道国量维度金融发展 $FINL_{it}$ 的乘积项，目的在于研究东道国量维度金融发展如何影响横向动机企业对外直接投资；在式（6-2）中，包含了纵向动机影响因素 $Dlnpgdp_{it}$ 和东道国质维度金融发展 $FINS_{it}$ 的乘积项，目的在于研究东道国质维度金融发展如何影响纵向动机企业对外直接投资。在式（6-1）和式（6-2）中，u_i 和 γ_i 为国别变量，v_t 和 τ_t 为时间变量，ε_{it} 和 ω_{it} 为回归残差。

本节的样本数据为 2003～2010 年中国企业对外直接投资的 55 个东道国，具体国别已在本节第三部分列出。中国对各东道国的企业对外直接投资数据来源于商务部发布的历年《中国对外直接投资统计公报》，东道国的各项经济数据来源于世界银行发布的《世界发展》中的各项指标，为了使数据相对应，中国人均 GDP 值也从《世界发展》中获取。

（二）东道国金融发展对投资流量影响回归结果及分析

考虑到企业对外直接投资可能存在的连贯性，并且决策可能存在滞后，本节利用各解释变量的滞后一期值替代原解释变量并采用动态面板数据方法进行回归，得到表6－5的结果。

表6－5　　　　　　　　　对外直接投资流量回归结果

变量	（1）	（2）	（3）	（4）
C	−140. 289 *** （0. 000）	−142. 511 *** （0. 000）	−134. 16 *** （0. 000）	−136. 574 *** （0. 000）
$lnODI_{it-1}$	0. 034 （0. 639）	0. 030 （0. 677）	0. 036 （0. 622）	0. 001 （0. 997）
$lnGDP_{it}$	9. 340 *** （0. 000）	9. 546 *** （0. 000）	8. 995 *** （0. 000）	9. 024 *** （0. 000）
ENG_{it}	4. 344 *** （0. 000）	3. 990 ** （0. 036）	4. 638 ** （0. 013）	4. 794 ** （0. 026）
TR_{it}	0. 112 *** （0. 003）	0. 114 *** （0. 002）	—	0. 105 *** （0. 006）
$Dlnpgdp_{it}$	−3. 703 *** （0. 002）	−4. 260 *** （0. 003）	−4. 121 *** （0. 000）	—
$FINL_{it}$	1. 089 * （0. 078）	—	0. 450 （0. 445）	—
$FINS_{it}$	—	0. 161 （0. 775）	—	3. 200 *** （0. 001）
$TR_{it} \times FINL_{it}$	—	—	0. 144 *** （0. 000）	—
$Dlnpgdp_{it} \times FINS_{it}$	—	—	—	−0. 037 *** （0. 000）
Wald	329. 85 *** （0. 000）	306. 52 *** （0. 000）	303. 96 *** （0. 000）	289. 61 *** （0. 000）

注：括号内为 P 值；*、**、*** 分别表示在10%、5%和1%的水平上显著；"—"表示回归中，未包含该变量。

在表6－5中，回归结果（1）和回归结果（2）未包含东道国金融发展分别与横向对外直接投资及纵向对外直接投资的交互乘积项，旨在研究东道国量维度金融发展和质维度金融发展对中国企业对外直接投资的直接影响。回归结果（3）和回归结果（4）则分别包含了这两个乘积项，旨在分别研究东道国量维度金融发展和质维度金融发展如何影响中国的横向动机企业对外直接投资和纵向动机企业对外直接投资。从四列回归结果中可以发现，$\ln ODI_{it-1}$ 的系数均不显著，说明企业对外直接投资流量不存在动态性；$\ln GDP_{it}$ 的系数均显著为正，说明东道国市场规模有助于吸收中国企业对外直接投资；ENG_{it} 的系数显著为正，说明中国企业更倾向于到资源丰富的东道国进行对外直接投资。TR_{it} 的系数均显著为正，验证了中国企业对外直接投资的横向动机；$Dlnpgdp_{it}$ 的系数均显著为负，反映出中国企业对外直接投资纵向动机明显。表 6-5 的回归结果（1）中，$FINL_{it}$ 的系数显著为正，但显著性不高；在回归结果（2）中，$FINS_{it}$ 的系数不显著，两者说明东道国金融发展仅在量维度上对中国企业对外直接投资产生微弱的直接影响。在回归结果（3）中，为了避免共线性问题删除了横向动机变量 TR_{it}，结果显示 $FINL_{it}$ 的系数不再显著，但乘积项 $TR_{it} \times FINL_{it}$ 显著为正，说明 $FINL_{it}$ 对被解释变量 $\ln ODI_{it}$ 的边际正向影响随着 TR_{it} 的增加而增加，反映出在横向动机越明显的对外直接投资中，东道国量维度金融发展对吸引中国企业对外直接投资的正向作用也越大。在回归结果（4）中，同样出于避免共线性的考虑删掉了变量 $Dlnpgdp_{it}$，结果显示 $FINS_{it}$ 的系数显著为正，$Dlnpgdp_{it} \times FINS_{it}$ 的系数显著为负。由于较小的 $Dlnpgdp_{it}$ 反映较明显的纵向动机，因此，这个结果显示出当企业对外直接投资纵向动机较弱时，东道国质维度的金融发展不利于吸引中国企业对外直接投资；只有当企业对外直接投资纵向动机较强时，东道国质维度金融发展的正向影响才能呈现。回归结果（4）表明，东道国较高的质维度金融发展能明显吸引中国企业对外直接投资。综合来看，回归结果（3）和回归结果（4）有效地验证了本节第一部分的理论机理分析，即东道国量维度的金融发展能促进中国横向动机企业对外直接投资；东道国质维度的金融发展，则能促进中国纵向动机企业对外直接投资。

（三）东道国金融发展对新设投资项目数影响回归结果及分析

企业对外直接投资除了已有项目流量规模的扩大外，也包括新投资项目的设立，新项目的设立则需要投入较多的固定成本，因此，对于东道国金融发展必然也会产生影响。为了对此进行研究，本部分将式（6-1）和式（6-2）中的因变量改为中国 t 年在东道国 i 国新设的投

资项目数 Num_{it} 进行回归。商务部发布的《境外投资企业（机构）名录》详细列出了中国历年各个新设对外直接投资项目的基本信息，本部分从中统计出中国 2003~2010 年在各国新设的投资项目数量，由于项目数量为非负整数，因此，回归方程属于离散因变量方程，需采用计数模型进行回归。本部分采用计数模型中的泊松方法进行回归，得到表 6-6 的结果。

表 6-6　　　　　　　　　　对外直接投资新设项目回归结果

变量	（1）	（2）	（3）	（4）
C	-0.204 (0.209)	-1.352 (0.380)	-0.341 ** (0.029)	-0.836 *** (0.000)
Num_{it-1}	0.143 *** (0.000)	0.139 *** (0.000)	0.014 *** (0.000)	0.014 *** (0.000)
$lnGDP_{it}$	0.165 *** (0.000)	0.155 *** (0.000)	0.167 *** (0.000)	0.183 *** (0.000)
ENG_{it}	0.883 *** (0.000)	0.947 *** (0.000)	0.874 *** (0.000)	1.147 *** (0.000)
TR_{it}	-0.011 *** (0.003)	-0.005 (0.216)	—	-0.006 (0.123)
$Dlnpgdp_{it}$	-0.150 *** (0.000)	-0.252 *** (0.000)	-0.130 *** (0.005)	—
$FINL_{it}$	0.060 ** (0.028)	—	0.082 ** (0.015)	—
$FINS_{it}$	—	0.226 *** (0.000)	—	0.895 *** (0.000)
$TR_{it} \times FINL_{it}$	—	—	-0.002 (0.588)	—
$Dlnpgdp_{it} \times FINS_{it}$	—	—	—	-0.622 *** (0.000)
R^2	0.538	0.540	0.537	0.551

注：括号内为 P 值；*、**、*** 分别表示在 10%、5% 和 1% 的水平上显著；"—" 表示回归中，未包含该变量。

从表 6-6 中可以发现，新设对外直接投资项目数和上一期值具有显著的正相关性，说明对外直接投资项目的设立存在明显的集群特征（余官胜，林俐，2014）。对比表 6-6 和表 6-5 的各列回归结果可以发现以下几点区别：首先，在回归结果（2）中，东道国结果层面金融发展 $FINS_{it}$ 在表 6 - 6 中变得显著为正，这是由于新设项目需要更多资金，对东道国金融发展结构变量的要求更高。其次，在表 6 - 6 的各列回归结果中，东道国平均关税率 TR_{it} 的系数不稳定，说明横向动机企业对外直接投资更多体现在投资规模的持续扩大而不是新设项目中。最后，在表 6 - 6 的回归结果（3）中，东道国量维度金融发展和横向动机变量的乘积项 $TR_{it} \times FINL_{it}$ 不再显著，这正是由于横向动机在新设对外直接投资项目中不再明显所致。由此可以综合归纳，东道国量维度金融发展和质维度金融发展均对新设企业对外直接投资项目产生了总体的正向影响。而在动机因素方面，横向动机对外直接投资未显示出本节第一部分的影响过程，纵向动机对外直接投资新设项目则仍与前面的研究结果保持一致。这说明，在对外直接投资新设项目中横向动机不明显，仅有纵向动机起主要作用。

第三节　东道国金融发展距离与中国企业对外直接投资

一、理论影响机理

企业对外直接投资资金来源可以分为两类：一类来自母国金融市场；另一类来自东道国金融市场。企业在本国获取资金的同时也培育了融资能力的竞争优势，这种竞争优势也能在东道国融资中发挥作用。按照邓宁（Dunning，1981）的 OLI 范式，企业需要同时具备所有权优势、区位优势和内部化优势才能进行对外直接投资，企业在国内培育的资金获取能力构成了 OLI 范式中的所有权优势和内部化优势之一，而东道国的金融发展环境能否适应母国企业则构成了区位优势之一。由于企业获取资金的能力根植于具体的金融发展环境，这种竞争优势在不同金融发展程度的国家会有不同的体现。金融环境的不适应性可能会导致资金获取竞争优势在与母国金融发展距离较大的东道国转变成竞争劣势，因此，东道国金融发展具体如何影响企业取决于和母国之间的金融发展距离。金融发展距离反映的是东道国和母国之间的金融发展程度差异，距离越大意味着金融发展环境差异越大，母国企业对东道国金融环境的适应性相对也会降低。按照第二节的分析，东道国量维度金融发展和质维度金融发展吸引中国不同类型企业的不同动机对外直接投资。因此，本节也从量维度和质维度阐述金融发展距离对中国企业对外直接投资的影响机理。

第二节的研究表明，东道国量维度金融发展有利于吸引中国横向动机国有企业和大型企业的对外直接投资。由上所述可以得出推论1：对于量维度上，在金融发展程度高于中国的东道国，金融发展距离的扩大会减少中国企业的对外直接投资；在金融发展程度低于中国的东道国，金融发展距离的扩大则会增加中国企业的对外直接投资。图6－6描述了该影响过程。

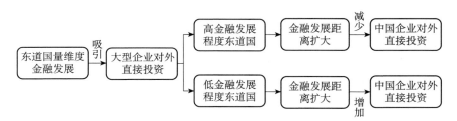

图6－6 量维度金融发展距离对中国企业对外直接投资影响机理

第二节的研究表明，东道国质维度金融发展有利于吸引中国纵向动机中小型企业的对外直接投资。由上所述，可以得出本节的推论2：对于质维度上，在金融发展程度高于中国的东道国，金融发展距离的扩大不影响中国企业的对外直接投资；在金融发展程度低于中国的东道国，金融发展距离的扩大会减少中国企业的对外直接投资。图6－7描绘了该影响过程。

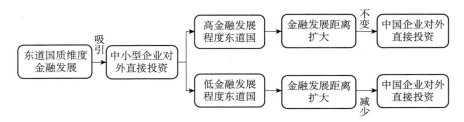

图6－7 质维度金融发展距离对中国企业对外直接投资影响机理

二、实证研究

(一) 方程设计和变量描述

为了从量维度和质维度分别研究东道国金融发展距离如何影响中国企业对外直接投资，本节建立如下回归方程：

$$\ln ODI_{it} = \alpha_0 + \alpha_1 \ln ODI_{it-1} + \alpha_2 \ln GDP_{it} + \alpha_3 TR_{it} + \alpha_4 ENG_{it}$$
$$+ \alpha_5 Dlnpgdp_{it} + \alpha_6 RFINL_{it} + u_i + v_t + \varepsilon_{it} \qquad (6-3)$$

$$\ln ODI_{it} = \beta_0 + \beta_1 \ln ODI_{it-1} + \beta_2 \ln GDP_{it} + \beta_3 TR_{it} + \beta_4 ENG_{it}$$
$$+ \beta_5 Dlnpgdp_{it} + \beta_6 RFINS_{it} + \gamma_i + \tau_t + \omega_{it} \qquad (6-4)$$

这里，$\ln ODI_{it}$ 为中国 t 年对 i 东道国的对外直接投资流量的对数值；$\ln ODI_{it-1}$ 为企业对外直接投资的滞后一期值，考察中国企业对外直接投资是否具有延续性；$\ln GDP_{it}$ 为 i 东道国 t 年的 GDP 的对数值，反映东道国市场规模对吸引中国企业对外直接投资的影响；ENG_{it} 为 i 东道国 t 年矿物和资源出口占总出口的比重，用以衡量该国的资源丰裕度；TR_{it} 为 i 东道国 t 年的关税率，反映贸易保护对中国企业对外直接投资的影响；$Dlnpgdp_{it}$ 为 i 东道国 t 年人均 GDP 和中国的差距，反映劳动成本差异对中国企业对外直接投资的影响。$RFINL_{it}$ 和 $RFINS_{it}$ 分别为中国 t 年与 i 东道国在量维度和质维度上的金融距离，这里量维度金融发展用各东道国银行体系总信用占 GDP 的比重度量；质维度金融发展用私营企业获得的信用总额占 GDP 的比重度量。在金融发展距离方面，本节的度量指标构建如下：当东道国量维度金融发展程度或质维度金融发展程度高于中国时，金融发展距离 = （东道国金融发展程度 − 中国金融发展程度）/中国金融发展程度；当东道国量维度金融发展程度或质维度金融发展程度低于中国时，金融发展距离 = （中国金融发展程度 − 东道国金融发展程度）/东道国金融发展程度。用相对指标度量金融发展距离的目的，旨在控制金融发展指标选取时绝对值差异所产生的偏差。

本节的样本数据为 2005 ～ 2012 年中国对 55 个东道国对外直接投资的面板数据，中国企业对外直接投资来源于商务部发布的历年《中国企业对外直接投资统计公报》；东道国各经济变量数据来源于世界银行发布的《世界发展》指标，为了数据对应性，中国的金融发展指标数据也从《世界发展》指标中获取。

（二）回归结果及分析

回归方程式（6-3）和回归方程式（6-4）分别研究了量维度金融发展距离和质维度金融发展距离如何影响中国企业对外直接投资，根据本节第一部分的影响机理分析，本部分按东道国金融发展程度是高于或低于中国金融发展程度进行分类回归。由于回归方程包含了因变量的滞后一期项，本节使用动态面板数据进行回归，并且为消除内生性，选择各解释变量的滞后一期值进行回归，分别得到表6-7和表6-8的结果。

表6-7　　　　　　　　量维度金融发展距离回归结果

变量	高金融发展程度东道国	低金融发展程度东道国
C	-815.44 ** (0.011)	-145.88 *** (0.000)
$lnODI_{it-1}$	-0.815 ** (0.030)	-0.102 (0.262)
$lnGDP_{it}$	45.908 *** (0.009)	10.000 *** (0.000)
TR_{it}	0.097 (0.676)	0.103 *** (0.005)
ENG_{it}	29.241 (0.213)	3.148 ** (0.021)
$Dlnpgdp_{it}$	-10.535 *** (0.000)	-2.363 * (0.090)
$RFINL_{it}$	-8.701 ** (0.016)	0.002 ** (0.034)
Wald	167.02 *** (0.000)	377.43 *** (0.000)

注：括号内为P值；*、**、*** 分别表示在10%、5%和1%水平上显著。

表6-8　　　　　　　　质维度金融发展距离回归结果

变量	高金融发展程度东道国	低金融发展程度东道国
C	509.892 (0.509)	-148.546 *** (0.000)
$lnODI_{it-1}$	-1.556 *** (0.006)	-0.154 * (0.076)

变量	高金融发展程度东道国	低金融发展程度东道国
$lnGDP_{it}$	-24.837 (0.549)	10.175 *** (0.000)
TR_{it}	-1.790 (0.366)	0.109 *** (0.000)
ENG_{it}	198.501 (0.366)	3.187 ** (0.038)
$Dlnpgdp_{it}$	-23.608 *** (0.000)	-2.679 * (0.099)
$RFINS_{it}$	0.150 (0.968)	-0.002 ** (0.031)
Wald	43.78 *** (0.000)	370.89 *** (0.000)

注：括号内为 P 值；*、**、*** 分别表示在 10%、5% 和 1% 水平上显著。

从表 6 – 7 和表 6 – 8 的回归结果中可以发现，$lnODI_{it-1}$ 的系数在三个回归结果中显著为负，说明企业对外直接投资具有平滑性。$lnGDP_{it}$ 在三个回归结果中显著为正，说明经济规模越大的东道国更能吸引中国企业的对外直接投资。TR_{it} 在两个回归结果中显著为正，在另外两个回归结果中不显著，说明中国企业对外直接投资和出口贸易之间的替代关系并不稳健。ENG_{it} 的系数在两个回归结果中显著为正，在另外两个回归结果中不显著，说明资源丰富的东道国在一定程度上能吸引中国企业的对外直接投资。$Dlnpgdp_{it}$ 的系数在四个回归结果中均显著为负，说明人均收入和劳动成本较低的东道国更能吸引中国企业的对外直接投资。

表 6 – 7 研究量维度金融发展距离对企业对外直接投资的影响，在第一列量维度金融发展程度高于中国的样本回归结果中，$RFINL_{it}$ 的系数显著为负，说明更高的金融发展距离不利于吸引中国企业的对外直接投资。在第二列量维度金融发展程度低于中国的样本回归结果中，$RFINL_{it}$ 的系数显著为正，说明更高的金融发展距离会增加中国对该东道国的企业对外直接投资。表 6 – 8 研究质维度金融发展距离对中国企业对外直接投资的影响，在第一列质维度金融发展高于中国的样本回归结果中，$RFINS_{it}$ 的系数不显著，说明此时金融发展距离的扩大不影响中国企业对外直接投资；在第二列质维度金融发展程度低于中国的样本回归结果中，$RFINS_{it}$ 的系数显著为负，说明此时金融发展距离越大的东道国越

不利于吸引中国企业的对外直接投资。表6-7和表6-8中金融发展距离的回归系数恰好验证了本节第一部分的影响机理的推论1和推论2，反映出金融发展距离对中国企业对外直接投资的影响，依东道国金融发展程度的差异存在区别。

（三）工具变量回归和稳健性检验

尽管金融发展对经济增长能产生重要影响，但金融发展本身也是由经济增长各个方面的因素内生决定的，尤其是较高的经济发展水平往往对应着较高的经济发展程度，因此，在本节的回归中由于金融发展距离变量可能存在内生性，需要采用工具变量回归对结果的稳健性进行检验。由于东道国的经济发展水平、宏观经济周期以及东道国的政治自由度等都构成了金融发展的影响因素，因此，本部分为金融发展距离选择工具变量时，除了将回归方程中原解释变量人均 GDP 差距纳入外，还选择了东道国通货膨胀率和东道国公民权利指数两个变量，分别反映经济周期和政治自由度因素。各东道国通货膨胀数据仍来源于世界银行的世界发展指标；公民权利指数来源于自由之家（freedom house）发布的世界自由度指标。采用二阶段工具变量回归方法分别对式（6-3）和式（6-4）进行回归，得到表6-9和表6-10的结果。

表6-9　量维度金融发展距离对企业对外直接投资影响工具变量回归结果

变量	高金融发展程度东道国	低金融发展程度东道国
C	-11. 185 ** (0. 042)	-0. 199 (0. 891)
$lnODI_{it-1}$	0. 152 (0. 448)	-0. 766 *** (0. 000)
$lnGDP_{it}$	1. 083 *** (0. 004)	0. 140 * (0. 065)
TR_{it}	-0. 157 (0. 227)	0. 017 (0. 528)
ENG_{it}	17. 782 ** (0. 015)	0. 411 (0. 604)
$RFINL_{it}$	-3. 239 ** (0. 046)	0. 045 * (0. 082)
Wald	29. 74 *** (0. 000)	200. 47 *** (0. 000)

注：括号内为 P 值，*、**、*** 分别表示在10%、5%和1%水平上显著。因篇幅所限，未列出一阶段回归结果。

表 6 – 10   质维度金融发展距离对企业对外直接投资影响工具变量回归结果

变量	高金融发展程度东道国	低金融发展程度东道国
C	0.181	0.371
	(0.566)	(0.721)
$lnODI_{it-1}$	– 0.309 *	– 0.721 ***
	(0.057)	(0.000)
$lnGDP_{it}$	0.498 **	0.127 **
	(0.016)	(0.025)
TR_{it}	– 0.862	– 0.014
	(0.155)	(0.466)
ENG_{it}	13.702 **	0.471
	(0.053)	(0.480)
$RFINS_{it}$	– 2.142	– 0.036 **
	(0.388)	(0.012)
Wald	41.13 ***	386.07 ***
	(0.000)	(0.000)

注：括号内为 P 值；*、**、*** 分别表示在 10%、5% 和 1% 水平上显著。因篇幅所限，未列出一阶段回归结果。

对比表 6 – 9、表 6 – 10 和表 6 – 7、表 6 – 8 的结果可以发现，各控制变量的系数和显著性并未发生明显的变化，而量维度金融发展距离和质维度金融发展距离的系数符号及显著性在四列回归结果中均保持预期的符号，即与本节第一部分的影响机理推论一致。工具变量回归结果说明，在控制了内生性后，金融发展距离对企业对外直接投资的影响未发生变化，验证了表 6 – 7 和表 6 – 8 回归结果的稳健性。

第四节   东道国外汇金融风险与
中国企业对外直接投资

一、问题提出与实证方程

与国内投资不同，企业对外直接投资涉及不同货币的汇兑问题，因此，在汇兑过程中产生的汇率波动问题将使企业面临额外的金融风险。

东道国汇率波动会对中国企业对外直接投资的多个维度产生影响,不仅增加了企业交易风险和经营风险,更为重要的是将利润汇回国内时面临着币种之间的汇兑风险。当东道国货币存在贬值风险时将会减少对外直接投资企业汇兑后的收益,因此,东道国外汇金融风险也可能会影响企业对外直接投资行为。考虑到美元作为国际货币的稳定性,本节使用东道国货币对美元的汇率波动度量外汇金融风险,研究其对中国企业对外直接投资的影响,建立如下回归方程:

$$\ln ODI_{it} = \alpha_0 + \alpha_1 \ln GDP_{it} + \alpha_2 ENG_{it} + \alpha_3 TR_{it}$$
$$+ \alpha_4 Dlnpgdp_{it} + \alpha_5 VFIN_{it} + u_i + v_t + \varepsilon_{it} \qquad (6-5)$$

与第二节相似,被解释变量 $\ln ODI_{it}$ 为中国 t 年对 i 国对外直接投资的对数值,自变量 $\ln GDP_{it}$、ENG_{it}、TR_{it}、$Dlnpgdp_{it}$ 分别为 i 东道国 t 年的经济规模、资源状况、关税以及经济发展差距。$VFIN_{it}$ 为 i 东道国 t 年的外汇金融风险,用 1 美元兑换该国货币的变化率衡量,因此,较大的 $VFIN_{it}$ 意味着较大的货币贬值风险。u_i、v_t 和 ε_{it} 分别为地区、时间变量和回归残差。

由于欧元区使用统一的货币,因此各国汇率波动一致,为了消除该影响,本节的样本与本章第二节相比去除了美国及欧元区东道国,样本年份和其他样本国家与第二节样本保持一致。图 6-8 绘制了样本国外汇金融风险和中国企业对外直接投资规模之间的散点相关图。从图 6-8 的拟合结果中可以发现,东道国外汇金融风险与中国企业对外直接投资之间存在负相关性,在一定程度上能说明东道国较高的货币贬值风险不利于吸引中国企业的对外直接投资。

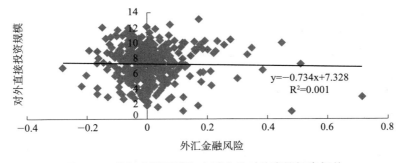

图6-8　外汇金融风险和中国企业对外直接投资相关

二、投资规模回归结果

与第二节类似，考虑到企业对外直接投资可能存在的连贯性，本节使用动态面板数据方法进行回归，得到表 6 – 11 的结果。

表 6 – 11   对外直接投资规模回归结果

变量	全样本数据	发展中国家数据
C	− 151. 762 ***	− 152. 252 ***
	(0. 000)	(0. 000)
$lnODI_{it-1}$	− 0. 050	− 0. 062
	(0. 523)	(0. 457)
$lnGDP_{it}$	10. 335 ***	10. 471 ***
	(0. 000)	(0. 000)
ENG_{it}	4. 378 **	5. 143 ***
	(0. 028)	(0. 009)
TR_{it}	0. 088 **	0. 118 ***
	(0. 016)	(0. 000)
$Dlnpgdp_{it}$	− 3. 342 **	− 2. 025
	(0. 039)	(0. 223)
$VFIN_{it}$	− 1. 403 **	− 1. 142 *
	(0. 039)	(0. 073)
Wald	335. 95 ***	443. 70 ***
	(0. 000)	(0. 000)

注：括号内为 P 值；*、**、*** 分别表示在 10%、5% 和 1% 的水平上显著。

从表 6 – 11 的回归结果可以发现，在全样本回归结果中控制变量 $lnGDP_{it}$、ENG_{it}、TR_{it}、$Dlnpgdp_{it}$ 的回归系数符号和显著性均与第二节的基本回归结果一致。$VFIN_{it}$ 的系数显著为负，说明东道国货币对美元贬值越高越不利于吸引中国企业对外直接投资，符合东道国货币贬值降低中国企业利润汇兑价值的预期。考虑到发展中国家外汇波动幅度较高，本部分第二列回归使用发展中东道国样本进行回归，从结果中可以发现变量中除 $Dlnpgdp_{it}$ 的系数不显著外，其他变量均与第一列一致，这是因为发展中国家的劳动成本普遍较低，因而收入差距不构成中国企业对外直接投资的影响因素。$VFIN_{it}$ 的系数在第二列发展中国家样本回归结果中仍显著为负，意味着发展中东道国货币贬值同样不利于吸引中国企业对外直接投资。

三、投资项目数回归结果

与第二节类似，本部分继续研究东道国外汇金融风险对中国企业对外直接投资项目数的影响，建立如下回归方程：

$$NUM_{it} = \beta_0 + \beta_1 lnGDP_{it} + \beta_2 ENG_{it} + \beta_3 TR_{it}$$
$$+ \beta_4 Dlnpgdp_{it} + \beta_5 VFIN_{it} + u_i + v_t + \varepsilon_{it} \qquad (6-6)$$

在式（6-6）中，NUM_{it} 表示中国 t 年在东道国 i 新设的对外直接投资项目数，其他变量与上面一致，数据样本也保持一致。使用计数模型中的泊松回归方法对方程式（6-6）进行回归，得到表 6-12 的结果。

表 6-12　　　　　　　　　对外直接投资项目数回归结果

变量	全样本数据	发展中国家数据
C	0.052 （0.743）	0.284 （0.187）
NUM_{it-1}	0.030 *** （0.000）	0.030 *** （0.000）
$lnGDP_{it}$	0.120 *** （0.000）	0.104 *** （0.000）
ENG_{it}	0.812 *** （0.000）	0.735 *** （0.009）
TR_{it}	−0.007 * （0.072）	−0.004 （0.364）
$Dlnpgdp_{it}$	−0.104 ** （0.010）	0.045 （0.578）
$VFIN_{it}$	−0.422 *** （0.003）	−0.741 *** （0.000）
R^2	0.559	0.520

注：括号内为 P 值；*、**、*** 分别表示在 10%、5% 和 1% 的水平上显著。

与表 6-11 类似，表 6-12 回归结果中控制变量回归系数符号和显著性与本章第一节基本回归结果一致。$VFIN_{it}$ 在全样本和发展中国家样本中均显著为负，说明东道国货币贬值越高也会减少中国企业在该国设立的对外直接投资项目数量。另外，相比于表 6-11 的结果，表 6-12 中

VFIN$_{it}$的系数绝对值和显著性均较高，说明相比于投资规模，对外直接投资项目数更易受东道国货币贬值的负面影响。

第五节　东道国金融发展与中国企业对外直接投资进入速度

一、企业对外直接投资进入速度文献

在全球对外直接投资兴起的早期，跨国公司进入东道国的模式基本上是谨慎的渐进式。因而，在传统的观点中，以渐进式的速度进入东道国进行对外直接投资受到了广泛认可，认为由于对外直接投资是进入国外的行为，为了充分地吸收经验知识并降低失败风险，需要企业以渐进的速度进入东道国（Johanson and Paul，1975；Barkema et al.，1996）。常（Chang，1995）、古特和常（Kogut and Chang，1996）认为，对外直接投资企业应该以序贯方式在东道国扩张和建立分支，这样才能最大化地掌握东道国市场信息，有助于企业在东道国获取收益。进一步地，在实证研究方面，韦尔默朗和巴克曼（Vermeulen and Barkema，2002）利用企业层面的面板数据发现，过快的对外直接投资进入速度和市场扩张会对企业利润收益产生负面效应。巴克曼和卓尔迪克（Barkema and Drogendijk，2007）利用荷兰企业对中东欧国家的对外直接投资数据发现，进入速度较快的企业在进入国外市场初期获得的利润较低，但经过知识吸收和经验积累后会增加长期的利润收益。江等（Jiang et al.，2014）引入时间压缩的非经济性（diseconomies of time compression）概念，发现企业对外直接投资速度和企业绩效负相关，并且，这种负相关随着不确定性的增加而更加明显。

另外，随着经济国际化程度的提升，企业为获得市场优势而提升了对外直接投资进入速度，多数企业在成立不久便进入东道国从事对外直接投资业务（Knight et al.，2004），"天生国际化"（born global）企业也开始出现（Rennie，1993）。在这种背景下，较快的企业对外直接投资进入速度带来的市场收益也被加以强调，萨洛蒙和蒙廷（Salomon and Montin，2008）发现，在半导体行业中快速对外直接投资能使企业获得更好

的业绩表现。帕切科等（Pacheco et al.，2010）在设备制造业的对外直接投资中得出了类似结论。常和瑞伊（Chang and Rhee，2011）发现，在国际化压力较大的行业，较快的对外直接投资进入速度也有助于企业获得更好的市场表现。希尔默松和约翰逊（Hilmersson and Johanson，2016）利用三种方法度量企业对外直接投资进入速度，发现速度的提升有利于提升企业的业绩表现。杨等（Yang et al.，2016）发现，企业对外直接投资进入速度对企业的业绩表现存在先增后减的影响，意味着企业对外直接投资不宜过快也不宜过慢。

二、中国企业对外直接投资进入速度衡量

对企业对外直接投资进入速度的衡量主要基于微观层面，往往从企业对东道国的扩张维度展开。韦尔默朗和巴克曼（2002）强调，速度意味着在特定时间内企业进行了多少对外直接投资项目扩张，因此，从企业对外直接投资项目数量的时间分布维度度量进入速度。该文献将企业从事第一个对外直接投资项目作为时间起点，用年平均对外直接投资项目数 $S_t = \dfrac{\sum_{i=0}^{t} N_i}{t}$ 度量企业 t 年的对外直接投资进入速度。这里，i = 0 为该企业对外直接投资起点年份，N_i 为企业在 i 年的对外直接投资项目数，因而，$\sum_{i=0}^{t} N_i$ 为企业从开始到 t 年的累积对外直接投资项目数。该指标恰当地反映了在特定时间范围内企业所从事的对外直接投资项目增加状况，比较符合速度的概念。因而，在后续的研究中被广泛用来度量企业对外直接投资进入速度（Chang and Rhee，2011；Yang et al.，2016）。

与微观指标不同，本节试图从宏观上度量中国企业对外直接投资对各东道国的进入速度，因而，基于韦尔默朗和巴克曼（2002）的指标进行宏观维度汇总。本节构造的中国企业对外直接投资对东道国进入速度的指标如下：

$$S_j = \frac{\sum_{i=0}^{t} M_{ji}}{t}$$

在上式中，下标 j 代表东道国，i 代表时间，M_{ji} 为 i 年中国对 j 东道

国的企业对外直接投资项目总数，因此，$\sum_{i=0}^{t} M_{ji}$ 为中国对 j 东道国从起点年份到 t 年的企业对外直接投资积累项目总数。与韦尔默朗和巴克曼（2002）的指标相比，本节指标的立意和逻辑是一致的，区别在于本节指标基于国别宏观，而他们的指标基于企业微观。在实践上，中国企业对外直接投资在 20 世纪 80 年代就已开始，但由于政策上的限制，投资项目在时间上较为零散，难以客观反映进入速度。因而，为了反映连续性，本节将中国企业对外直接投资的起点设定为中央提出"走出去"战略的 2002 年，该年以后中国企业对外直接投资开始具有连贯性，并且，在数据统计上也较为规范。但是，并不是中国对各东道国的企业对外直接投资都早于或始于 2002 年，对较多国家的企业对外直接投资都开始于 2002 年以后。根据数据显示，中国在 2005 年基本上对主要东道国均已存在企业对外直接投资行为，因此，2003～2004 年较多国家不存在中国企业的对外直接投资项目。基于这种考虑，在年份上，本节选择 2002 年作为中国企业对外直接投资的起点时间度量进入速度，但在实证研究中样本年份从 2005 年开始。出于后续实证研究的变量数据可得性和面板数据的平衡性考虑，本节的度量样本为 2005～2013 年中国对 59 个东道国的企业对外直接投资进入速度。利用商务部发布的《境外投资企业（机构）名录》中企业对外直接投资项目在国别及时间分布的基本数据，表 6－13 列出了中国对各东道国企业对外直接投资进入速度度量数据的基本信息。

表 6－13　　中国对各东道国企业对外直接投资进入速度数据信息

国家	均值	标准差	国家	均值	标准差
阿尔及利亚	3.877	1.113	科威特	1.026	0.052
安哥拉	3.580	2.286	利比亚	1.691	0.817
阿根廷	3.696	1.326	马达加斯加	2.360	0.575
澳大利亚	23.238	12.098	马来西亚	9.722	4.621
奥地利	0.779	0.336	马里	2.407	1.523
比利时	1.995	1.206	墨西哥	4.141	1.325
博茨瓦纳	1.988	0.948	摩洛哥	2.117	0.361
巴西	7.826	3.620	莫桑比克	2.192	2.038
保加利亚	1.108	0.996	纳米比亚	2.015	0.905
喀麦隆	1.132	0.871	荷兰	11.719	6.100

国家	均值	标准差	国家	均值	标准差
加拿大	18.311	8.821	新西兰	2.514	0.890
智利	3.085	1.238	挪威	1.013	0.473
哥伦比亚	1.538	1.181	巴基斯坦	4.445	1.484
科特迪瓦	1.176	0.726	菲律宾	6.504	3.408
捷克	1.804	0.753	波兰	2.109	0.849
丹麦	1.378	0.549	俄罗斯	52.462	16.992
埃及	5.172	2.165	沙特阿拉伯	5.625	3.911
芬兰	0.861	0.198	新加坡	19.463	12.779
法国	8.370	3.361	南非	8.082	3.270
德国	28.361	10.268	西班牙	4.992	0.942
希腊	0.703	0.194	瑞典	2.423	1.741
匈牙利	3.273	0.470	瑞士	2.301	1.013
印度	16.439	5.765	泰国	17.452	5.949
印度尼西亚	18.501	9.844	土耳其	6.681	1.553
冰岛	0.718	0.378	英国	15.698	5.373
以色列	0.956	0.102	美国	95.598	54.344
意大利	12.858	2.150	委内瑞拉	2.089	1.184
日本	35.373	15.838	越南	41.672	14.495
约旦	1.398	0.206	发达国家	13.198	23.026
肯尼亚	3.328	2.208	发展中国家	7.277	12.041
韩国	38.711	10.651	全样本平均	9.875	17.944

注：平均值为 2005～2013 年均值。

资料来源：作者根据《境外投资企业（机构）名录》数据按上文指标计算而得。

从表 6-13 中数据可以发现，中国对各东道国的企业对外直接投资进入速度存在较大的差别，对发达国家的进入速度明显高于发展中国家。在样本国别中，中国对美国的企业对外直接投资进入速度均值最高，达到 95.598，对俄罗斯和越南的进入速度均值则为 52.462 和 41.672；但对有些东道国的企业对外直接投资进入速度均值小于 1，比如，奥地利、芬兰、希腊、冰岛和以色列等，这也反映出在宏观上中国企业对外直接投资存在明显的集群进入现象。尽管国别分布差异较大，但总体时间维度上中国企业对外直接投资进入速度呈现出明显的逐年增长趋势。如

图6-9所示，中国无论对发达东道国还是发展中东道国，企业对外直接投资进入速度均随时间提升，这和近年来中国在政策上大力推动企业对外直接投资是密切相关的。

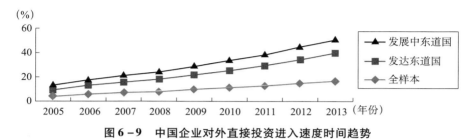

图6-9 中国企业对外直接投资进入速度时间趋势

三、实证研究

（一）方程与数据

中国企业对外直接投资对东道国的进入速度受东道国多重因素的影响，包括市场规模、经济和金融发展程度以及与中国之间的经贸关系等，因而，本节建立如下回归方程：

$$\ln SPEED_{it} = \alpha_0 + \alpha_1 \ln EX_{it} + \alpha_2 \ln GDP_{it} + \alpha_3 \ln PGDP_{it} + \alpha_4 FIN_{it} + \varepsilon_i + \mu_t + \delta_{it}$$

$$(6-7)$$

在式（6-7）中，$\ln SPEED_{it}$为中国 t 年对东道国 i 的企业对外直接投资进入速度的对数值。$\ln EX_{it}$为中国 t 年对东道国 i 的出口额的对数值，用以衡量中国与东道国之间的经贸关系对企业对外直接投资进入速度产生的影响。$\ln GDP_{it}$为 t 年东道国 i 的 GDP 的对数值，$\ln PGDP_{it}$为 t 年东道国 i 的人均 GDP 的对数值，两者分别衡量东道国市场规模和经济发展程度对中国企业对外直接投资进入速度的影响。FIN_{it}为 t 年东道国 i 的金融发展指标，包含量维度和质维度，与上面一致，分别用银行体系总信用额占 GDP 的比重以及私营企业获得的信用额占 GDP 的比重度量。ε_i 和 ϵ_{it} 分别为面板数据回归的个体变量、时间变量及回归残差。

本节实证研究的数据，包含中国 2005~2013 年对 59 个企业对外直接投资东道国的面板数据，样本国别已在表6-13 中列出。在变量的数据来源中，中国对各东道国企业对外直接投资进入速度由商务部《境外投资企业（机构）名录》原始数据按本节第二部分指标方法构建。中国对各东道国出口数据来自历年《中国对外经济贸易统计年鉴》；东道国 GDP、人均 GDP、金融发展程度数据由世界银行发布的世界发展数据库整理而得。

（二）回归结果

考虑到企业对外直接投资进入速度可能存在的动态性，本部分分别采用普通面板数据回归和动态面板数据回归进行实证研究，得到表 6－14 的结果。

表 6－14 回归结果

变量	量维度金融发展		质维度金融发展	
C	-103.021^{***} （0.000）	-33.054^{***} （0.001）	-105.376^{***} （0.000）	-32.517^{***} （0.000）
$\ln SPEED_{it-1}$	—	0.632^{***} （0.000）	—	0.657^{***} （0.000）
$\ln EX_{it}$	0.434^{***} （0.000）	-0.045 （0.165）	0.510^{***} （0.000）	-0.047 （0.168）
$\ln GDP_{it}$	5.009^{***} （0.000）	1.876^{***} （0.001）	5.028^{***} （0.000）	1.759^{***} （0.002）
$\ln PGDP_{it}$	-0.419^{***} （0.000）	-1.644^{**} （0.010）	-4.156^{***} （0.000）	-1.356^{**} （0.031）
FIN_{it}	0.006^{***} （0.000）	0.003^{***} （0.000）	0.004^{**} （0.038）	0.004^{***} （0.000）
R^2	0.502	—	0.502	—

注：括号内为回归 P 值；*、**、*** 分别表示在 10%、5% 和 1% 水平上显著；"—"表示回归时，未包含该变量。

从表 6－14 的回归结果中可以发现，企业对外直接投资进入速度的滞后一期 $\ln SPEED_{it-1}$ 显著为正，说明进入速度具有持续性。$\ln EX_{it}$ 在普通面板数据回归结果中显著为正，但在动态面板数据回归结果中不显著，说明东道国与中国之间的经贸关系能提升对外直接投资进入速度，但这种结果并不是非常稳健。$\ln GDP_{it}$ 的系数在各列中均显著为正，说明中国企业更倾向于以较快的速度进入市场规模大的东道国进行对外直接投资，以便及时获得更大的市场收益。$\ln PGDP_{it}$ 的系数在各列中均显著为负，这是因为人均 GDP 越高的东道国具有较高的劳动成本，该变量主要影响中国生产转移动机类型的企业对外直接投资。这类企业更倾向于快速进入劳动成本较低的东道国，以便快速建立在东道国的生产规模经济优势。无论是量维度金融发展还是质维度金融发展的回归结果，FIN_{it} 的系数在各列中均显著为正，这是因为中国国内金融发展程度不高，企业对外直接投资在国内获得金融资源的难度较大，因而倾向于快速进入金融发展程度较高的东道国，有利于较快与金融机构建立关系获取金融支持。

（三）工具变量回归和稳健性检验

在经济学理论中，金融发展是一国经济发展的结果，由该国其他经济变量内生决定。因而，在本节的回归中，直接将金融发展变量纳入实证研究方程进行回归可能会存在内生性问题，需要构建东道国金融发展的工具变量对本节的回归结果进行稳健性检验。本节用回归方程中控制变量东道国 GDP 和人均 GDP 的滞后一期值作为东道国量维度金融发展和质维度金融发展的工具变量进行二阶段最小二乘法回归，得到表 6 - 15 的结果。从表 6 - 15 中可以发现，尽管东道国规模变量 $lnGDP_{it}$ 在两列结果中均不再显著，但量维度金融发展变量和质维度金融发展变量 FIN_{it} 均和表 6 - 14 保持一致，仍显示金融发展能显著提升企业对外直接投资金融速度，因而可以说明本部分的回归结果是稳健的。

表 6 - 15 工具变量回归结果

变量	量维度金融发展	质维度金融发展
C	- 8.401 (0.145)	- 20.010 *** (0.000)
$lnEX_{it}$	0.948 *** (0.000)	0.889 *** (0.000)
$lnGDP_{it}$	- 0.240 (0.286)	0.336 (0.140)
$lnPGDP_{it}$	- 1.067 *** (0.000)	- 1.360 *** (0.000)
FIN_{it}	0.020 * (0.057)	0.034 *** (0.001)
R^2	0.440	0.535

注：括号内为回归 P 值；＊、＊＊、＊＊＊分别表示在 10%、5% 和 1% 水平上显著。

小　结

从东道国进行融资也是解决企业对外直接投资所需资金的途径之一，这也突出了东道国金融发展因素对中国企业对外直接投资的重要性，本章的研究得出四个方面的主要结论。第一，在东道国金融发展程度方面，理论和实证研究发现，东道国量维度金融发展对于吸引中国横向动机企业对外直接投资有明显的正向影响，而质维度金融发展只有金融发展程度较高时才能促进中国纵向动机企业对外直接投资，较低的质维度金融发展会阻碍中国企业对东道国的纵向动机对外直接投资。在吸引中国对外直接投资项目方面，质维度金融发展促进中国在东道国纵向动机对外直接投资项目的设立，而量维度金融发展对中国横向动机对外直接投资项目则不产生影响。第二，在东道国金融发展距离方面，在金融发展程度高于中国的东道国，量维度金融发展距离的扩大会减少中国企业对外直接投资，质维度金融发展距离扩大不影响中国企业对外直接投资；在金融发展程度低于中国的东道国，量维度金融发展距离的扩大会增加中国企业对外直接投资，质维度金融发展距离的扩大会减少中国企业对外直接投资。第三，在东道国金融风险方面，东道国的外汇贬值对中国企业对外直接投资规模和新设项目数量均会产生不利的影响。第四，东道国量维度的金融发展和质维度的金融发展，均能提升中国企业对该国企业的对外直接投资进入速度。

从本章的研究结果中可以发现，东道国金融发展确实是影响中国企业对外直接投资的重要因素，反映出在东道国进行融资的重要性，因此，政府可以和东道国相关部门建立金融合作为中国对外直接投资企业获得金融资源。一方面，中国政府应采取相关金融合作途径建立与东道国金融机构之间的良好合作关系，为中国对外直接投资企业在东道国获取更为广阔的资金资源提供双边关系的制度保障；另一方面，为了使中国对外直接投资企业在国外获得更为便捷的资金来源，相关政府部门应采取措施鼓励国内金融机构在东道国设立分支机构为中国企业在当地的对外直接投资提供金融服务，以此打破对外直接投资企业的资金"瓶颈"。

第七章

企业融资约束与中国企业对外直接投资

由于中国金融发展相对落后，企业各项投资业务所需的资金并不能完全得到保障，因此，普遍存在融资约束问题。融资约束的产生既来自企业外部的金融市场环境，也来自企业内部的财务状况，无论来源于何处，融资约束的存在使企业受制于资金"瓶颈"，会对多数投资决策产生影响，包括企业对外直接投资决策倾向和区位选择，本章通过理论和实证对此进行研究。

第一节　理论影响机理

一、企业融资约束影响对外直接投资倾向的理论机理

随着中国经济发展水平的不断提升，一方面，劳动成本不断增加；另一方面，金融改革的相对滞后使融资成本依然居高不下，两者均增加了企业的生产成本负担，也造就了中国成本规避动机企业对外直接投资的出现。对于寻求低成本动机的企业对外直接投资，尽管东道国边际要素成本可能低于母国，但要承担额外的固定成本。劳动密集型企业更倾向于对比国内外劳动成本，融资约束的影响产生于固定成本的投资过程中。资本密集型企业更倾向于对比国内外资本成本，融资约束的影响则产生于国内资本边际成本以及固定成本投资过程中。鉴于融资约束对两类企业的影响方式不同，本节分别阐述融资约束对劳动密集型企业和资本密集型企业对外直接投资的影响机理。

（一）劳动密集型企业

劳动密集型企业最主要的生产投入为劳动，因而劳动成本构成了其最主要的生产成本，企业对比国内外劳动成本决定在国内生产还是通过对外直接投资在国外生产。与国内生产相比，国外生产需要融资进行额外的固定成本投入，并且，这种固定成本随着融资约束程度的提升而增加。因此，劳动密集型企业计划将生产转移至低劳动成本国家时，需要综合考虑国外生产的劳动成本和固定成本对比国内劳动成本进行权衡。当融资约束较低时，固定投资成本较低，对低劳动成本国家进行对外直接投资则更具有吸引力；而当融资约束较高时，固定投资成本较高，对低成本国家进行对外直接投资的吸引力也相应减弱。图 7 – 1 对比了这种情况下国内生产和国外生产的相对成本。

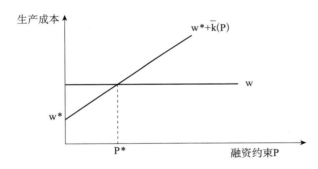

图 7 – 1　劳动密集型企业融资约束与国内外生产成本

假定东道国的劳动成本 w^* 小于本国的劳动成本 w，且不随本国融资约束 P 发生变化，在东道国进行生产除劳动成本外还需固定成本 $\bar{k}$ （P），且固定成本投资需在国内融资，因此，随着本国融资约束增加而上升。因此，从图 7 – 1 中可以发现，当融资约束小于临界值 P^* 时，国外生产成本低于国内生产成本，企业倾向于进行对外直接投资；当融资约束大于临界值 P^* 时，国外生产成本高于国内生产成本，企业倾向于在国内生产而不是对外直接投资。由此可以得出本节的推论 1：对于劳动密集型企业，较低的融资约束能提升企业对外直接投资倾向。

（二）资本密集型企业

资本密集型企业最重要的生产投入为资本，因而资本成本构成了最主要的生产成本。类似地，企业对比国内外的资本成本进行生产决策。同样，与在国内生产相比，除边际成本外，企业在国外生产需投入额外的固定成本，并且，只有当固定投资完成后才能在东道国融资，因此，固定成本投资需在国内融资并随国内融资约束增加而提升。同理，企业需综合权衡在东道国生产的固定成本和资本边际成本对比国内资本成本进行生产决策。当国内融资约束较低时，国内资本成本较低，此时选择在国内生产；相反，当国内融资成本较高时，在国内生产的资本成本较高，此时，企业将选择对外直接投资进行国外生产。图7-2展示了这一对比。

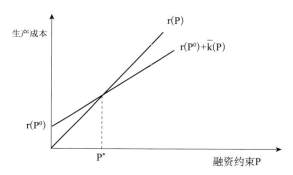

图7-2　资本密集型企业融资约束与国内外生产成本

在图7-2中，国内生产资本成本r（P）随融资约束的提升而增加，假设国外融资成本不随国内融资约束变化，并且，国外生产固定投资需在国内预先融资，因此，国外生产成本由不随国内融资约束变化的r（P⁰）和与国内融资约束呈递增关系的k̄（P）两部分组成，k̄（P）的增长幅度小于r（P）。从图7-2中可以发现，当国内融资约束小于临界值P*时，国内生产成本较低，此时企业不进行对外直接投资；当国内融资约束大于临界值P*时，国外生产成本较低，此时企业进行对外直接投资将生产转移至国外。由此可以得到本节的推论2：对于资本密集型企业而言，较高的融资约束能提升企业的对外直接投资倾向。

二、企业融资约束影响对外直接投资区位选择的理论机理

对于企业而言，较大的融资约束使其较难进一步获取扩大投资所需的资金，限制了投资业务的深入拓展，尤其是对于资金投入要求较高的

对外直接投资行为。企业对外直接投资存在多种动机，不同动机类型的企业在投资国别区位选择时根据东道国不同的宏观经济因素进行抉择。一般而言，企业对外直接投资动机可以分为市场开拓型动机、生产转移型动机和技术获取型动机三类。其中，市场开拓型动机区位选择倚重东道国市场规模，生产转移动机区位选择倚重东道国与经济发展水平正相关的生产成本，而技术获取动机区位选择则倚重于东道国的技术水平。对于这三类动机企业，融资约束的存在使其难以选择成本和资金投入较高的东道国进行对外直接投资，限制了进入与其投资动机相对应的高规格东道国的可能性。具体地，由于进入市场规模大的国家需要投入更多资金，融资约束使市场开拓动机对外直接投资只能选择规模相对较小的东道国；在成本较高的国家，生产也需投入更高的成本。因此，融资约束使生产转移动机型对外直接投资企业只能倾向于选择经济发展水平和生产成本较低的东道国；在技术获取型对外直接投资中，学习获取更高级的技术需要投入更多资本，因此，融资约束使这类动机对外直接投资企业只能倾向于技术水平相对落后的东道国。由此可以推论，依据动机类型，较大的融资约束使企业对外直接投资进行国别区位选择时倾向于市场规模较小、经济发展程度较低、技术水平较为落后的东道国。图7-3阐述了这一影响机理。

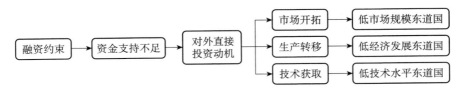

图7-3　企业融资约束与对外直接投资国别区位选择：宏观经济因素

此外，融资约束也意味着企业在对外直接投资中的竞争力不足，在这种情况下企业将依据自身效率状况选择金融发展程度不同的东道国进行竞争力补强或规避。与东道国本土企业相比，中国企业在当地获取资金支持的难度较大，因此，只有当中国企业竞争力较弱时才不得已在融资层面与东道国本土企业竞争；而当中国企业竞争力较强时，则会选择在融资层面规避与东道国本土企业的竞争。因此，对于低生产率企业，融资约束进一步降低了企业竞争力，企业对外直接投资区位选择时存在寻求融资加强竞争力的需求，进而将会倾向于金融发展程度较高的东道国，这将增加通过在东道国融资降低融资约束的可能性。不同的是，对于高生产率企业，其竞争力相对较高，尽管融资约束也不利于其市场竞争力的进一步提升。由此可以推论，高生产率企业对外直接投资国别区位选择倾向于低金融发展程度的东道国；低生产率企业对外直接投资国别区位选择倾向于高金融发展程度的东道国。图7-4绘制了这一机理。

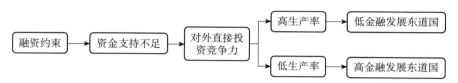

图7-4 企业融资约束与对外直接投资国别区位选择：金融发展因素

第二节 企业融资约束与中国企业对外直接投资倾向实证研究

一、模型与数据

为研究融资约束如何分别影响劳动密集型企业和资本密集型企业的对外直接投资倾向，本节基于微观数据建立如下回归模型：

$$ODI_i = \alpha_0 + \alpha_1 \ln S_i + \alpha_2 REX_i + \alpha_3 RT_i + \alpha_4 FC_i + \alpha_5 FC_i \times \ln KL_i + u_i$$

$$(7-1)$$

在式（7-1）中，因变量ODI_i为企业i的对外直接投资二值变量，当该企业有对外直接投资行为时，变量取值为1；当该企业不存在对外直接投资行为时，变量则取值为0。$\ln S_i$、REX_i和RT_i为控制变量，其中，$\ln S_i$为企业i的规模，用该企业的工业总产值对数值衡量；REX_i为企业i的出口倾向，用出口交货值占工业销售值的比重度量；RT_i为企业i的研发投入倾向，用研发投入占营业收入的比重度量。FC_i为企业i的融资约束指标，本节使用企业总负债占固定资产的比重度量。对于大部分企业而言，尤其是浙江省众多的中小企业，获取贷款融资往往需要进行资产抵押，因此，较高的负债—固定资产比意味着可用抵押贷款资产的不足，即较高的融资约束；反之，较低的负债—固定资产比意味着充足的可抵押资产，即较低的融资约束。$\ln KL_i$ 为企业 i 的资本劳动比，用劳动力平均固定资产的对数值衡量。$FC_i \times \ln KL_i$ 为两者的乘积项，用来研究不同资本密集度下融资约束如何影响企业对外直接投资。

为了更突出市场化因素的影响，并考虑到融资约束对企业对外直接投资影响的滞后性，本节选取 2010 年《中国工业企业数据库》和 2010～2012 年《中国境外投资企业（机构）名录》中的浙江省企业进行匹配，共得到 297 家对外直接投资企业和 62774 家非对外直接投资企业。表 7－1 列出了数据的基本信息。

表 7－1　　　　　　　　　　数据基本信息

变量	对外直接投资企业	非对外直接投资企业
$\ln S_i$	11.683 (1.515)	10.059 (1.164)
REX_i	0.469 (0.393)	0.253 (0.388)
RT_i	0.005 (0.015)	0.002 (0.012)
$\ln KL_i$	4.242 (1.146)	3.726 (1.127)
FC_i	4.176 (6.392)	5.614 (5.133)
样本数	297	62 774

注：表中数值为变量均值，括号内为标准差。

从表 7－1 的数据信息中可以发现，对外直接投资企业的规模、出口倾向、研发投入以及资本密集度均高于非对外直接投资企业，并且，融资约束小于非对外直接投资企业。该数据信息恰好与异质性企业国际贸易理论一致，即对外直接投资企业在经营业绩及企业效率上均高于非对外直接投资企业。

二、全样本回归结果

由于本节回归方程中因变量为 1 或 0 的二值变量，因此，本节需要使用二值选择模型进行回归，得到表 7－2 中的 Probit 模型回归结果和 Logit 模型回归结果。

表 7 - 2   全样本回归结果

变量	Probit 模型		Logit 模型	
	(1)	(2)	(3)	(4)
C	− 5. 793 *** (0. 000)	− 5. 690 *** (0. 000)	− 13. 685 *** (0. 000)	− 13. 404 *** (0. 000)
$\ln S_i$	0. 284 *** (0. 000)	0. 271 *** (0. 000)	0. 733 *** (0. 000)	0. 702 *** (0. 000)
REX_i	0. 423 *** (0. 000)	0. 443 *** (0. 000)	1. 218 *** (0. 000)	1. 257 *** (0. 000)
RT_i	2. 680 *** (0. 009)	2. 674 *** (0. 009)	6. 629 *** (0. 002)	6. 565 *** (0. 002)
FC_i	− 0. 002 (0. 556)	− 0. 021 ** (0. 026)	− 0. 006 (0. 428)	− 0. 058 ** (0. 043)
$FC_i \times \ln KL_i$	—	0. 008 *** (0. 007)	—	0. 018 ** (0. 027)
R^2	0. 128	0. 130	0. 125	0. 127

注: 括号内为回归 P 值; *、**、*** 分别表示在 10% 、5% 和 1% 水平上显著; "—" 表示回归时, 未包含该变量。

从表 7 - 2 中的 Probit 回归结果和 Logit 回归结果可以发现, 回归结果 (1) 和回归结果 (3) 未包含企业融资约束和资本密集度的交互乘积项 $FC_i \times \ln KL_i$; 回归结果 (2) 和回归结果 (4) 则包含了该交互乘积项。在回归结果 (1) ~ 回归结果 (4) 中, $\ln S_i$ 的系数均显著为正, 说明规模更大的企业有更大的对外直接投资倾向, 这是因为规模更大的企业有更高的抗风险能力。REX_i 的系数显著为正, 说明出口倾向越高的企业也更倾向于进行对外直接投资, 与大多数强调出口贸易与企业对外直接投资正相关的文献一致。RT_i 的系数显著为正, 反映出研发投入越高的企业更有可能进行对外直接投资, 这是因为研发投入能提升企业的技术水平, 从而增加市场竞争力, 更易于在国外市场立足。回归结果 (1) 和回归结果 (3) 中 FC_i 的系数不显著, 说明融资约束对企业对外直接投资没有直接影响。而回归结果 (2) 和回归结果 (4) 中 FC_i 的系数显著为负, $FC_i \times \ln KL_i$ 的系数显著为正, 说明当资本劳动比较低时, 更高的融资约束不利于企业对外直接投资; 而当资本—劳动比较高时, 更高的融资约束则能推动企业对外直接投资。由于较低的资本—劳动比对应于劳动密集型企业, 较高的资本—劳动比对应于资本密集型企业, 因此, 该回归结果恰好验证了本节理论机理分析部分的推论 1 和推论 2，即劳动密集型企业更高的融资约束阻碍了对外直接投资，资本密集型企业更高的融资约束则逆向推动了企业对外直接投资。

三、分样本回归结果

进一步地，考虑到不同所有制性质类型企业的资金来源不同，融资约束对于企业对外直接投资的重要性也不同。本节分别将企业样本分为国有企业和非国有企业、外资企业和非外资企业进行实证研究，得到表 7 - 3 的结果。

表 7 - 3　　　　　　　　　企业所有制性质分样本回归结果

变量	国有企业	非国有企业	外资企业	非外资企业
C	- 5. 899 *** (0. 000)	- 5. 713 *** (0. 000)	- 5. 111 *** (0. 000)	- 5. 772 *** (0. 000)
$\ln S_i$	0. 258 *** (0. 000)	0. 275 *** (0. 000)	0. 237 *** (0. 000)	0. 276 *** (0. 000)
REX_i	0. 951 *** (0. 000)	0. 417 *** (0. 000)	0. 311 ** (0. 016)	0. 454 *** (0. 000)
RT_i	6. 530 (0. 186)	2. 516 ** (0. 018)	3. 797 ** (0. 029)	2. 015 (0. 151)
FC_i	- 0. 113 (0. 147)	- 0. 019 ** (0. 045)	- 0. 015 (0. 562)	- 0. 024 ** (0. 021)
$FC_i \times \ln KL_i$	0. 039 (0. 150)	0. 007 ** (0. 018)	0. 003 (0. 710)	0. 010 *** (0. 003)
R^2	0. 216	0. 127	0. 086	0. 131

注：括号内为回归 P 值；*、**、*** 分别表示在 10%、5% 和 1% 水平上显著；因篇幅所限，仅列出 probit 模型回归结果，logit 模型回归结果的系数和显著性与 Probit 一致。

对比表 7 - 3 和表 7 - 2 可以发现，研发变量 RT_i 在国有企业和非外资企业分样本回归中不显著，说明这两类企业的技术水平不是对外直接投资的重要影响因素。在国有企业和外资企业分样本回归结果中，FC_i 和 $FC_i \times \ln KL_i$ 的系数均不显著，非国有企业和非外资企业的回归结果与表 7 - 2 保持一致，说明国有企业和外资企业资金较为充裕，融资问题不构成对外直接投资的影响因素；而融资约束对非国有企业和非外资企业仍存在较为重要的影响。

类似地，不同工业属性企业因自身资金实力不同或对融资的依赖程度存在差别，融资约束对其对外直接投资决策倾向的影响也有区别，因此，本部分分别对重工业分样本企业和轻工业分样本企业进行回归，得到表7－4的结果。

表7－4 工业属性分样本回归结果

变量	重工业企业分样本		轻工业企业分样本	
	Probit 模型	Logit 模型	Probit 模型	Logit 模型
C	− 6. 038 *** (0. 000)	− 14. 219 *** (0. 000)	− 5. 484 *** (0. 000)	− 12. 894 *** (0. 000)
lnS_i	0. 291 *** (0. 000)	0. 748 *** (0. 000)	0. 262 *** (0. 000)	0. 676 *** (0. 000)
REX_i	0. 577 *** (0. 000)	1. 549 *** (0. 000)	0. 314 *** (0. 000)	0. 953 *** (0. 000)
RT_i	3. 371 *** (0. 004)	7. 766 *** (0. 009)	1. 946 (0. 321)	4. 766 (0. 328)
FC_i	− 0. 013 (0. 287)	− 0. 025 (0. 476)	− 0. 032 ** (0. 020)	− 0. 103 ** (0. 011)
$FC_i \times lnKL_i$	0. 005 (0. 155)	0. 007 (0. 475)	0. 128 *** (0. 005)	0. 039 *** (0. 001)
R^2	0. 168	0. 161	0. 108	0. 108

注：括号内为回归 P 值；*、**、*** 分别表示在 10%、5% 和 1% 水平上显著。

对比表7－4和表7－2可以发现，研发变量 RT_i 在轻工业企业样本回归中不显著，说明技术研发不是影响轻工业企业对外直接投资的主要因素。FC_i 和 $FC_i \times lnKL_i$ 的回归系数在重工业企业分样本中不再显著，在轻工业企业分样本中与表7－2一致，说明重工业企业对外直接投资不受融资约束的限制，而轻工业企业对外直接投资则受融资约束的限制，这是因为重工业企业本身具有较为充足的资金，融资问题影响较小。

四、对外直接投资项目数回归结果

企业间除了是否存在对外直接投资行为的区别外，还存在投资项目个数的差异，为了进一步考虑融资约束如何影响企业设立对外直接投资项目数，本节建立如下回归方程：

$$NUM_i = \beta_0 + \beta_1 lnS_i + \beta_2 REX_i + \beta_3 RT_i + \beta_4 FC_i + \beta_5 FC_i \times lnKL_i + \nu_i$$

$$(7-2)$$

在式（7-2）中，NUM_i 为企业 i 在 2010～2012 年设立的对外直接投资项目数，其他变量与式（7-1）保持一致。在该回归方程中，被解释变量为非负整数，且存在大量零值，因此，需要采用计数模型中的零膨胀回归方法进行回归，得到表 7-5 的结果。

表 7-5　　　　　　　　企业对外直接投资项目数零膨胀回归

变量	零膨胀泊松回归		零膨胀负二项回归	
C	-10.891 *** (0.000)	-10.793 *** (0.000)	-14.514 *** (0.000)	-14.288 *** (0.000)
lnS_i	0.713 *** (0.000)	0.691 *** (0.000)	0.815 *** (0.000)	0.781 *** (0.000)
REX_i	1.292 *** (0.000)	1.321 *** (0.000)	1.264 *** (0.000)	1.334 *** (0.000)
RT_i	10.652 ** (0.010)	10.382 ** (0.012)	7.372 ** (0.046)	7.429 ** (0.044)
FC_i	-0.001 (0.778)	-0.051 ** (0.022)	-0.001 (0.773)	-0.056 ** (0.027)
$FC_i \times lnKL_i$	—	0.225 *** (0.001)	—	0.024 *** (0.002)
Vuong 统计量	4.37 *** (0.000)	4.47 *** (0.000)	4.05 *** (0.000)	4.14 *** (0.000)

注：括号内为回归 P 值；*、**、*** 分别表示在 10%、5% 和 1% 水平上显著；"—"表示回归时，未包含该变量。

从表 7-5 的回归结果中可以发现，零膨胀泊松回归和零膨胀负二项回归的 Vuong 统计量均显著，均拒绝了非零膨胀回归的原假设，说明该模型的设定是合理的。对比表 7-5 和表 7-2 可以发现，各变量的回归系数符号及显著性均未发生变化。同理意味着，对于劳动密集型企业而言，越小的融资约束将会增加对外直接投资项目数；对于资本密集型企业而言，越大的融资约束，则会逆向增加对外直接投资的项目数。

五、对外直接投资时间排序回归

融资约束会对企业后续年份的对外直接投资决策产生影响，这在本节之前的回归中已经得到了验证，本节则继续深入研究融资约束是否会对企业对外直接投资决策时间产生影响。为了对此展开实证研究，本节构建如下排序回归模型：

$$\text{TIME}_i = \gamma_0 + \gamma_1 \ln S_i + \gamma_2 \text{REX}_i + \gamma_3 \text{RT}_i + \gamma_4 \text{FC}_i + \gamma_5 \text{FC}_i \times \ln KL_i + \omega_i$$

$$(7-3)$$

在式（7-3）中，TIME_i 为时间排序变量，当企业 i 在 2010 年、2011 年、2012 年进行对外直接投资时，分别排序为 3、2、1，无对外直接投资行为则记为 0；其他变量和式（7-1）、式（7-2）保持一致。由于因变量具有排序数据的性质，因此，需要用排序回归方法进行回归，得到表 7-6 所示的结果。

表 7-6　　　　　　　　企业对外直接投资时间排序回归

变量	oprobit 回归		ologit 回归	
	（1）	（2）	（1）	（2）
$\ln S_i$	0.279 ***	0.266 ***	0.730 ***	0.699 ***
	（0.000）	（0.000）	（0.000）	（0.000）
REX_i	0.423 ***	0.445 ***	1.221 ***	1.261 ***
	（0.000）	（0.000）	（0.000）	（0.000）
RT_i	2.568 **	2.564 **	6.638 ***	6.571 ***
	（0.014）	（0.013）	（0.001）	（0.002）
FC_i	-0.001	-0.220 **	-0.005	-0.059 **
	（0.603）	（0.021）	（0.435）	（0.042）
$\text{FC}_i \times \ln KL_i$	—	0.008 ***	—	0.018 **
		（0.004）		（0.026）
R^2	0.107	0.110	0.107	0.109

注：括号内为回归 P 值；*、**、*** 分别表示在 10%、5% 和 1% 水平上显著；"—" 表示回归时，未包含该变量。

从表 7-6 的回归结果可以发现，排序模型的 oprobit 回归和 ologit 回归的各变量系数符号及显著性与表 7-2 保持一致，说明规模越大、出口倾向越高及研发投入越多的企业，越倾向于更快做出对外直接投资的决策。同时，对于劳动密集型企业而言，更低的融资约束促使其较快进行对外直接投资决策，目的在于更快获取国外的低生产成本；对于资本密集型企业而言，更高的融资约束则促使其更快地进行对外直接投资以寻求在东道国快速获取资金投入。

第三节　企业融资约束与中国企业对外直接投资区位选择实证研究

一、方程与数据

对外直接投资企业依据自身状况进行国别区位选择，对此进行实证研究需掌握三方面的数据，一是对外直接投资企业名录及东道国信息；二是对外直接投资企业微观绩效数据信息；三是各东道国宏观经济数据信息。与之对应，商务部发布的《中国境外投资企业（机构）名录》提供了中国对外直接投资企业名称、投资东道国等信息；《中国工业企业数据库》则提供了国有企业及规模以上企业的微观绩效数据。世界银行发布的《世界发展指标》列出了各国的宏观经济数据。基于这三个数据库，本节先通过企业名称匹配 2010 年《中国工业企业数据库》和 2010 ～ 2012 年《中国境外投资企业（机构）名录》中的浙江省企业，获取对外直接投资企业基本信息及微观绩效数据，再根据其中的对外直接投资东道国信息匹配《世界发展指标》中相应国别的宏观信息。在地域上，选择浙江省企业进行研究是因为浙江省对外直接投资企业数量位列全国首位且民营企业居多，更能反映市场影响；在时间维度上，选取企业 2010 ～ 2012 年对外直接投资信息匹配另外两个数据库中的 2010 年数据，是因为考虑到企业对外直接投资行为受企业内因素和东道国因素影响的滞后性。

基于上述数据库，本节构建排序模型研究企业融资约束如何影响对外直接投资国别区位选择：

$$\text{OrderY}_i = \alpha_0 + \alpha_1 \ln \text{Scale}_i + \alpha_2 \text{Rex}_i + \alpha_3 \text{Tec}_i + \alpha_4 \text{Fc}_i + \varepsilon_i \qquad (7-4)$$

在式（7-4）中，OrderY_i 为对外直接投资企业 i 投资东道国宏观经济因素的排序。由于企业对外直接投资在国别区位选择时并不关注国别经济间的小幅度差异，因此，本节按东道国宏观因素指标将排名最后的 1/3 国家记为 1，居中的 1/3 国家记为 2，最高的 1/3 国家记为 3，以此作为因变量研究企业对外直接投资国别区位选择。$lnScale_i$ 为对外直接投资企业 i 的工业产值对数值，衡量企业规模的影响；Rex_i 为对外直接投资企业 i 的出口倾向，用出口交货值占工业销售值的比值度量；Tec_i 为对外直接投资企业 i 的研发变量，用研发支出占营业收入的比值度量；Fc_i 为对外直接投资 i 的融资约束变量，本节用企业负债占固定资产的比值度量，这是因为大部分企业融资需要固定资产担保，尤其是浙江省中小企业，因此负债—固定资产比越高反映出企业面临越大的融资约束。

本节的样本按上述 3 个数据库进行匹配，排除难以评估投资去向的离岸中心后，共得到浙江省 269 家企业在 57 个国家进行对外直接投资的样本。其中，多家企业对多个东道国进行对外直接投资，本节按每个东道国信息将其分为多个样本数据，最终得到 292 个回归样本数据。表 7 - 7 列出了本节实证研究的东道国。

表 7 - 7	实证研究的东道国
亚洲	阿拉伯联合酋长国、阿塞拜疆、巴基斯坦、菲律宾、韩国、柬埔寨、黎巴嫩、马来西亚、蒙古国、孟加拉国、日本、沙特阿拉伯、泰国、乌兹别克斯坦、新加坡、印度、印度尼西亚、越南
美洲	阿根廷、巴西、哥伦比亚、加拿大、美国、墨西哥、秘鲁
非洲	阿尔及利亚、埃及、埃塞俄比亚、贝宁、博茨瓦纳、多哥、吉布提、加纳、科特迪瓦、马里、摩洛哥、南非、尼日利亚、乌干达
欧洲	波兰、德国、俄罗斯、法国、荷兰、捷克、卢森堡、挪威、瑞士、瑞典、土耳其、乌克兰、西班牙、意大利、英国
大洋洲	澳大利亚、巴布亚新几内亚、新西兰

二、国别宏观因素回归结果

使用东道国 GDP、人均 GDP 以及技术水平排序变量作为因变量，其中，技术水平用高科技产品出口占比衡量，通过排序模型对式（7 - 4）进行回归，研究融资约束如何影响对外直接投资企业，得到表 7 - 8 的结果。

表 7 - 8　　　　　　　　东道国宏观经济因素区位选择回归结果

变量	GDP 排序		人均 GDP 排序		技术水平排序	
	oprobit 模型	ologit 模型	oprobit 模型	ologit 模型	oprobit 模型	ologit 模型
$lnScale_i$	- 0. 111 ***	- 0. 169 **	- 0. 146 ***	- 0. 232 ***	- 0. 010	- 0. 022
	(0. 018)	(0. 033)	(0. 002)	(0. 000)	(0. 827)	(0. 757)
Rex_i	0. 112	0. 192	- 0. 012	- 0. 023	- 0. 112	- 0. 170
	(0. 554)	(0. 543)	(0. 952)	(0. 942)	(0. 537)	(0. 564)
Tec_i	10. 546 *	15. 855 *	9. 202 *	14. 605	3. 405	5. 058
	(0. 059)	(0. 088)	(0. 098)	(0. 118)	(0. 425)	(0. 465)
Fc_i	- 0. 028 **	- 0. 047 **	- 0. 030 **	- 0. 048 **	- 0. 026 **	- 0. 043 **
	(0. 029)	(0. 025)	(0. 030)	(0. 032)	(0. 048)	(0. 050)
P1	0. 486	0. 485	0. 201	0. 201	0. 283	0. 284
P2	0. 305	0. 313	0. 205	0. 206	0. 278	0. 281
P3	0. 209	0. 202	0. 594	0. 593	0. 439	0. 435

注：括号内为回归 P 值，P1、P2、P3 分别为各排序取值的概率；*、**、*** 分别表示在 10% 、5% 和 1% 水平上显著。

从表 7 - 8 的回归结果可以发现，$lnScale_i$ 的系数在 GDP 排序和人均 GDP 排序回归中显著为负，在技术水平排序回归中不显著，说明规模较大的企业倾向于投资市场规模较小和经济发展水平较低的东道国，反映出大规模企业更多地出于生产转移动机而不是市场开拓动机进行对外直接投资。Rex_i 的系数均不显著，说明出口倾向不影响对外直接投资企业的国别区位选择。Tec_i 的系数在 GDP 排序和人均 GDP 排序回归结果中显著为正，在技术水平排序回归中不显著，说明技术投入越高的企业越倾向于对大规模市场和高经济发展程度国家进行对外直接投资，反映出高技术企业多数出于市场开拓动机进行对外直接投资。Fc_i 的系数在所有回归结果中均显著为负，且技术水平排序回归中仅融资约束的系数显著，说明融资约束较大的企业倾向于对市场规模较小、经济发展水平较低和技术相对落后的东道国进行对外直接投资。这是因为融资约束的限制使企业难以进一步融资增加对外投资额，在市场开拓动机中难以在大市场建立大规模投资，在生产转移动机中难以承担高收入水平国家的成本，在技术获取中难以支出获取高水平技术的投入费用。因此，融资约束的回归结果说明，资金获取的不足不利于中国企业进行高质量、高规格的对外直接投资，意味着金融支撑对于中国企业对外直接投资的持续发展有重要的推动作用。

考虑到不同工业属性的企业对资金依赖程度存在较大区别，本部分分别使用重工业企业和轻工业企业分样本数据对式（7-4）进行回归，得到表7-9的结果。

表7-9 东道国宏观经济因素区位选择分样本回归结果

变量	GDP 排序		人均 GDP 排序		技术水平排序	
	重工业企业	轻工业企业	重工业企业	轻工业企业	重工业企业	轻工业企业
lnScale$_i$	- 0.020 (0.809)	- 0.220 ** (0.000)	- 0.095 (0.167)	- 0.216 *** (0.002)	0.010 (0.878)	- 0.036 (0.551)
Rex$_i$	0.561 * (0.096)	- 0.055 (0.812)	- 0.014 (0.967)	- 0.015 (0.953)	0.086 (0.791)	- 0.157 (0.491)
Tec$_i$	5.320 (0.369)	62.968 ** (0.010)	5.431 (0.411)	46.186 * (0.067)	- 1.579 (0.791)	7.746 (0.223)
Fc$_i$	- 0.055 *** (0.002)	- 0.001 (0.951)	- 0.061 *** (0.009)	- 0.003 (0.881)	- 0.056 ** (0.012)	- 0.005 (0.757)
P1	0.857	0.133	0.192	0.204	0.205	0.318
P2	0.124	0.246	0.262	0.180	0.299	0.268
P3	0.019	0.621	0.546	0.616	0.496	0.414

注：括号内为回归 P 值，P1、P2、P3 分别为各排序取值的概率；*、**、*** 分别表示在 10%、5% 和 1% 水平上显著；由于 oprobit 模型和 ologit 模型的回归结果一致，限于篇幅仅列出 oprobit 模型的回归结果。

从表7-9的回归结果可以看出，在重工业企业样本回归结果中，lnScale$_i$ 和 Tec$_i$ 的系数不再显著，这是因为重工业企业规模较大、技术较发达，企业间的差异并不影响对外直接投资区位选择；而 Fc$_i$ 的系数仍显著为负，且显著性高于表7-8的结果，说明重工业企业对外直接投资国别区位选择受融资约束的影响更明显。这是因为重工业企业对资本的依赖程度更高。在轻工业企业样本回归结果中，GDP 排序和人均 GDP 排序模型的 lnScale$_i$ 和 Tec$_i$ 仍显著，而 3 列回归中的 Fc$_i$ 系数均不显著。这说明，轻工业企业对外直接投资国别区位选择不受融资约束影响，因为轻工业企业对资本的依赖较小。

三、国别金融发展因素回归结果

按照本节理论机理部分的推断，当企业面临融资约束时，东道国金融发展因素也构成企业对外直接投资国别区位选择的主要权衡因素，并且，这种影响因素依企业生产率不同而存在差异。为了对此进行研究，本部分新建如下排序回归方程：

$$Order\ FIN_i = \beta_0 + \beta_1 lnScale_i + \beta_2 Rex_i + \beta_3 Tec_i + \beta_4 Fc_i + \beta_5 Fc_i \times pro_i + \mu_i$$

$$(7-5)$$

在式（7-5）中，$Order\ FIN_i$ 为东道国金融发展排序，分别包括量维度金融发展排序和质维度金融发展排序。其中，量维度金融发展用各东道国银行体系信用总额占 GDP 的比重衡量，质维度金融发展用私营企业获得的信用总额占 GDP 的比重衡量。新增解释变量 $Fc_i \times pro_i$ 为企业融资约束和企业生产率的乘积项，企业生产率用企业人均增加值的对数值度量。用东道国金融发展排序变量作为因变量进行回归，得到表 7-10 的结果。

表 7-10　　　　　东道国金融发展因素区位选择回归结果

变量	量维度金融发展排序		质维度金融发展排序	
	oprobit 模型	ologit 模型	oprobit 模型	ologit 模型
$lnScale_i$	-0.044 (0.351)	-0.060 (0.446)	-0.041 (0387)	-0.056 (0.483)
Rex_i	-0.281 (0.132)	-0.439 (0.160)	-0.200 (0.288)	-0.305 (0.329)
Tec_i	13.287 ** (0.026)	21.469 ** (0.036)	11.680 ** (0.043)	19.768 * (0.051)
Fc_i	0.165 ** (0.014)	0.277 ** (0.014)	0.169 ** (0.011)	0.274 ** (0.013)
$Fc_i \times pro_i$	-0.038 *** (0.007)	-0.064 *** (0.006)	-0.038 *** (0.006)	-0.062 *** (0.006)
P1	0.198	0.193	0.136	0.142
P2	0.352	0.356	0.294	0.295
P3	0.450	0.451	0.570	0.564

注：括号内为回归 P 值，P1、P2、P3 分别为各排序取值的概率；*、**、*** 分别表示在 10%、5% 和 1% 水平上显著。

从表 7-10 的回归结果中可以发现，企业规模和出口倾向变量不显著，Tec_i 的系数均显著为正，说明研发投入较多的对外直接投资企业倾向于金融发展程度更高的东道国。这是因为企业研发需投入大量资金，因而倾向于到金融发展程度较高的东道国投资，以利于获取所需的融资。

无论在量维度金融发展排序回归还是质维度金融发展排序回归中，Fc_i 的系数均显著为正，$Fc_i \times pro_i$ 的系数均显著为负。这说明当企业生产率较低时，融资约束的综合系数为正，即融资约束越大的对外直接投资企业越倾向于选择金融发展程度越高的东道国；当企业生产率较高时，融资约束的综合系数为负，即融资约束越大的对外直接投资企业倾向于选择金融发展程度较低的东道国。本节机理分析部分的推论能有效地解释该实证结果，生产率较低的对外直接投资企业选择金融发展程度较高的东道国，以增强融资竞争力；生产率较高的对外直接投资企业选择金融发展程度较低的东道国，以规避融资的竞争劣势。

在浙江省对外直接投资企业中，有部分企业具有外资成分，由于国际化背景的差异，外资企业与中国本土企业相比更易在海外市场获得资金支持。为了分析这种条件下融资约束对企业对外直接投资区位选择的差异影响，本部分分别使用外资企业和本土企业分样本数据对式（7－5）进行回归，得到表7－11的结果。

表7－11　　　　东道国金融发展因素区位选择分样本回归结果

变量	量维度金融发展排序		质维度金融发展排序	
	外资企业样本	本土企业样本	外资企业样本	本土企业样本
$lnScale_i$	-0.076 (0.372)	-0.024 (0.684)	-0.084 (0.323)	-0.008 (0.892)
Rex_i	-0.130 (0.673)	-0.419* (0.093)	-0.036 (0.907)	-0.342 (0.173)
Tec_i	14.998 (0.123)	11.705 (0.154)	14.246 (0.121)	8.529 (0.281)
Fc_i	0.193* (0.061)	0.159 (0.120)	0.181* (0.066)	0.185* (0.076)
$Fc_i \times pro_i$	-0.041** (0.048)	-0.038* (0.081)	-0.038** (0.045)	-0.042* (0.056)
P1	0.222	0.189	0.162	0.121
P2	0.319	0.375	0.255	0.318
P3	0.459	0.436	0.283	0.561

注：括号内为回归 P 值，P1、P2、P3 分别为各排序取值的概率；*、**、***分别表示在 10%、5% 和 1% 水平上显著；由于 oprobit 模型和 ologit 模型的回归结果一致，限于篇幅仅列出 oprobit 模型的回归结果。

从表 7 – 11 中的结果可以发现，外资企业样本回归中 Fc_i 和 $Fc_i \times pro_i$ 系数符号及显著性均与表 7 – 8 保持一致。而中国本土企业分样本中，量维度金融发展排序回归的 Fc_i 不再显著，仅 $Fc_i \times pro_i$ 显著为负；质维度金融发展排序回归的 Fc_i 和 $Fc_i \times pro_i$ 系数符号及显著性与表 7 – 8 一致。该回归结果说明，外资企业因海外融资相对较容易，低生产率企业倾向于对量维度金融发展程度较高及质维度金融发展程度较高的东道国融资；对于中国本土企业而言，在海外融资较难，低生产率企业仅倾向于对质维度金融发展程度较高的东道国融资。

第四节　企业融资约束与中国企业对外直接投资汇率风险选择

一、理论模型与推断

本节研究企业对外直接投资针对不同东道国汇率风险时的区位选择，不研究企业面临融资约束时是否进行企业对外直接投资。因此，仅需要比较汇率风险不同时在东道国的投资收益，不需要对比国内外的收益差别。企业在进行对外直接投资时，所需资金可以来源于国内和国外，并且，由于在东道国融资面临更大的信息不对称和交易成本，国外融资成本要大于国内融资成本。为了使本节的模型更加直接、简便地聚焦于融资约束对企业对外直接投资的影响，假设企业在国外的投资生产仅需要投入资本，并且投资收益和资金的投资规模正相关。在东道国设立一个对外直接投资项目需要投入资本量 $\overline{K}$，其中，β（$0 \leq \beta \leq 1$）比例的资本来自国内融资，$1 - \beta$ 比例的资本来自在东道国当地融资。因此，β 可以衡量一个对外直接投资企业在国内的融资约束，β 越大意味着企业面临较小的融资约束，β 越小则意味着企业面临较大的融资约束。基于此，可以得出企业在东道国的对外直接投资利润收益函数：

$$\pi = Y\ (\overline{K})\ - r^c \beta \overline{K} - r^f\ (1 - \beta)\ \overline{K} \qquad (7 - 6)$$

在式（7 – 6）中，$Y\ (\overline{K})$ 表示企业对外直接投资的收入额，和 $\overline{K}$ 成正比，r^c 表示企业在国内融资的利率成本，r^f 表示企业在东道国融资的利率成本，并且由于信息不对称等原因，国外融资的较大难度体现为利率成本较高，在式（7-6）中体现为 $r^f > r^c$。进一步地，假设企业若以完全在东道国融资的方式进行对外直接投资将因为融资成本过高而不具有竞争优势，体现在当 $\beta = 0$ 时，$\pi < 0$，即：

$$\pi = Y\,(\bar{K})\, - r^f \bar{K} < 0 \qquad\qquad (7-7)$$

企业在进行对外直接投资时，除了考虑在东道国的投资利润收益外，还需考虑东道国汇率风险导致利润汇回国内时可能遭受的损失。而东道国汇率风险在这里会产生两重方向相反的影响，一方面，高汇率风险会造成较高的收益损失；另一方面，高汇率风险意味着宽松的金融监管，会降低在东道国的融资成本。体现在企业对外直接投资利润函数中，用 σ 表示企业在东道国面临的汇率风险，同时，为简化起见，也用 σ 表示企业因汇率风险损失的汇回国内利润收益的比例，因此，越大的 σ 表示越高的东道国汇率风险。同时，东道国利率成本 r^f 和汇率风险 σ 负相关，由此可得企业的汇回投资利润收益为：

$$\pi^c = \,(1-\sigma)\,\pi = \,(1-\sigma)\,[\,Y\,(\bar{K})\, - r^c \beta \bar{K} - r^f\,(\sigma)\,(1-\beta)\,\bar{K}\,],\, \frac{\partial r^f\,(\sigma)}{\partial \sigma} < 0$$
$$(7-8)$$

企业最终关注的是汇回国内的投资利润，因而为考察东道国汇率风险对企业对外直接投资的影响，将式（7-8）对东道国汇率风险 σ 求导，得到：

$$\frac{\partial \pi^c}{\partial \sigma} = \,(1-\sigma)\,\frac{\partial \pi}{\partial \sigma} - \pi = \,(1-\sigma)\,(\beta-1)\,\bar{K}\,\frac{\partial r^f\,(\sigma)}{\partial \sigma}$$
$$- \,[\,Y\,(\bar{K})\, - r^c \beta \bar{K} - r^f\,(\sigma)\,(1-\beta)\,\bar{K}\,]$$

经整理可得：

$$\frac{\partial \pi^c}{\partial \sigma} = \beta \bar{K}\,[\,(r^c - r^f)\, + \,(1-\sigma)\,\frac{\partial r^f\,(\sigma)}{\partial \sigma}\,] + \,[\,r^f\,(\sigma)\,\bar{K} - Y\,(\bar{K})\,]$$
$$+ \,(\sigma-1)\,\bar{K}\,\frac{\partial r^f\,(\sigma)}{\partial \sigma} \qquad\qquad (7-9)$$

分解式（7-9）可以发现，由 $r^c < r^f$，$\sigma < 1$ 和 $\frac{\partial r^f\,(\sigma)}{\partial \sigma} < 0$ 可得式

（7-9）中 $\Delta \equiv \bar{K}\,[\,r^c - r^f + \,(1-\sigma)\,\frac{\partial r^f\,(\sigma)}{\partial \sigma}\,]\, < 0$；由式（7-7）可得式

（7-9）中 $\Phi \equiv \,[\,r^f\,(\sigma)\,\bar{K} - Y\,(\bar{K})\,]\, > 0$；由 $\sigma < 0$ 和 $\frac{\partial r^f\,(\sigma)}{\partial \sigma} < 0$ 可得

式（7-9）中 $\Lambda \equiv (\sigma - 1) \bar{K} \dfrac{\partial r^{\mathrm{f}}(\sigma)}{\partial \sigma} > 0$。由此可以发现，$\dfrac{\partial \pi^{\mathrm{c}}}{\partial \sigma}$ 是大于 0，还是小于 0，取决于融资约束参数 β 的相对大小，可得：

$$\frac{\partial \pi^{\mathrm{c}}}{\partial \sigma} \begin{vmatrix} <0, \ \text{当} \ \beta > -(\Phi + \Lambda)/\Delta > 0 \\ >0, \ \text{当} \ \beta < -(\Phi + \Lambda)/\Delta > 0 \end{vmatrix} \qquad (7-10)$$

由于较大的 β 反映企业面临较低的融资约束，因此，从式（7-10）中可以发现，当企业融资约束越小时，对外直接投资汇回利润收益随着东道国汇率风险的提高而减少；当企业面临越大的融资约束时，对外直接投资汇回利润收益随着东道国汇率风险的提高而增加。由于企业在对外直接投资区位选择时最终关注的是获得较多汇回国内的利润收益，而本节的理论模型表明，这和东道国的汇率风险相关，综合理论推导，可得出本节的理论推论：

对于融资约束较小的企业，在对外直接投资区位选择时倾向于汇率风险较低的东道国；对于融资约束较大的企业对外直接投资，在对外直接投资区位选择时倾向于汇率风险较高的东道国。

二、样本与数据特征

（一）企业对外直接投资

为了从微观数据层面研究融资约束对企业对外直接投资区位选择的影响，本节将《中国工业企业数据库》和商务部《境外投资企业（机构）名录》通过企业名称进行匹配从而建立本节实证研究的数据库。《中国工业企业数据库》包含国有企业和规模以上非国有企业的微观绩效数据，包括经营数据和财务数据等，因而可以度量企业融资约束。《境外投资企业（机构）名录》提供了对外直接投资企业的名称、目的国、所处行业等相关信息。考虑到浙江省企业主要由民营企业构成，最能体现对外直接投资中的市场因素，因而，本节利用两个数据库中的浙江省企业进行匹配作为实证研究样本。另外，考虑到企业根据自身状况进行对外直接投资决策的滞后性，本节将 2010 年《中国工业企业数据库》和 2010~2012 年《境外投资企业（机构）名录》的浙江省企业进行匹配，共得到 292 条样本信息，有 57 个对外直接投资东道国。表 7-12 列出了企业样本数据的分类信息。

表 7 - 12 　　　　　　　　浙江省对外直接投资企业分类信息

	总样本	发达东道国样本	发展中东道国样本
企业数	292	164	128
国有企业	18 （6.16%）	5 （3.05%）	13 （10.16%）
非国有企业	274 （93.84%）	159 （96.95%）	115 （89.84%）
出口企业	250 （85.62%）	138 （84.15%）	112 （87.5%）
非出口企业	42 （14.38%）	26 （15.85）	16 （12.5%）
重工业企业	109 （37.33%）	60 （36.59%）	49 （38.28%）
轻工业企业	183 （62.67%）	104 （63.41%）	79 （61.72%）

注：括号内为所占比重。

资料来源：作者根据《中国工业企业数据库》和《境外投资企业（机构）名录》的相关数据进行匹配而得。

从表 7 - 12 中可以发现，浙江省对外直接投资企业的 90% 以上是非国有企业，这主要和浙江省民营企业高度发达有关，并且，国有企业更多是对发展中国家进行对外直接投资。绝大多数的对外直接投资企业存在出口行为，这是因为一般而言出口是企业对外直接投资行为的先导，而这个比例在发展中国家的投资企业中略高。其产生的原因是发展中国家的经济风险更高，更需要企业事先通过出口进行尝试（Conconi et al.，2016）。此外，在浙江省对外直接投资企业中，轻工业的比重占了 60% 以上，这也和浙江省产业结构偏向轻工业相关。

（二）东道国汇率风险

在本节的样本中，浙江省企业对 57 个东道国进行对外直接投资，本节采用两个指标对这些东道国的汇率风险进行度量。第一个指标，利用世界银行发布的《世界发展指标》（World Development Index，WDI）中的各国汇率（每 1 美元兑换本国货币数）贬值率进行度量，越大的指标数值表示相对于美元，该东道国的贬值程度越大，意味着较高的汇率风险。由于美元被选为基准货币，而欧元区使用相同的货币，因而，这个指标无法对美国和欧元区国家进行汇率风险度量。第二个指标，来自美国政治风险服务集团（The PRS Group）发布的跨国风险指南报告（ICRG），该指南包括各主要国家的政治、经济和金融风险量化指标，并通过排序得分的方式对各个风险指标进行度量，较高的得分代表较低的风险。金融风险由 5 个分项指标构成，其中，便包含汇率稳定性风险指标，恰好可以在本节中用来度量东道国的汇率风险。表 7-13 列出了各东道国这两个汇率风险的基本数据信息。

表 7-13　　　　　　　　　各东道国汇率风险数据信息

国别	汇率风险（WDI）	汇率风险（ICRG）	国别	汇率风险（WDI）	汇率风险（ICRG）
阿尔及利亚	0.024	9.83	美国	—	10.00
阿根廷	0.050	9.17	马里	-0.120	9.67
阿拉伯联合酋长国	0	10.00	蒙古国	-0.056	8.50
阿塞拜疆	-0.120	10.00	孟加拉国	0.009	8.00
埃及	0.014	9.83	秘鲁	-0.062	10.00
埃塞俄比亚	0.223	8.17	摩洛哥	0.004	9.83
安哥拉	0.159	9.67	墨西哥	-0.065	9.33
澳大利亚	-0.150	10.00	南非	-0.136	8.67
巴布亚新几内亚	-0.120	9.67	尼日利亚	0.009	9.83
巴基斯坦	0.043	9.67	挪威	-0.039	9.83
巴西	-0.120	8.83	日本	-0.062	10.00
波兰	-0.120	8.67	瑞典	-0.042	10.00
博茨瓦纳	-0.051	9.17	瑞士	-0.042	10.00
德国	—	9.67	沙特阿拉伯	0	10.00
多哥	-0.120	9.67	泰国	-0.076	10.00
俄罗斯	-0.043	9.83	土耳其	-0.030	8.67
法国	—	9.67	乌干达	0.007	9.17
菲律宾	-0.054	10.00	乌克兰	0.019	10.00
哥伦比亚	0.011	10.00	乌兹别克斯坦	0.031	8.67
韩国	-0.095	10.00	西班牙	—	9.67
荷兰	—	9.67	新加坡	-0.063	10.00
加拿大	-0.099	10.00	新西兰	-0.133	10.00
加纳	0.016	7.50	意大利	—	9.67

国别	汇率风险 （WDI）	汇率风险 （ICRG）	国别	汇率风险 （WDI）	汇率风险 （ICRG）
柬埔寨	-0.120	10.00	印度	-0.055	9.00
吉布提	0.024	8.17	印度尼西亚	-0.125	9.83
捷克	-0.039	9.67	英国	0.008	9.83
科特迪瓦	0.049	9.67	越南	0.091	9.50
黎巴嫩	0	10.00	发达国家	-0.067	9.793
卢森堡	—	10.00	发展中国家	-0.019	9.539
马来西亚	-0.086	10.00	平均值	-0.033	9.631

注：表内是各东道国 2010～2012 年风险指标的平均值。"—"表示数据缺失。

资料来源：分别根据 WDI 和 ICRG 的相关数据计算整理而得。

从表 7-13 中可以发现，发展中国家东道国用两个指标度量的汇率风险均高于发达东道国，并且，发达东道国和发展中东道国的内部汇率风险差异性也很大。尤其是发展中东道国，由于国家发展模式和发展程度均存在多样化的特征，汇率风险的国别差异程度也更大，这也导致发展中东道国汇率风险对中国企业对外直接投资区位选择产生的影响可能有别于发达东道国。

三、实证研究

（一）回归方程与方法

根据本节的理论模型分析，为了对融资约束条件下东道国汇率风险如何影响中国企业对外直接投资区位选择进行实证研究，本节构建如下微观层面计量回归方程：

$$CR_i = \alpha_0 + \alpha_1 \ln SC_i + \alpha_2 REX_i + \alpha_3 T_i + \alpha_4 FC_i + u_i \qquad (7-11)$$

在式（7-11）中，CR_i 为企业 i 在对外直接投资区位选择时对东道国汇率风险的选择变量，按照第二部分描述介绍的东道国汇率风险指标，本节做两种方法的处理。一种方法是二值处理方法，将汇率风险较低的一半东道国取值为 1，汇率风险较高的一半东道国取值为 0；另一种方法采取排序方式，将汇率风险较低的前 1/3 东道国取值为 3，居中的 1/3 东道国取值为 2，汇率风险最低的 1/3 东道国取值为 1。这样处理有两个目的，一是企业在对外直接投资区位选择时并不关注东道国汇率风险的小幅差异，而是根据宏观形势大体判断，因此，采用离散的二值方式或者排序方式进行度量更为合适；二是采用两种处理方法进行回归，可以同时对结果的稳健性进行检验。$lnSC_i$ 为企业 i 的规模变量，这里用该企业的就业人员总数的对数值衡量，意在检验不同规模企业在对外直接投资中对风险的偏好；REX_i 为企业 i 的出口倾向度，用该企业的出口交货值占工业销售总值度量，用来检验出口程度较高的企业是否也具有更高的风险偏好；T_i 为企业 i 的成立年限，由于本节使用 2010 年的《中国工业企业数据库》进行实证研究，因此，该指标的截止时间也为 2010 年，旨在研究年限越长的企业是否具有更高的风险偏好；u_i 为回归残差。FC_i 为企业 i 的融资约束指标，本节使用企业负债总额对固定资产总额的比值度量，采用这个指标的原因是浙江省对外直接投资企业多为民营企业。而民营企业获取金融机构贷款基本需要固定资产进行担保，因而较高的负债—固定资产比意味着可用于继续担保的固定资产相对不足，即企业面临较高的融资约束。

本节实证研究的样本数据，根据第三部分介绍的中国工业企业数据库、《境外投资企业（机构）名录》中的浙江省企业，以及《世界发展指标》和 ICRG 报告匹配而成。按照本节对东道国汇率风险区位选择指标的选择方式，当采用 1 或 0 二值选择时，在方法上应采用离散被解释变量的二值选择模型进行回归；而当采用排序方式对东道国汇率风险选择指标进行度量时，应采用离散被解释变量的排序模型进行回归。

（二）回归结果及解释

由于本节分别采用世界银行指标（WDI）国家汇率风险数据和 ICRG 国家汇率波动风险数据构建本节的东道国汇率风险指标，因而分别用这两个指标构建被解释变量进行二值选择模型和排序模型进行回归，得到表 7 - 14 和表 7 - 15 的回归结果。

表 7 – 14 汇率风险 WDI 指标回归结果

变量	二值选择模型		排序模型	
	probit 模型	logit 模型	oprobit 模型	ologit 模型
C	1.259 ** (0.016)	2.083 ** (0.024)	—	—
$lnSC_i$	-0.062 (0.488)	-0.106 (0.497)	0.013 (0.849)	0.031 (0.795)
REX_i	-0.032 (0.906)	-0.050 (0.915)	-0.019 (0.928)	-0.027 (0.941)
T_i	-0.003 (0.799)	-0.005 (0.817)	-0.007 (0.480)	-0.012 (0.488)
FC_i	-0.033 ** (0.043)	-0.054 ** (0.036)	-0.010 (0.551)	-0.018 (0.561)

注：括号内为回归 P 值；*、**、*** 分别表示在 10%、5% 和 1% 水平上显著；"—"表示回归时，未包含该变量。

表 7 – 15 汇率风险 ICRG 指标回归结果

变量	二值选择模型		排序模型	
	probit 模型	logit 模型	oprobit 模型	ologit 模型
C	1.216 *** (0.001)	1.959 *** (0.002)	—	—
$lnSC_i$	-0.089 (0.186)	-0.143 (0.196)	-0.075 (0.202)	-0.117 (0.227)
REX_i	0.120 (0.557)	0.200 (0.556)	0.038 (0.831)	0.026 (0.929)
T_i	-0.019 * (0.799)	-0.030 * (0.095)	-0.014 (0.120)	-0.024 (0.123)
FC_i	-0.031 ** (0.028)	-0.049 ** (0.027)	-0.028 ** (0.021)	-0.044 ** (0.024)

注：括号内为回归 P 值；*、**、*** 分别表示在 10%、5% 和 1% 水平上显著；"—"表示回归时，未包含该变量。

从表 7 – 14 和表 7 – 15 的回归结果可以发现，在所有变量中，显著的仅有 T_i 和 FC_i，说明企业对外直接投资针对东道国汇率风险因素的区位选择仅受企业年限和融资约束两个条件的影响。T_i 仅在汇率风险 ICRG 指标的二值选择模型回归结果中显著为负，在其他回归中均不显著，说明年限越长的企业拥有较多的经验和资源积累，具备一定的风险抵御能力，能在企业对外直接投资区位选择中更倾向于高汇率风险的东道国追求高

回报的可能性，然而，企业年限产生的影响方式却非常微弱。在表 7 – 13
的汇率风险 WDI 指标的回归结果中，FC_i 仅在二值选择模型显著为负，
而在排序模型中不显著。在表 7 – 14 的汇率风险 ICRG 指标的回归结果
中，FC_i 的系数在二值选择模型和排序模型中均显著为负。这是因为汇率
风险 WDI 指标的全面度较低，企业对外直接投资以此为依据进行对外直
接投资区位选择决策时区分度要低于 ICRG 指标。由于越大的 FC_i 意味着
企业面临越大的融资约束，而汇率风险构建的两个离散指标较大均意味
着东道国的汇率风险越低，因此，FC_i 的系数显著为负，说明融资约束较
大的企业在对外直接投资区位选择时倾向于汇率风险较高的东道国。该
回归结果与第二部分理论模型的推断一致，即当企业融资约束较大时，
在对外直接投资区位选择中更重视东道国较高汇率风险所含的融资贷款
便利度，从而抵消收益不稳定性产生的负面影响，倾向于选择汇率风险
较高的东道国。这也意味着，融资约束的存在增加了企业在对外直接投
资区位选择中的风险偏好程度。

　　考虑到发达国家和发展中国家之间经济发展的差异性以及由此产生
的较大汇率风险差异，进而也可能使融资约束产生的企业对外直接投资
区位选择影响存在不同。为了对此进行检验，本节进一步使用浙江省企
业对发达东道国和发展中东道国进行对外直接投资的分样本数据对式
（7 – 11）进行回归，分别得到表 7 – 16 和表 7 – 17 的结果。

表 7 – 16　　　　　　　　发达国家东道国分样本回归结果

变量	汇率风险（WDI）		汇率风险（ICRG）	
	二值选择模型	排序模型	二值选择模型	排序模型
C	0.856 (0.363)	—	1.105 ** (0.048)	
$lnSC_i$	0.077 (0.694)	0.064 (0.611)	− 0.031 (0.762)	0.076 (0.143)
REX_i	− 0.519 (0.376)	− 0.500 (0.204)	− 0.160 (0.604)	− 0.370 (0.184)
T_i	0.002 (0.959)	− 0.015 (0.459)	0.001 (0.951)	− 0.003 (0.854)
FC_i	0.084 (0.466)	0.086 (0.137)	0.023 (0.487)	0.045 (0.147)

　　注：括号内为回归 P 值；*、**、*** 分别表示在 10%、5% 和 1% 水平上显著；由于 Logit
模型回归结果和 Probit 模型回归结果一致，为节省篇幅，本部分仅列出 Probit 模型的回归结果。

表7-17 发展中国家东道国分样本回归结果

变量	汇率风险（WDI）		汇率风险（ICRG）	
	二值选择模型	排序模型	二值选择模型	排序模型
C	1.306** (0.045)	—	0.477** (0.020)	—
lnSC$_i$	-0.112 (0.293)	-0.016 (0.858)	-0.174* (0.098)	-0.232** (0.013)
REX$_i$	0.087 (0.781)	0.183 (0.494)	0.257 (0.402)	0.182 (0.505)
T$_i$	-0.003 (0.843)	-0.002 (0.857)	-0.047** (0.028)	-0.020** (0.047)
FC$_i$	-0.036* (0.056)	-0.018 (0.331)	-0.049** (0.016)	-0.044*** (0.009)

注：括号内为回归P值；*、**、*** 分别表示在10%、5%和1% 水平上显著；由于 Logit 模型回归结果和 Probit 模型回归结果一致，为节省篇幅，本部分仅列出 Probit 模型的回归结果；"—"表示回归中，未包含该变量。

从表7-16 中可以发现，发达国家样本中所有变量的回归系数均不显著，这是由于发达国家汇率风险相对较低，并不构成企业对外直接投资区位选择的考虑因素。在发展中国家样本中，前两列针对汇率风险 WDI 指标的回归结果和表7-14 保持一致，后两列针对汇率风险 ICRG 指标的回归中除了 T$_i$ 和 FC$_i$ 仍显著为负外，lnSC$_i$ 的系数也显著为负。回归结果说明，ICRG 指标在度量发展中国家汇率风险时所包含的信息量更大。并且，高汇率风险的发展中国家除了吸引高融资约束企业追求对外直接投资的融资便利外，也吸引抗风险能力强的大规模企业和长年限企业进行对外直接投资以追求潜在的高收益。

（三）稳健性检验和双变量 Probit 模型回归

在本节的实证研究中，采用两种数据来源构建东道国汇率风险二元指标分别进行二值选择模型回归，事实上构成了因变量不同而自变量相同的两个二值选择模型回归方程，也使得两个方程的回归扰动项可能存在相关性。在这种情况下，为了充分利用方程之间的信息，也为了检验回归结果的稳健性，本部分使用双变量 Probit 模型对两个变量方程同时进行回归，得到表7-18 的结果。

表 7 - 18　　　　　　　　　　双变量 Probit 模型回归结果

变量	全样本		发达国家样本		发展中国家样本	
	WDI 指标	ICRG 指标	WDI 指标	ICRG 指标	WDI 指标	ICRG 指标
C	1.293 (0.013)	1.599*** (0.001)	0.866 (0.352)	2.511 (0.184)	1.135** (0.041)	1.474** (0.021)
$lnSC_I$	-0.065 (0.461)	-0.135 (0.112)	0.074 (0.698)	-0.009 (0.977)	-0.117 (0.277)	-0.167 (0.114)
REX_i	-0.059 (0.826)	0.064 (0.803)	-0.499 (0.390)	-0.971 (0.365)	0.071 (0.821)	0.226 (0.465)
T_i	-0.004 (0.775)	-0.026** (0.040)	0.002 (0.951)	-0.918 (0.565)	-0.003 (0.818)	-0.047** (0.027)
FC_i	-0.033* (0.053)	-0.049*** (0.006)	0.082 (0.470)	0.050 (0.752)	-0.036* (0.053)	-0.049** (0.015)

注：括号内为回归 P 值；*、**、*** 分别表示在10%、5%和1% 水平上显著。

对比表 7 - 18 和表 7 - 13 ～ 表 7 - 17 可以发现，表 7 - 17 的回归结果基本上没有发生变化，即融资约束变量在全样本和发展中国家样本中显著为负，而在发达国家样本中不显著。由此可以说明，双变量 Probit 模型并未改变回归结果，即融资约束较大的企业在对外直接投资区位选择中倾向于高汇率风险的东道国，也说明本节的回归结果是稳健的。

第五节　企业融资约束与中国企业
对外直接投资速度

一、微观层面企业对外直接投资速度度量

在物理学概念中，速度的衡量既可以采用单位时间内完成的距离度量，也可以采用完成特定距离所需的时间度量。基于此，在国际商务理论中，对企业国际化和对外直接投资速度的度量主要包括两个层面：一是从企业项目海外扩张的时间分布角度展开；二是从企业成立到首次对外直接投资之间的时间跨度角度展开。韦尔默朗和巴克曼（2002）、常和瑞伊（2011）以及杨等（2016）将企业从事第一个对外直接投资项

目作为时间起点，用到度量年份为止的年平均项目数度量对外直接投资速度，该指标反映单位时间内完成的对外直接投资事项。另外，罗等（Luo et al.，2005）、默斯汀等（Musteen et al.，2010）以及乔金森（Jorgensen，2014）使用企业成立到首次对外直接投资之间的年份跨度作为对外直接投资的度量指标，该指标反映完成特定对外直接投资事项所需的时间。

在现有针对企业国际化或对外直接投资速度的实证研究中，主要依据样本数据的可得指标选择采用何种度量方法。本节通过企业名称匹配2003~2010年商务部《境外投资企业（机构）名录》和《中国工业企业数据库》构建实证研究所需的数据库。为得到企业首次对外直接投资数据记录，对有多条对外直接投资记录的企业，仅保留与成立年份最近的对外直接投资数据，删除其他数据。并将《境外投资企业（机构）名录》中2003年以前的企业与匹配后的数据再次进行匹配，删除首次对外直接投资行为发生在2003年以前的样本，最终得到2222家企业样本。由于在不同年份均有对外直接投资行为的企业样本较少，为了保持样本充足性，本节采用时间层面，即企业成立与首次对外直接投资之间的时间跨度作为对外直接投资速度的度量指标，指标越小表示时间跨度越短，即对外直接投资速度越快。表7-19列出了样本数据年份分布状况。

表7-19 样本数据年份分布状况

	2003年	2004年	2005年	2006年	2007年	2008年	2009年	2010年
速度	18.231 (22.491)	10.69 (11.015)	10.114 (11.209)	10.315 (11.005)	9.351 (9.062)	9.422 (8.382)	10.831 (9.513)	9.187 (10.547)
样本数	16	49	272	327	345	407	420	386

注：速度值为企业对外直接投资速度均值，括号内为标准差。

从总体趋势上发现，中国企业对外直接投资平均速度呈现出先加快、后降低、再加快的特征，而减速的时间恰好是次贷危机影响较严重的2008年和2009年，说明中国企业对外直接投资速度也受到国际经济形势的影响。图7-5则基于样本数据绘出了企业分别对发达国家和发展中国家的核密度图，从图中可以发现，一方面，企业对外直接投资速度基本上分布在20年以内，并且以10年左右最为集中；另一方面，对发达国家东道国的对外直接投资速度分布更偏左，即速度较快的企业样本数量更多。企业对外直接投资速度核密度分布，见图7-1。

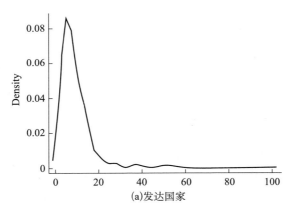

(a)发达国家

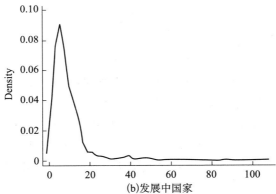

(b)发展中国家

图7-5　企业对外直接投资速度核密度分布

二、实证研究

（一）方程与变量

为了在微观上研究融资约束对企业对外直接投资速度的影响，本节建立如下回归方程：

$$SPEED_i = \alpha_0 + \alpha_1 \ln SK_i + \alpha_2 \ln SW_i + \alpha_3 CPM_i + \alpha_4 \ln GDP_i + \alpha_5 \ln PGDP_i$$
$$+ \alpha_6 RISK_i + \alpha_7 Fc_i + \varepsilon_i \qquad (7-12)$$

在式（7-12）中，$SPEED_i$ 为企业 i 的对外直接投资速度，由本节第一部分所介绍的方式匹配度量，越小的指标值代表越快的对外直接投资速度。$lnSK_i$ 表示对外直接投资企业 i 的固定资产规模的对数值，衡量企业资产规模产生的对外直接投资速度的影响；$lnSW_i$ 表示对外直接投资企业 i 的就业规模的对数值，衡量企业就业规模的对外直接投资速度的影响；CPM_i 为对外直接投资企业 i 的管理效率，用管理费用支出占营业成本的比重度量，越低的指标值代表越高的企业管理效应；这三个指标用来研究内部因素对企业对外直接投资速度的影响。$lnGDP_i$ 表示对外直接投资企业 i 的东道国 GDP 规模的对数值，用来衡量东道国经济规模对企业对外直接投资速度的影响；$lnPGDP_i$ 表示对外直接投资企业 i 的东道国人均 GDP 规模的对数值，用来衡量东道国人均收入和劳动成本对企业对外直接投资速度的影响；$RISK_i$ 为对外直接投资企业 i 投资东道国的经济风险指标，来自美国政治风险服务集团（The PRS Group）发布的跨国风险指南（ICRG）中五个经济风险指标的平均值，指标越大反映该国的风险越小。Fc_i 为融资约束指标，与上几节一样用企业负债总额对固定资产总额的比值度量，较高的负债—固定资产比意味着可用于继续担保的固定资产相对不足，即企业面临较高的融资约束。

在各变量中，因变量企业对外直接投资速度 $SPEED_i$ 如本节第一部分所介绍，由《境外投资企业（机构）名录》和《中国工业企业数据库》匹配而得。在自变量中，企业内部变量 $lnSK_i$、$lnSW_i$、Fc_i 和 CPM_i 来自《中国工业企业数据库》。东道国变量 $lnGDP_i$ 和 $lnPGDP_i$ 来自世界银行世界发展数据库；$RISK_i$ 来自《跨国风险指南》。表 7 - 20 列出了变量的基本信息。

表 7 - 20　　　　　　　　变量数据基本信息

变量	全样本	发达东道国	发展中东道国
$SPEED_i$	9. 915 （10. 043）	10. 028 （9. 798）	9. 679 （0. 538）
$lnSK_i$	10. 045 （2. 053）	10. 128 （2. 013）	9. 873 （2. 126）
$lnSW_i$	5. 751 （1. 456）	5. 800 （1. 428）	5. 647 （1. 508）
CPM_i	0. 081 （0. 130）	0. 083 （0. 138）	0. 076 （0. 111）

续表

变量	全样本	发达东道国	发展中东道国
Fc_i	5.444 (31.141)	4.293 (12.044)	7.841 (51.793)
样本数	2 222	1 469	753
$lnGDP_i$	27.861 (1.758)	28.727 (1.357)	26.261 (1.206)
$lnPGDP_i$	9.543 (1.434)	10.492 (0.284)	7.792 (0.988)
$RISK_i$	7.735 (0.767)	7.844 (0.626)	7.533 (0.942)
样本数	1 269	823	446

注：①表内为均值，括号内为标准差；
②由于缺乏部分东道国数据，因此，东道国变量样本数少于企业内部变量样本数。

从变量基本信息可以发现，东道国为发达国家的企业对外直接投资速度指标较大，意味着较慢的速度，并且融资约束也较高，反映出融资约束较高的企业倾向于用较慢的速度对发达国家进行对外直接投资。

（二）全样本回归结果及解释

在本节回归中，因变量为企业对外直接投资速度，用企业成立与首次对外直接投资行为之间的年份跨度衡量，在数值上是非负整数。因此，本节回归属于离散因变量回归方程，应使用计数模型进行回归。表7-21列出了普通最小二乘法和计数模型泊松回归的结果。

表7-21　　　　　　　　　全样本回归结果

变量	普通最小二乘法		计数模型泊松回归	
C	-8.294 *** (0.000)	-8.317 *** (0.000)	0.576 *** (0.000)	0.525 *** (0.008)
$lnSK_i$	0.858 *** (0.000)	1.244 *** (0.000)	0.079 *** (0.000)	0.110 *** (0.000)
$lnSW_i$	1.578 *** (0.000)	1.825 *** (0.000)	0.141 *** (0.000)	0.148 *** (0.000)
CPM_i	5.353 *** (0.000)	8.913 *** (0.003)	0.436 *** (0.000)	0.782 *** (0.000)
$lnGDP_i$	—	0.009 (0.974)	—	0.007 (0.391)

变量	普通最小二乘法		计数模型泊松回归	
$\ln PGDP_i$	—	-0.167 (0.671)	—	-0.012 (0.212)
$RISK_i$	—	-0.455 (0.193)	—	-0.046 *** (0.000)
Fc_i	0.010 * (0.061)	0.010 * (0.082)	0.001 *** (0.000)	0.001 *** (0.001)
R^2	0.151	0.185	0.134	0.178

注：括号内为回归 P 值；*、**、*** 分别表示在10%、5%和1%水平上显著；"—"表示回归中，未包含该变量。

从表7-21的回归结果可以发现，相比于普通最小二乘法，计数模型泊松回归的结果更为理想。普通最小二乘法和计数模型的前一列回归均未包含东道国外部因素，后一行则包含了东道国外部因素。回归结果显示，在企业内部因素中，$\ln SK_i$ 和 $\ln SW_i$ 均显著为正，说明规模越大的企业有更慢的对外直接投资速度，即规模越小的企业对外直接投资速度越快，这是因为小规模企业更为灵活，在对外直接投资中反应也越快。CPM_i 的系数显著为正，由于较大的 CPM_i 值代表较低的企业管理效率，因此，该结果意味着管理效率越高的企业有越快的对外直接投资速度。在东道国外部因素中，$\ln GDP_i$ 和 $\ln PGDP_i$ 在各列中均不显著，说明东道国经济规模和人均收入均不会影响企业对外直接投资速度；$RISK_i$ 仅在计数模型回归中显著为负，由于较高的 $RISK_i$ 代表较低的东道国经济风险，因而，该回归结果意味着较低的东道国风险能促进中国企业对外直接投资速度的加快。在表7-17各列中，Fc_i 的系数均显著为正，由于较大的 Fc_i 值代表较高的融资约束，因此，该回归结果意味着融资约束越高的企业有越低的对外直接投资速度。这是因为高融资约束的企业有更大的资金压力，难以在短期内获取资金进行对外直接投资。

（三）分样本回归结果及解释

从表7-20的数据基本信息中可以发现，本节回归中各变量在发达国家样本和发展中国家样本中的差异较大。因此，为了确保本节回归结果的稳健性，需要分发达东道国样本和发展中东道国样本进行进一步回归。表7-22和表7-23列出了回归结果。

表 7 - 22　　　　　　　　　　　　发达国家样本回归结果

变量	普通最小二乘法		计数模型泊松回归	
C	-6.735 *** (0.000)	1.328 (0.919)	0.710 *** (0.000)	1.135 ** (0.013)
$lnSK_i$	0.808 *** (0.000)	1.216 *** (0.000)	0.075 *** (0.000)	0.112 *** (0.000)
$lnSW_i$	1.413 *** (0.000)	1.487 *** (0.000)	0.129 *** (0.000)	0.128 *** (0.000)
CPM_i	3.566 ** (0.040)	6.315 ** (0.040)	0.329 *** (0.000)	0.582 *** (0.000)
$lnGDP_i$	—	-0.195 (0.564)	—	-0.015 (0.139)
$lnPGDP_i$	—	-0.130 (0.935)	—	0.014 (0.779)
$RISK_i$	—	-0.680 (0.266)	—	-0.063 *** (0.000)
Fc_i	0.013 (0.524)	0.023 ** (0.045)	0.001 (0.163)	0.002 *** (0.002)
R^2	0.124	0.145	0.134	0.139

注：括号内为回归 P 值；*、**、*** 分别表示在10%、5%和1%的水平上显著；"—"表示回归中，未包含该变量。

表 7 - 23　　　　　　　　　　　　发展中国家样本回归结果

变量	普通最小二乘法		计数模型泊松回归	
C	-11.338 *** (0.000)	-20.180 (0.154)	0.335 *** (0.000)	-0.334 (0.351)
$lnSK_i$	0.970 *** (0.000)	1.236 *** (0.000)	0.088 *** (0.000)	0.103 *** (0.000)
$lnSW_i$	1.862 *** (0.000)	2.357 *** (0.000)	0.159 *** (0.000)	0.175 *** (0.000)
CPM_i	10.817 *** (0.000)	12.966 ** (0.033)	0.864 *** (0.000)	1.113 *** (0.000)
$lnGDP_i$	—	0.447 (0.457)	—	0.049 *** (0.001)
$lnPGDP_i$	—	-0.676 (0.370)	—	-0.081 *** (0.000)
$RISK_i$	—	-0.324 (0.428)	—	-0.027 (0.116)
Fc_i	0.011 * (0.054)	0.011 * (0.054)	0.001 *** (0.000)	0.001 ** (0.017)
R^2	0.204	0.258	0.189	0.251

注：括号内为回归 P 值；*、**、*** 分别表示在10%、5%和1%的水平上显著；"—"表示回归中，未包含该变量。

对比全样本回归结果和分样本回归结果可以发现，内部因素对企业对外直接投资速度的影响均未发生变化；外部因素的影响在发展中国家样本计数模型回归中发生了较大的变化，$\ln GDP_i$ 显著为正，$\ln PGDP_i$ 显著为负，而 $RISK_i$ 不再显著。这是因为中国企业对发展中国家的对外直接投资兼具市场开拓动机和生产转移动机，市场规模越大且劳动成本越低的东道国能吸引中国企业对外直接投资以更快的速度进入；经济风险的系数不显著，说明东道国之间经济风险的差别来自发达国家和发展中国家。融资约束 Fc_i 的系数在发达国家东道国样本中仅两列显著为正，在发展中国家样本中全部显著为正，这是因为发达国家金融发展程度更高，企业能在东道国获取足够的资金支持。因此，自身融资约束的影响会减弱；而发展中国家金融发展程度较低，难以在东道国获得资金支持，因而，自身融资约束所起的作用依然很明显。

小　结

金融发展程度较低体现在微观层面是企业融资受限，即存在普遍的融资约束，进而也影响了企业对外直接投资。本章分别从企业对外直接投资决策和区位选择两个方面研究融资约束产生的影响，主要得到两个方面的结论。在企业对外直接投资决策方面，融资约束的提升会制约劳动密集型企业的对外直接投资决策，但是，会逆向促进资本密集型企业的对外直接投资决策；在企业类别上，国有企业、外资企业和重工业企业对外直接投资决策不受融资约束制约，而非国有企业、非外资企业和轻工业企业对外直接投资决策受融资约束影响明显。在企业对外直接投资区位选择方面，融资约束越大的对外直接投资企业越倾向于选择 GDP 规模较小、经济发展水平较低及技术相对落后的东道国，限制了东道国的选择范围；较大的融资约束会使低生产率企业选择高金融发展程度东道国获得金融资源，但会使高生产率企业选择低金融发展程度东道国以规避金融资源竞争。同时，对于融资约束较高的企业，选择在高汇率风险的东道国进行对外直接投资能获得较高的收益；而对于融资约束较低的企业，选择在低汇率风险的东道国进行对外直接投资能获得较高的收益。进一步地，融资约束的存在也降低了企业对外直接投资速度，尤其是对发展中国家的对外直接投资速度，这是因为发展中国家金融发展程度越低，企业自身融资约束所起的作用越大。

本章的研究结果能为政府从微观金融层面促进企业对外直接投资提供参考借鉴。首先，针对劳动密集型企业的实证研究发现，融资约束限制了企业对低劳动成本国家的生产转移。为加速劳动密集型产业转移，释放国内产能，各级政府部门应开辟多种途径为劳动密集型企业提供资金服务，包括推动正规金融市场化、引导民间金融发展及和东道国金融部门达成合作协议等。其次，针对资本密集型企业的研究发现，较高的融资约束逆向倒逼企业到国外投资，说明国内金融发展相对落后和资本相对匮乏，因此在推动企业对外直接投资走出去的同时，也应继续引进外商直接投资，实现资本的互补。最后，金融部门可推动大型金融机构在主要对外直接投资东道国设立分支机构，专门为中国对外直接投资企业提供资金服务，实现企业在国内外资金服务的一体化，降低对外直接投资企业的融资成本。

第八章

金融发展较为落后背景下中国企业
对外直接投资风险选择

上文的研究表明，金融发展是影响中国企业对外直接投资的重要因素，并且存在多个方位和多个层面的影响。因此，当前中国金融发展较为落后势必影响企业对外直接投资的行为，尤其是企业对外直接投资的风险区位选择行为。一方面，金融支持的不足，降低了企业在对外直接投资中的抗风险能力；另一方面，保险业务的缺失，也使企业在对外直接投资中采取风险规避行为。基于此，本章研究的是金融发展较为落后的背景下，中国企业对外直接投资的风险选择行为。

第一节　东道国经济风险与中国企业对外
直接投资风险选择

一、东道国经济风险跨国比较

中国企业对外直接投资分布广泛。不同国家经济社会发展的巨大差异也决定了各东道国的经济风险差异，进而也构成了中国企业对外直接投资区位选择时的重要决策因素。美国政治风险服务集团（The PRS Group）定期发布的跨国风险指南（ICRG）包括全球主要国家的政治风险、经济风险及金融风险量化指标，是当前国际学术研究中使用较多的权威国家层面风险度量指标。ICRG 由 22 个度量指标排序得分组成，其中，有 5 个指标用于度量国家经济风险，为本节的实证研究提供了基本数据。

　　ICRG 采用 5 个指标对国家经济风险进行度量，这 5 个指标分别为人均 GDP 变动风险、实际 GDP 增长率变动风险、通货膨胀率风险、预算平衡风险以及资金账户风险等，采用得分的方式对这 5 个指标进行衡量，表现越好的得分越高，因此，较高的指标数值意味着更低的国家经济风险。由于前两个指标主要度量一国经济增长的风险，后 3 个指标主要度量一国宏观稳定的风险。在本节的研究中，不同类别的经济风险分别会对中国的横向动机企业、纵向动机企业对外直接投资产生不同的影响，因此，本节将前 2 个指标进行平均用以衡量一国经济增长风险，对后 3 个指标进行平均用于衡量一国宏观稳定风险，将 5 个指标进行平均衡量一国总体经济风险。表 8 - 1 列出了中国主要企业对外直接投资东道国的经济风险指标状况。

表 8 - 1　　　　　　　　　国家经济风险指标跨国比较

国别	经济增长风险	宏观稳定风险	国别	经济增长风险	宏观稳定风险
阿尔及利亚	5.22	10.10	利比亚	5.91	10.67
安哥拉	5.13	9.46	马达加斯加	4.19	7.25
阿根廷	5.44	9.08	马来西亚	5.31	9.81
澳大利亚	6.31	8.96	马里	4.66	8.21
阿塞拜疆	5.16	8.73	墨西哥	4.97	8.88
比利时	5.72	9.38	摩洛哥	4.47	8.52
博茨瓦纳	5.16	9.33	莫桑比克	4.94	7.15
巴西	5.25	8.81	纳米比亚	4.66	8.75
保加利亚	4.5	8.17	新西兰	5.63	8.58
喀麦隆	4.03	9.31	挪威	5.94	11.52
加拿大	6.06	9.42	阿曼	6.44	10.48
智利	5.72	9.79	巴基斯坦	4.56	7.5
哥伦比亚	4.97	8.65	巴拿马	5.75	8.48
科特迪瓦	4.09	9.46	巴拉圭	4.41	8.71
克罗地亚	4.69	8.42	菲律宾	4.81	9.42
捷克	5.34	8.48	波兰	5.63	8.44

国别	经济增长风险	宏观稳定风险	国别	经济增长风险	宏观稳定风险
丹麦	5.47	10.02	俄罗斯	5.53	9.63
埃及	4.63	7.44	沙特阿拉伯	6.09	10.90
芬兰	5.81	10.06	新加坡	6.41	10.75
法国	5.59	8.56	斯洛伐克	5.09	8.33
德国	5.59	10.15	南非	5.19	8.13
希腊	4.47	7.54	西班牙	5.34	8.38
匈牙利	4.66	8.27	斯里兰卡	5.28	7.27
印度	5.13	7.79	瑞典	5.94	10.42
印度尼西亚	5.06	8.92	瑞士	5.72	10.85
爱尔兰	5.53	8.40	泰国	4.69	9.27
以色列	6.16	9.29	土耳其	5.16	7.67
意大利	5.00	8.73	乌克兰	4.38	7.83
牙买加	3.69	6.88	英国	5.53	8.19
日本	5.44	9.25	美国	5.97	8.08
约旦	4.69	7.65	乌拉圭	5.72	8.83
哈萨克斯坦	5.81	8.90	委内瑞拉	4.97	8.35
肯尼亚	4.47	7.35	越南	4.69	7.81
韩国	5.81	9.83	发达国家	5.61	9.25
科威特	6.84	11.06	发展中国家	5.04	8.72
荷兰	5.41	10.02	全样本	5.25	8.91

注：表内数值为 2005~2012 年平均值。
资料来源：作者根据 ICRG 原始数据计算整理而得。

从表 8-1 中可以发现，相比于发展中国家，发达国家无论是经济增长风险指标还是宏观稳定风险指标均高于发展中国家，意味着发达国家的国家经济风险要小于发展中国家。从表 8-1 中还可以发现，无论在发达国家内部还是在发展中国家内部，国家经济风险的差异均较大，而且这种差异在发展中国家更大。这是因为发展中国家经济发展程度的差别大于发达国家，经济特征多样性更为明显，这也导致发展中国家经济风险对中国企业对外直接投资区位选择的影响可能更为多元化。

二、实证研究

（一）回归方法与数据

为了研究东道国经济风险对中国横向对外直接投资、纵向企业对外直接投资区位选择的不同影响，先在回归方程设计上需要对两类投资动机进行区分界定。横向动机企业对外直接投资追求居民消费能力越强的市场，以寻求更大的潜在市场购买力，因此，企业倾向于选择人均收入较高的东道国。纵向动机企业对外直接投资目的在于生产转移，旨在寻找劳动成本较低的生产目的地，因此，企业倾向于选择人均收入较低的东道国。由于人均收入高低取决于人均 GDP 的高低，且人均 GDP 的数据较易获得，因此，可以在回归方程中设定东道国人均 GDP 门槛值进行中国企业对外直接投资横向动机和纵向动机的区分。本节将对高门槛人均 GDP 东道国进行的对外直接投资界定为横向动机，对低门槛人均 GDP 东道国进行的对外直接投资界定为纵向动机。基于此，本节构建如下的门槛效应模型，进行本节的实证研究：

$$\ln ODI_{it} = \alpha_0 + \alpha_1 \ln GDP_{it} + \alpha_2 \ln PGDP_{it} + \alpha_3 RGDP_{it} + \alpha_4 FIN_{it}$$
$$+ \alpha_5 RISK_{it} \times I\ (\ln PGDP_{it} \leqslant \gamma)\ + \alpha_6 RISK_{it} \times I\ (\ln PGDP_{it} > \gamma)$$
$$+ u_i + v_t + \varepsilon_{it} \tag{8-1}$$

$$\ln NUM_{it} = \beta_0 + \beta_1 \ln GDP_{it} + \beta_2 \ln PGDP_{it} + \beta_3 RGDP_{it} + \beta_4 FIN_{it}$$
$$+ \beta_5 RISK_{it} \times I\ (\ln PGDP_{it} \leqslant \gamma)\ + \beta_6 RISK_{it} \times I\ (\ln PGDP_{it} > \gamma)$$
$$+ \phi_i + \varphi_t + \iota_{it} \tag{8-2}$$

在式（8-1）、式（8-2）中，$\ln ODI_{it}$ 为中国 t 年对 i 东道国的企业对外直接投资流量规模对数值，衡量中国企业对外直接投资的集约增长；$\ln NUM_{it}$ 为中国 t 年对 i 东道国的企业对外直接投资新设项目数对数值，衡量中国企业对外直接投资的扩张增长。$\ln GDP_{it}$ 为 i 东道国 t 年的 GDP 规模对数值，衡量东道国经济规模对中国企业对外直接投资区位选择的影响。$\ln PGDP_{it}$ 为 i 东道国 t 年的人均 GDP 对数值，衡量总体上东道国人均收入对吸引中国企业对外直接投资的影响；$RGDP_{it}$ 为 i 东道国 t 年的 GDP 增长率，衡量东道国长期经济增长对吸引中国企业对外直接投资的影响；FIN_{it} 为 i 东道国 t 年的金融发展程度，用该国金融机构贷款规模总额占 GDP 的比重度量，衡量在东道国融资的难易程度对中国企业对外直接投资区位选择的影响。$RISK_{it}$ 为 i 东道国 t 年的国家经济风险，由本节第一部分介绍的方法度量，包含三个维度，即经济增长风险、宏观稳定风险和总体经济风险。$I(\cdot)$ 为指示变量，当括号内不等式成立时取 1，不成立时取 0，其与 $RISK_{it}$ 的乘积衡量当东道国人均 GDP 是否超过门槛值 γ 时，经济风险如何影响中国企业对外直接投资的区位选择。u_i 和 ϕ_i，υ_t 和 φ_t，ε_{it} 和 ι_{it} 分别为地区变量、时间变量以及回归残差。

出于数据可得性和平衡性的考虑，本节实证研究的样本数据包括 2005 ~ 2012 年中国对 69 个东道国的企业对外直接投资面板数据，样本国别已在表 8 - 1 中列出。在回归方程中，中国企业对外直接投资流量规模数据来自商务部发布的历年《中国企业对外直接投资统计公报》，中国企业对外直接投资新设项目数来自商务部的《境外投资企业（机构）名录》。东道国 GDP、人均 GDP、GDP 增长率以及金融发展等数据来自世界银行发布的《世界发展指数》（world development）。东道国的经济风险数据如本节第一部分介绍来自美国 PRS 集团发布的 ICRG 指南。表 8 - 2 列出了各变量数据的基本信息。

表 8 - 2 变量数据基本信息

变量	全样本	发达国家样本	发展中国家样本
$lnODI_{it}$	6.580 (3.412)	7.287 (3.473)	6.178 (3.315)
$lnNUM_{it}$	1.975 (1.260)	2.252 (1.420)	1.800 (1.115)
$lnGDP_{it}$	7.346 (1.713)	8.721 (1.218)	6.548 (1.431)
$lnPGDP_{it}$	8.885 (1.451)	10.334 (0.557)	8.046 (1.108)
$PGDP_{it}$	3.799 (6.728)	1.733 (3.169)	4.979 (7.850)
FIN_{it}	0.863 (0.704)	1.547 (0.608)	0.474 (0.388)
$RISK_{it}$（经济增长）	5.246 (1.202)	5.613 (1.196)	5.038 (1.156)
$RISK_{it}$（宏观稳定）	8.909 (1.244)	9.248 (1.123)	8.715 (1.269)

续表

变量	全样本	发达国家样本	发展中国家样本
$RISK_{it}$（总体经济）	5.246 （1.202）	5.613 （1.196）	5.038 （1.156）
样本数	552	200	352

注：表内为变量均值，括号内为变量标准差。

（二）经济风险与中国企业对外直接投资集约增长区位选择实证研究

回归方程式（8-1）检验当东道国人均 GDP 不同时，东道国经济风险如何影响中国企业对外直接投资规模增长的区位选择，即集约增长区位选择。按照回归模型设计，应采用面板数据门槛效应方法进行回归，本节采用王（Wang，2015）编写的面板数据门槛效应模型程序对式（8-1）进行回归，见表8-3。

表8-3 经济风险与中国企业对外直接投资集约增长区位选择全样本回归结果

变量	经济增长风险	宏观稳定风险	总体经济风险
C	-4.961 （0.718）	12.706 （0.345）	-6.248 （0.650）
$lnGDP_{it}$	16.754*** （0.000）	15.783*** （0.000）	17.441*** （0.000）
$lnPGDP_{it}$	-12.966*** （0.000）	-14.326*** （0.000）	-13.586*** （0.000）
$RGDP_{it}$	-0.067*** （0.000）	-0.055*** （0.001）	-0.072*** （0.000）
FIN_{it}	0.036*** （0.000）	0.039*** （0.000）	0.039*** （0.000）
$RISK_{it} \times I$（$ln\,PGDP_{it} \leqslant \gamma$）	0.667*** （0.001）	-0.118 （0.524）	0.700*** （0.001）
$RISK_{it} \times I$（$ln\,PGDP_{it} > \gamma$）	0.005 （0.961）	0.292* （0.069）	0.199 （0.275）
R^2	0.219	0.221	0.219
门槛值	7.752	7.350	7.752

注：括号内为回归 P 值；*、**、*** 分别表示在10%、5%以及1%水平上显著。

从表8-3的回归结果可以发现，$lnGDP_{it}$的系数显著为正，说明经济规模较大的东道国在吸引中国企业对外直接投资中更具区位优势，这是因为大经济规模意味着大市场潜力。$\ln PGDP_{it}$ 和 $RGDP_{it}$ 的系数均显著为负，说明人均收入较低和经济增长较慢的东道国具有吸引中国企业对外直接投资规模增加的区位优势。这意味着，中国企业对外直接投资中生产转移的纵向动机所占份额更多，因而更倾向于低收入和低增长的东道国。FIN_{it} 的系数显著为正，意味着金融发展程度高的东道国更能吸引中国企业对外直接投资的规模增长，说明融资便利对于企业对外直接投资集约增长的重要性。

在表 8 - 3 的回归结果的第一列东道国经济增长风险回归结果中，$RISK_{it} \times I\ (\ln PGDP_{it} \leqslant \gamma)$ 的系数显著为正，$RISK_{it} \times I\ (\ln PGDP_{it} > \gamma)$ 的系数不显著；在回归结果的第二列宏观稳定风险回归结果中，$RISK_{it} \times I\ (\ln PGDP_{it} \leqslant \gamma)$ 的系数不显著，$RISK_{it} \times I\ (\ln PGDP_{it} > \gamma)$ 的系数显著为正；回归结果的第三列的变量系数及显著性与回归结果的第一列一致。从该回归结果中可以得出以下结论：第一，中国对人均 GDP 较低东道国的对外直接投资中，较低的经济增长风险更能吸引中国企业对外直接投资的规模增长，该结果意味着中国纵向企业对外直接投资在集约增长区位选择上倾向于经济增长风险较低的东道国。这是因为较低的经济增长风险能提供便于预期的劳动成本增长状况，易于企业生产转移的长期决策。第二，中国对人均 GDP 较高东道国的企业对外直接投资中，较低的宏观稳定风险更能吸引中国企业对外直接投资，该结果意味着中国横向动机企业对外直接投资在集约增长区位选择上倾向于宏观稳定风险较低的东道国。这是因为稳定的宏观经济环境更易于提供可预期的市场开拓利润。第三，纵向动机企业对外直接投资不考虑宏观稳定风险，说明更注重东道国实质的劳动成本因素；横向动机企业对外直接投资不考虑经济增长风险，说明更注重短期市场利润因素。第四，总体经济风险回归结果意味着，在中国企业对外直接投资的集约增长中，纵向动机相比于横向动机更为明显。在总体上，从表 8 - 3 的回归结果可以发现，中国企业对外直接投资在集约增长的区位选择上具有明显的风险规避特征。

考虑到发展中国家的经济风险比发达国家更大，且中国企业对外直接投资对发展中国家同时具有横向动机和纵向动机，本节进一步采用发展中国家样本数据对式（8 - 1）进行门槛效应回归，见表 8 - 4。

表 8 - 4　　　　　　　　经济风险与中国企业对外直接投资集约增长区位
选择发展中国家样本回归结果

变量	经济增长风险	宏观稳定风险	总体经济风险
C	- 8. 395 * (0. 053)	7. 810 (0. 557)	- 10. 423 (0. 439)
lnGDP$_{it}$	16. 510 *** (0. 000)	15. 322 *** (0. 000)	17. 412 *** (0. 000)
lnPGDP$_{it}$	- 11. 927 *** (0. 000)	- 13. 160 *** (0. 000)	- 12. 734 *** (0. 000)
RGDP$_{it}$	- 0. 071 *** (0. 000)	- 0. 059 *** (0. 001)	- 0. 077 *** (0. 000)
FIN$_{it}$	0. 032 ** (0. 011)	0. 034 *** (0. 006)	0. 037 *** (0. 000)
RISK$_{it}$ × I（ln PGDP$_{it}$ ≤ γ）	0. 686 *** (0. 001)	- 0. 008 (0. 968)	0. 835 *** (0. 000)
RISK$_{it}$ × I（ln PGDP$_{it}$ > γ）	- 0. 003 (0. 998)	0. 408 ** (0. 017)	0. 320 (0. 122)
R^2	0. 213	0. 223	0. 213
门槛值	7. 752	7. 355	7. 752

注：括号内为回归 P 值；*、**、***分别表示在 10% 、5% 以及 1% 水平上显著。

从表 8 - 4 的回归结果可以发现，发展中国家东道国样本的回归结果与表 8 - 3 全样本回归结果保持一致，说明对于经济风险较大的发展中国家，中国纵向动机企业对外直接投资集约增长区位选择仍倾向于选择经济增长风险较低的东道国；而横向动机企业对外直接投资集约增长区位选择仍倾向于选择宏观稳定风险较大的东道国。值得指出的是，在表 8 - 4 的宏观稳定风险一列的回归结果中，RISK$_{it}$ × I（ln PGDP$_{it}$ > γ）的系数和显著性均高于表 8 - 3 的回归结果，说明中国企业对发展中国家的横向对外直接投资更为关注宏观经济稳定性。

（三）经济风险与中国企业对外直接投资扩张增长区位选择实证研究

回归方程式（8 - 2）从新设项目角度研究东道国经济风险对中国企业对外直接投资扩张增长区位选择的影响，同样采用面板数据门槛效应模型进行回归，见表 8 - 5。

表 8 - 5　经济风险与中国企业对外直接投资扩张增长区位选择全样本回归结果

变量	经济增长风险	宏观稳定风险	总体经济风险
C	- 1. 974 （0. 582）	- 4. 790 （0. 179）	- 4. 023 （0. 259）
$\ln GDP_{it}$	6. 220 *** （0. 000）	5. 463 *** （0. 000）	5. 695 *** （0. 000）
$\ln PGDP_{it}$	- 4. 784 *** （0. 000）	- 3. 737 *** （0. 000）	- 4. 014 *** （0. 000）
$RGDP_{it}$	0. 003 （0. 681）	- 0. 009 （0. 408）	0. 002 （0. 706）
FIN_{it}	0. 003 * （0. 092）	0. 002 （0. 161）	0. 002 （0. 294）
$RISK_{it} \times I\ (\ln PGDP_{it} \leqslant \gamma)$	0. 066 （0. 179）	0. 009 （0. 821）	- 0. 003 （0. 953）
$RISK_{it} \times I\ (\ln PGDP_{it} > \gamma)$	- 0. 085 *** （0. 002）	- 0. 152 *** （0. 000）	- 0. 178 *** （0. 000）
R^2	0. 476	0. 484	0. 481
门槛值	7. 807	7. 807	7. 807

注：括号内为回归 P 值；*、**、*** 分别表示在 10% 、5% 以及 1% 水平上显著。

对比表 8 - 5 和表 8 - 4 的回归结果可以发现，在表 8 - 5 中 $RGDP_{it}$ 和 FIN_{it} 的系数均不再显著，这是因为一方面，扩张维度的新设企业对外直接投资项目初入东道国，并不受其长期经济增长的影响；另一方面，初入东道国的新设项目也较难在东道国获得融资支持，因而也不受东道国金融发展的影响。在 3 列回归结果中，均可发现 $RISK_{it} \times I\ (\ln PGDP_{it} \leqslant \gamma)$ 的系数不显著，而 $RISK_{it} \times I\ (\ln PGDP_{it} > \gamma)$ 的系数显著为负，说明在新设项目的扩张增长方面，中国纵向动机企业对外直接投资在区位选择时不受东道国各层次经济风险的影响；而横向动机企业对外直接投资倾向于选择经济增长风险和宏观稳定风险均较高的东道国，该回归结果意味着中国企业对外直接投资的扩张增长属于风险偏好类型。产生这种现象的原因是，不同于集约增长的企业对外直接投资，扩张增长在一定意义上属于试探性投资经营。因而，纵向动机企业对外直接投资不注重东道国经济增长风险；与此同时，高经济风险伴随着高利润收益，新设的横向动机企业对外直接投资项目旨在开拓新的市场来源，因而也更倾向于选择高经济风险、高收益的市场。

类似地，考虑到发展中东道国的经济风险远大于发达东道国，为了检验不同样本回归结果是否存在差异，本部分也使用发展中国家样本进行门槛效应回归，见表8-6。从表8-6可以发现，各个变量的系数符号和显著性均与表8-5保持一致，说明了本部分回归结果的稳健性。

表8-6　经济风险与中国企业对外直接投资扩张增长区位选择发展中国家样本回归结果

变量	经济增长风险	宏观稳定风险	总体经济风险
C	−4.575 （0.192）	−7.107 ** （0.042）	−6.491 * （0.062）
$\ln GDP_{it}$	5.595 *** （0.000）	4.928 *** （0.000）	5.055 *** （0.000）
$\ln PGDP_{it}$	−3.826 *** （0.000）	−2.892 *** （0.003）	−3.050 *** （0.002）
$RGDP_{it}$	0.002 （0.796）	−0.006 （0.300）	−0.001 （0.928）
FIN_{it}	−0.001 （0.0652）	−0.002 （0.537）	−0.003 （0.396）
$RISK_{it} \times I\ (\ln PGDP_{it} \leqslant \gamma)$	0.040 （0.427）	0.146 （0.731）	−0.016 （0.777）
$RISK_{it} \times I\ (\ln PGDP_{it} > \gamma)$	−0.131 *** （0.000）	−0.146 *** （0.001）	−0.199 *** （0.000）
R^2	0.429	0.428	0.428
门槛值	7.807	7.807	7.807

注：括号内为回归 P 值；*、**、*** 分别表示在10%、5%以及1%水平上显著。

第二节　文化距离、东道国风险与中国企业对外直接投资

一、理论推断

在投资理论中，高风险往往伴随着潜在的高收益，这在跨国对外直接投资中同样成立。企业对外直接投资在进行区位选择时需综合考虑风险和收益的相对大小，而企业应对东道国风险的能力则决定了其是否能对高风险东道国进行对外直接投资，从而获得潜在高收益的可能性。企

业在东道国的抗风险能力取决于内部因素和外部因素，内部因素包括企业自身资产结构和经营效率等，外部因素包括母国政策支撑和东道国经济社会环境等。其中，东道国在社会文化领域与母国的相似性也能通过提高企业的适应性而增加抗风险能力。在制度经济学中，文化作为非正式制度也能起到降低交易成本的作用，而母国与东道国之间的文化距离在企业对外直接投资中也能起到类似的作用。当母国和东道国的文化距离较大时，一方面，由于存在价值观和信仰等各方面的差异，企业在东道国的经营将面临较高的搜寻成本和信息成本；另一方面，成本文化差异也会导致东道国社会对跨国企业的排斥，并增加与当地政府及其他机构的合作难度，从而提高经营风险。

对于中国企业对外直接投资而言，新兴跨国企业更敢于为追求高收益而承担高风险，但同时国际化经验缺乏也使其存在抗风险能力不足的问题。在这种情况下，中国企业对不同文化距离东道国的对外直接投资所具备的适应性也会对企业风险选择产生影响，中国企业会根据文化距离调整风险偏好态度。当东道国与中国之间的文化距离较小时，中国企业对东道国社会规则的适应能力较强，企业嵌入当地的过程也较为容易。在这种情况下，当遇到东道国经济风险和政治风险时，企业一方面，能基于对东道国社会的熟悉采取恰当的风险规避方式；另一方面，也能与东道国当地机构建立合作对抗风险，两者均提升了企业在东道国的抗风险能力。因此，由于较小的文化距离能通过抗风险能力的提升而减少企业的风险损失，中国对这类东道国进行对外直接投资将倾向于高风险以追求高收益，从而成为对外直接投资中的风险偏好者。相反，当东道国与中国文化距离较大时，中国企业在东道国面临熟悉社会规则和融入当地的难题，文化差异的存在也会增加东道国民众和社会对中国企业的排斥度，这些均提高了企业的交易成本。在这种情况下，当遇到东道国经济风险和政治风险时，一方面，企业缺乏有效的当地资源和关系网络进行风险规避；另一方面，风险动荡会使东道国社会对中国企业的排斥度增加，进一步扩大风险带来的损失。由此可见，对于文化距离较大的东道国，中国企业的抗风险能力较弱，因而在对外直接投资时会倾向于选择较低的经济风险和政治风险，属于风险规避者。

综上所述，可以得到本节的理论推断：当东道国文化距离与中国较小时，较高的经济风险和政治风险更能吸引中国企业对外直接投资；当东道国文化距离与中国较大时，较高的经济风险和政治风险则会阻碍中国企业对外直接投资。

二、实证研究

（一）方程与数据

为了研究当文化距离存在差异时，东道国风险对中国企业对外直接投资产生的不同影响，本节建立如下回归方程：

$$\ln ODI_{it} = \alpha_0 + \alpha_1 \ln GDP_{it} + \alpha_2 \ln PGDP_{it} + \alpha_3 FIN_{it} + \alpha_4 RISK_{it}$$
$$+ \alpha_5 DCL_i \times RISK_{it} + \mu_i + \theta_t + \varepsilon_{it} \qquad (8-3)$$

在式（8-3）中，$\ln ODI_{it}$ 为中国 t 年对东道国 i 的企业对外直接投资流量规模的对数值。$\ln GDP_{it}$ 为 i 东道国 t 年的 GDP 规模的对数值，考察东道国市场规模对中国企业对外直接投资的影响。$\ln PGDP_{it}$ 为 i 东道国 t 年人均 GDP 的对数值，衡量东道国人均收入及劳动成本对中国企业对外直接投资产生的影响。FIN_{it} 为 i 东道国 t 年的金融发展指标，用金融部门贷款总额占 GDP 的比重度量，考察东道国融资便利度对中国企业对外直接投资的影响。$RISK_{it}$ 为 i 东道国 t 年的风险指标，包含经济风险和政治风险；DCL_i 为 i 东道国和中国的文化距离指标，由于文化因素在短时间内并不会产生变化，因而该指标不需要考虑时间维度；$DCL_i \times RISK_{it}$ 为文化距离和东道国风险变量的乘积项。μ_i、θ_t 和 ε_{it} 分别为面板数据回归的区域变量、时间变量以及回归残差。

在本节的研究中，需要特别指出东道国文化距离变量 DCL_i 和风险变量 $RISK_{it}$ 的数据来源及构造方法。对于文化距离变量，学术界最常用的做法是基于赫夫斯泰德（Hefstede，2001）刻画的文化模型指标进行度量，最新数据包括权力距离的大小、个人主义倾向、男权主义和女权主义、不确定性的规避以及长期导向与短期导向等五个维度指标。类似于兰克休赞和格鲁特（Lankhuizen and Groot，2016）的做法，本节也采用 $DCL_i = \dfrac{1}{5} \sum_{n=1}^{5} \dfrac{(I_{in} - I_{cn})^2}{v_n}$ 度量东道国 i 与中国的文化距离，这里 I_{in}（n = 1，2，…，5）为东道国 i 文化变量中的第 n 个维度指标，I_{cn}（n = 1，2，…，5）为中国文化变量中的第 n 个维度指标，V_n 为各国文化变量第 n 个维度指标的方差。

东道国风险变量数据与本章第一节一样，来源于美国政治服务集团（The PRS Group）发布的跨国风险指南（ICRG），不同的是本节包含了政治风险指标。在本节的研究中，为了使更高的指标数值能代表更高的东道国风险，采用 $RISK_{it} = \dfrac{100}{R_{it}}$ 的方式度量东道国经济风险和政治风险，这里 R_{it} 为 ICRG 中经济风险或政治风险的平均值，本节选择全部五个经济风险指标和与投资相关的四个政治风险指标进行构建。五个经济风险指标包括，通货膨胀风险、人均收入风险、经济增长风险、预算平衡风险和资本账户风险等；选取的四个政治风险指标包括，政府稳定性风险、投资保障风险、内部冲突风险和政府腐败风险等。

在其他变量中，中国企业对外直接投资数据来自商务部发布的历年《中国对外直接投资统计公报》，在数据中存在中国企业对外直接投资流量为负值的情况，代表对东道国存在对外直接投资净流出，对于这种情况，本节用 0 值替代因变量，表示当年无对外直接投资。东道国 GDP 规模、人均 GDP 和金融发展指标数据来自世界银行发布的世界发展（world development）指标。综合各个变量的数据可得性，本节实证研究的样本为 2005 ~ 2013 年中国 61 个对外直接投资东道国的面板数据，包括 26 个发达国家和 35 个发展中国家。表 8 - 7 列出了各变量数据的基本信息。

表 8 - 7　　　　　　　　　　　回归变量数据基本信息

变量	全样本	发达国家样本	发展中国家样本
$lnODI_{it}$	7.013 (3.324)	7.287 (3.563)	6.811 (3.126)
$lnGDP_{it}$	16.775 (1.697)	17.917 (1.200)	15.932 (1.507)
$lnPGDP_{it}$	9.002 (1.497)	10.343 (0.548)	8.012 (1.168)
FIN_{it}	0.921 (0.736)	1.559 (0.613)	0.479 (0.425)
$RISK_{it}$（经济）	13.450 (1.796)	13.085 (1.510)	13.720 (1.939)
$RISK_{it}$（政治）	13.531 (2.149)	12.289 (1.455)	14.446 (2.125)
DCL_i	2.539 (1.101)	3.023 (1.089)	2.182 (0.967)
样本数	549	234	315

注：表内为均值；括号内为标准差。

从表 8 - 7 的数据中可以发现，发展中国家的经济风险和政治风险均高于发达国家，这是由发展中国家经济发展程度较低以及社会经济结构不完善等原因造成的，说明在发展中国家进行对外直接投资将面临高风险也可能获得潜在的高收益。同时可以发现，中国与发展中国家的文化距离要小于与发达国家的文化距离，这是因为同为发展中国家，存在着经济规则和社会规则的相似性，根据本节的理论推断，这也在一定程度上可以解释中国为何倾向于对风险程度较高的发展中国家进行对外直接投资。

（二）全样本回归结果及解释

考虑到中国企业对外直接投资可能存在自身的滞后影响，因而对方程式（8 - 3）采用动态面板数据回归，见表 8 - 8。

表 8 - 8　　　　　　　　全样本回归结果

变量	经济风险		政治风险	
C	- 209. 884 *** (0. 000)	- 210. 243 *** (0. 000)	- 178. 587 *** (0. 000)	- 169. 919 *** (0. 000)
$lnODI_{it-1}$	- 0. 432 *** (0. 000)	- 0. 434 *** (0. 000)	- 0. 434 *** (0. 000)	- 0. 436 *** (0. 000)
$lnGDP_{it}$	24. 033 *** (0. 000)	24. 090 *** (0. 000)	21. 215 *** (0. 000)	20. 310 *** (0. 000)
$lnPGDP_{it}$	- 20. 946 *** (0. 000)	- 20. 948 *** (0. 000)	- 19. 426 *** (0. 000)	- 18. 651 *** (0. 000)
FIN_{it}	2. 603 *** (0. 002)	2. 685 *** (0. 002)	2. 273 *** (0. 008)	2. 025 ** (0. 022)
$RISK_{it}$	0. 039 (0. 405)	0. 345 *** (0. 000)	0. 270 (0. 600)	1. 643 *** (0. 000)
$DCL_i \times RISK_{it}$		- 0. 149 *** (0. 001)		- 0. 569 *** (0. 000)
Wald 值	1 561. 33 *** (0. 000)	1 132. 16 *** (0. 000)	1 391. 54 *** (0. 000)	1 583. 33 *** (0. 000)

注：括号内为回归 P 值，*、**、*** 分别表示在 10%、5% 和 1% 水平上显著。

从表 8 - 8 的回归结果可以发现，$lnODI_{it-1}$ 在各列中均显著为负，说明中国企业对外直接投资具有平滑均衡分布的特征，事实上也说明了对投资规模持续集中增加的风险规避。$lnGDP_{it}$ 的系数在各列均显著为正，说明市场规模较大的东道国更能吸引中国企业对外直接投资，反映出中国企业对外直接投资的市场开拓特征。$lnPGDP_{it}$ 在各列中均显著为负，由于人均 GDP 也反映劳动成本的大小，因此该结果说明劳动成本更低的国家更能吸引中国企业对外直接投资，反映出中国企业对外直接投资的生产转移特征。FIN_{it} 在各列中均显著为正，说明金融发展程度越高、融资更便利的东道国对中国企业对外直接投资更具有吸引力，也反映出中国企业对外直接投资在国内融资的困难。

在经济风险和政治风险回归中，未包含文化距离和东道国风险乘积项 $DCL_i \times RISK_{it}$ 时，$RISK_{it}$ 的系数不显著，说明在总体上东道国经济风险和政治风险对中国企业对外直接投资的影响较为模糊，并不存在直接影响。而加入乘积项 $DCL_i \times RISK_{it}$ 后的回归结果显示，无论是经济风险还是政治风险，$RISK_{it}$ 的系数均显著为正，而 $DCL_i \times RISK_{it}$ 的系数均显著为负，说明东道国经济风险和政治风险对中国企业对外直接投资的影响取决于文化距离条件。回归结果意味着，当东道国与中国文化距离较小时，$RISK_{it}$ 系数的总体符号为正。即东道国经济风险和政治风险的提升，会促进中国企业对外直接投资；而当东道国与中国文化距离较大时，$RISK_{it}$ 系数的总体符号为负，即东道国经济风险和政治风险的提升，会阻碍中国企业对外直接投资。这是因为较小的文化距离能对东道国经济风险和政治风险起到缓冲作用，提升中国企业对抗东道国风险的能力；而较大的文化距离反而会强化东道国风险。表 8 - 8 的回归结果也与本节第二部分的理论推断保持一致，有效地验证了文化距离条件所起的对抗企业对外直接投资风险的作用。

（三）分样本回归结果及解释

由于发达国家和发展中国家无论在经济发展程度还是在风险上，甚至在与中国的文化距离上均存在较大的差别，从而可能会导致东道国经济风险和政治风险影响中国企业对外直接投资的方式不同。为了对此进行检验，本节分别采用发达国家样本和发展中国家样本对式（8 - 3）进行再次回归，见表 8 - 9 和表 8 - 10。

表 8 - 9　　　　　　　　　　　　　　发达国家样本回归结果

变量	经济风险		政治风险	
C	-334.608 *** (0.000)	-354.02 *** (0.000)	-359.704 *** (0.000)	-376.052 *** (0.000)
$\ln ODI_{it-1}$	-0.391 *** (0.000)	-0.405 *** (0.000)	-0.407 *** (0.000)	-0.401 *** (0.000)
$\ln GDP_{it}$	42.367 *** (0.000)	38.300 *** (0.000)	46.052 *** (0.000)	49.294 *** (0.000)
$\ln PGDP_{it}$	-39.977 *** (0.000)	-32.523 *** (0.003)	-45.405 *** (0.000)	-49.168 *** (0.004)
FIN_{it}	1.796 ** (0.010)	2.878 ** (0.021)	1.510 *** (0.000)	0.998 ** (0.014)
$RISK_{it}$	-0.079 (0.353)	0.342 *** (0.008)	0.181 ** (0.013)	0.020 (0.989)
$DCL_i \times RISK_{it}$	—	-0.135 *** (0.000)	—	0.035 (0.942)
Wald 值	1399.64 *** (0.000)	1973.26 *** (0.000)	1439.18 *** (0.000)	1786.69 *** (0.000)

注：括号内为回归 P 值，*、**、*** 分别表示在 10%、5% 和 1% 水平上显著。

表 8 - 10　　　　　　　　　　　　　发展中国家样本回归结果

变量	经济风险		政治风险	
C	-112.076 *** (0.000)	-115.202 *** (0.000)	-93.644 *** (0.000)	-74.614 *** (0.000)
$\ln ODI_{it-1}$	-0.372 *** (0.000)	-0.376 *** (0.000)	-0.389 *** (0.000)	-0.404 *** (0.000)
$\ln GDP_{it}$	16.458 *** (0.000)	17.321 *** (0.000)	12.827 *** (0.000)	12.080 *** (0.000)
$\ln PGDP_{it}$	-18.054 *** (0.000)	-19.305 *** (0.000)	-13.886 *** (0.000)	-14.568 *** (0.000)
FIN_{it}	7.015 *** (0.000)	7.420 *** (0.000)	5.833 *** (0.000)	6.004 *** (0.000)
$RISK_{it}$	-0.020 (0.499)	0.553 *** (0.000)	0.470 (0.520)	2.493 *** (0.000)
$DCL_i \times RISK_{it}$	—	-0.295 *** (0.000)	—	-0.944 *** (0.000)
Wald 值	1 848.93 *** (0.000)	1 540.73 *** (0.000)	1 269.70 *** (0.000)	1 313.96 *** (0.000)

注：括号内为回归 P 值，*、**、*** 分别表示在 10%、5% 和 1% 水平上显著。

从表 8 - 9 和表 8 - 10 的回归结果可以发现，除了发达国家样本政治风险回归结果有所变化外，其他样本回归结果均与表 8 - 8 保持一致。在发达国家样本政治风险回归结果中，未包含东道国文化距离和风险乘积项的回归结果，显示 $RISK_{it}$ 的系数显著为正；而包含了该乘积项后，$RISK_{it}$ 和 $DCL_i \times RISK_{it}$ 的回归系数均不显著。这说明对于发达国家东道国而言，政治风险对中国企业对外直接投资具有直接影响，而不存在依赖文化距离的间接影响，而且，政治风险越高的东道国，越能吸引中国企业对外直接投资。这是因为总体上发达国家的政治风险程度较低，国内政治稳定性远高于发展中国家，较稳定的政治环境也使得该因素并不构成中国企业对外直接投资的影响变量。而发达国家越高的政治风险在指标上体现在政府更替上，该过程对投资财产损失的影响并不大，反而可能存在较多的潜在机会，从而在总体上出现发达国家政治风险越高越能吸引中国企业对外直接投资的回归结果。

（四）Tobit 回归结果

在本节的回归方程中，将因变量企业对外直接投资流量规模为负值时转换为值 $lnODI_{it} = 0$ 的处理方式，即将对外直接投资净流出的情况处理成不存在对外直接投资。该处理方式使回归方程中因变量包含了大量的 0 值，方程也具有了归并回归的特征，可以采用 Tobit 模型进行回归。同时，不同的回归方法也能对本节的实证研究结果进行稳健性检验，基于此，本节使用 Tobit 模型回归方法对式（8 - 3）进行再次回归，由于 Tobit 模型暂时无法进行动态回归，因此，本部分在回归时未包含因变量的滞后项，表 8 - 11 列出了回归结果。

表 8 - 11　　　　　　　　　　Tobit 模型回归结果

变量	经济风险		政治风险	
C	- 13. 886 *** (0. 000)	- 14. 211 *** (0. 000)	- 16. 805 *** (0. 000)	- 17. 096 *** (0. 000)
$lnGDP_{it}$	1. 182 *** (0. 000)	1. 147 *** (0. 000)	1. 174 *** (0. 000)	1. 121 *** (0. 000)
$lnPGDP_{it}$	- 0. 986 *** (0. 000)	- 0. 866 *** (0. 000)	- 0. 857 *** (0. 000)	- 0. 717 *** (0. 000)
FIN_{it}	0. 003 (0. 249)	0. 004 (0. 218)	0. 002 (0. 382)	0. 003 (0. 319)

续表

变量	经济风险		政治风险	
$RISK_{it}$	-0.108 (0.260)	0.044^{**} (0.016)	0.044 (0.610)	0.124^{**} (0.019)
$DCL_i \times RISK_{it}$	—	-0.022^{*} (0.051)	—	-0.021^{*} (0.055)
R^2	0.141	0.143	0.141	0.142

注：括号内为回归 P 值，*、**、*** 分别表示在10%、5%和1%水平上显著；"—"表示回归时，未包含该变量。

从回归结果中可以发现，除了金融发展指标 FIN_{it} 不再显著外，其他变量均与表8－8的回归结果保持一致，说明东道国金融发展对中国企业对外直接投资影响的稳健性不高。而对于东道国风险的回归结果仍显示，未包含东道国文化距离和风险变量乘积项时，$RISK_{it}$ 不显著；包含乘积项后，$RISK_{it}$ 显著为正而 $DCL_i \times RISK_{it}$ 显著为负，说明东道国风险及其与文化距离交叉的作用对中国企业对外直接投资的影响是稳健的。

第三节　民营企业对外直接投资风险选择：温州市数据实证研究

一、温州市民营企业对外直接投资概况

温州市是全国民营经济的发源地，也是中国对外开放最早的地区之一，民营企业国际化历程也领先于全国其他地方，包括企业对外直接投资行为。早在20世纪90年代初，温州市民营企业已在海外开拓市场从事对外直接投资业务。在2005年以后，在国内外经济大环境的推动下，温州市民营企业对外直接投资也呈现出快速增长的势头。2005～2013年，温州市民营企业在海外进行了288个对外直接投资项目，累计投资额达6.4亿美元，东道国覆盖57个国家。表8－12列出了温州市民营企业对外直接投资的年度基本信息。从表8－12中可以发现，温州市民营企业对外直接投资在2007～2008年出现了井喷式增长。产生这个现象的原因之一，是国内劳动力和原材料价格提升增加了民营企业的总体生产成本，另外，次贷危机的爆发使全球经济下滑，降低了在海外投资的成本。同

时，也可以发现随着企业国际化程度的提升，温州市民营企业对外直接投资单个项目金额基本呈现逐年增加的趋势，但相比于国有企业，投资规模仍过小，这也是温州市民营企业对外直接投资的小规模特征之一。温州市民营企业对外直接投资总体基本信息见表 8 – 12。

表 8 – 12   温州市民营企业对外直接投资总体基本信息

年份	投资规模（万美元）	投资项目数（个）	单项目规模（万美元）	投资国别数（个）
2005	920. 37	42	21. 90	21
2006	3 328. 47	46	72. 36	21
2007	1 774	14	147. 85	12
2008	8 636. 47	30	287. 89	15
2009	7 143. 95	28	255. 14	15
2010	9 618	30	320. 60	18
2011	8 027. 3	25	321. 09	15
2012	16 824. 6	46	365. 75	23
2013	7 943. 94	27	441. 33	18

资料来源：由温州市商务局数据整理计算而得。

在投资国别方面，温州市民营企业对外直接投资分布也较为集中，2005～2013 年投资规模排名前九位的东道国加总投资额占到了 57 个东道国总投资规模的 70% 以上；排名前五位的东道国加总投资规模更是约占到了总投资规模的 60%。这个现象充分反映了民营企业对外直接投资的集群特征，因为单个民营企业对外直接投资规模较小，集群投资能享受众多的规模经济收益。表 8 – 13 列出了温州市民营企业 2005～2013 年累计对外直接投资规模排名前九位东道国的投资状况。在前九位国家中，温州市民营企业在发达国家和发展中国家的分布较为平均，除了美国、荷兰和德国等成熟市场经济国家外，俄罗斯和土耳其等作为市场风险和收益并存的国家也受到了温州市民营企业进行对外直接投资的青睐；越南和尼日利亚等作为较落后的发展中国家，则是温州市民营企业进行生产转移对外直接投资的主要选择。表 8 – 13 的最后一列是中国社会科学院世界经济与政治研究所定期发布的《中国海外投资国家风险评级报告》中的东道国加总风险评级指标，出于数据对应的需要，本表采用 2013 年的数据。从中可以发现，尽管像埃及、越南、尼日利亚和土耳其的风险评级指标并不高，即意味着存在较大的风险，但却也是温州市民营企业的主要对外直接投资东道国，这也说明民营企业对外直接投资并不一定更倾向于风险较低的东道国。表8-13列出了温州市民营企业对外直接投资前九位东道国的投资规模及国别风险评级。

表8-13　温州市民营企业对外直接投资前九位东道国（2005~2013年累计）

排序	国别	投资规模（万美元）	投资规模占比（%）	国别风险评级
1	美国	11 504.03	17.91	AA
2	俄罗斯	6 702.15	10.44	A
3	埃及	3 050	4.75	BB
4	越南	2 930	4.56	BB
5	尼日利亚	2 169	3.38	BBB
6	荷兰	2 140.1	3.33	AA
7	土耳其	1 549	2.41	BBB
8	阿拉伯联合酋长国	1 091.7	1.70	A
9	德国	838.29	1.31	AAA

资料来源：由温州市商务局数据整理计算而得。

二、实证研究

（一）方程与数据

为了研究民营企业在对外直接投资上是否对风险存在规避态度，需要将民营企业对外直接投资数据和东道国风险数据进行匹配。温州市商务局提供了所有民营企业对外直接投资的数据，包括投资规模和东道国等。但是，由于温州市从事对外直接投资业务的民营企业多为规模以下的小企业，《中国工业企业数据库》并未收集这些企业的生产规模等数据，而对外直接投资规模恰恰取决于企业规模，这也导致了本节无法采用单个企业对外直接投资数据作为因变量进行回归。基于这种考虑，本节将温州市民营企业对相同东道国的对外直接投资规模进行合并后，匹配东道国经济数据进行回归，建立如下回归方程：

$$\ln SODI_{it} = \alpha_0 + \alpha_1 \ln GDPWZ_t + \alpha_2 \ln GDP_{it} + \alpha_3 \ln PGDP_{it} + \alpha_4 RISK_{it} + \varepsilon_{it}$$

$$(8-4)$$

在式（8-4）中，lnSODI$_{it}$为温州市民营企业 t 年对 i 东道国的对外直接投资总规模的对数值，lnGDPWZ$_t$为 t 年温州市的 GDP 规模的对数值。lnGDP$_{it}$为 i 东道国 t 年的 GDP 规模的对数值，衡量东道国市场规模对吸引民营企业对外直接投资的影响；lnPGDP$_{it}$为 i 东道国 t 年的人均 GDP 的对数值，衡量东道国经济发展程度和人均收入对吸引民营企业对外直接投资的影响。RISK$_{it}$为 i 东道国 t 年的风险指标，包含经济风险和政治风险的多个维度指标变量。

在回归方程中，温州市民营企业对外直接投资数据由温州市商务局提供的各民营企业对外直接投资规模数据汇总整理而成；温州市 GDP 规模数据来自温州市统计局。东道国 GDP 和人均 GDP 数据来自世界银行发布的世界发展指标（world develop index）。对东道国风险进行衡量的研究机构较多，也分别提供了多种不同的度量指标，与第二节一致，本节采用美国政治风险服务集团（The PRS Group）发布的跨国风险指南（ICRG）的风险指标进行度量。本节同样选择全部五个经济风险指标（通货膨胀风险、人均收入风险、经济增长风险、预算平衡风险和资本账户风险）和与投资相关的四个政治风险指标（政府稳定性风险、投资保障风险、内部冲突风险和政府腐败风险）展开实证研究。出于数据的可得性原因，本节实证研究样本的时间跨度为 2005~2013 年，并删除了部分缺失国家风险指标数据的东道国样本。表 8-14 列出了本节实证研究的样本东道国及相应的经济风险指标和政治风险指标的平均数据。

表 8-14　温州市民营企业对外直接投资各东道国经济风险指标和政治风险指标

国家	经济风险平均	政治风险平均	国家	经济风险平均	政治风险平均
阿尔及利亚	8.9	7.23	喀麦隆	6.4	7.41
阿根廷	8.3	5.63	马来西亚	7.77	7.41
阿拉伯联合酋长国	8.9	8.63	美国	7.24	8.61
阿塞拜疆	6.8	7.57	摩洛哥	6.7	7.93
埃及	5.73	5.49	墨西哥	7.4	6.85
埃塞俄比亚	6.1	5.54	尼日利亚	7.07	5.44
安哥拉	8.6	6.65	日本	8.1	8.15
澳大利亚	8.1	7.59	沙特阿拉伯	7.95	7.86
巴拿马	7.6	7.94	斯里兰卡	6.4	6.33

国家	经济风险平均	政治风险平均	国家	经济风险平均	政治风险平均
巴西	7.27	7.08	泰国	7.4	6.49
保加利亚	7.5	7.31	土耳其	6.46	6.76
德国	8.51	8.75	乌干达	7.2	6.63
俄罗斯	8	7.16	乌克兰	7.2	6.70
法国	7.2	8.28	西班牙	7.55	7.96
菲律宾	7.7	5.88	新加坡	9.45	9.5
芬兰	9.1	9.61	匈牙利	6.95	7.67
哥伦比亚	7.3	7.02	叙利亚	7.4	7.04
韩国	8.5	6.04	意大利	7.11	7.56
荷兰	7.73	8.29	印度	6.9	6.27
加拿大	7.9	9.26	印度尼西亚	7.43	6.53
柬埔寨	6.06	6.21	英国	7.47	8.03
捷克	7.8	7.63	越南	6.55	7.72

注：经济风险指标为通货膨胀风险、人均收入风险、经济增长风险、预算平衡风险和资本账户风险等五项的平均值；政治风险指标为政府稳定性风险、投资保障风险、内部冲突风险和政府腐败风险等四项的平均值；由于温州市民营企业对各东道国投资的年份不同，因而，东道国经济风险指标和政治风险指标平均值的年份也不同。

（二）混合回归结果及解释

由于温州市民营企业对各东道国进行对外直接投资的年份不同并且不连续，导致本节的样本数据为非平衡面板数据。鉴于此，本节对回归方程式（8-4）进行混合回归，分别得到表 8-15 和表 8-16 的东道国经济风险和政治风险回归结果。

表 8-15　东道国经济风险和温州市民营企业对外直接投资混合回归结果

变量	通货膨胀风险	人均收入风险	经济增长风险	预算平衡风险	资本账户风险	汇总
C	-34.027 *** (0.000)	-36.959 *** (0.000)	-33.579 *** (0.000)	-39.099 *** (0.000)	-37.735 *** (0.000)	-28.226 *** (0.000)
$\ln GDPWZ_t$	2.071 *** (0.000)	2.226 *** (0.000)	2.041 *** (0.000)	2.247 *** (0.000)	2.207 *** (0.000)	1.905 *** (0.000)
$\ln GDP_{it}$	0.265 ** (0.018)	0.274 ** (0.017)	0.275 ** (0.015)	0.286 ** (0.015)	0.266 ** (0.027)	0.312 ** (0.009)

金融发展与中国企业对外直接投资研究

续表

变量	通货膨胀风险	人均收入风险	经济增长风险	预算平衡风险	资本账户风险	汇总
$lnPGDP_{it}$	-0.160** (0.025)	-0.490** (0.017)	-0.364*** (0.008)	-0.313** (0.021)	-0.288** (0.039)	-0.533** (0.013)
$RISK\_E1_{it}$	-0.295** (0.020)	—	—	—	—	-0.338** (0.011)
$RISK\_E2_{it}$	—	0.159 (0.540)	—	—	—	0.194 (0.443)
$RISK\_E3_{it}$	—	—	-0.115** (0.038)	—	—	-0.179*** (0.008)
$RISK\_E4_{it}$	—	—	—	0.053 (0.458)	—	0.101 (0.227)
$RISK\_E5_{it}$	—	—	—	—	-0.001 (0.791)	0.029 (0.714)
R^2	0.268	0.238	0.259	0.239	0.236	0.314

注:括号内为回归 P 值;*、**、***分别表示在 10%、5% 和 1% 水平上显著;"—"表示回归中,未包含该变量。

表 8-16　东道国政治风险和温州市民营企业对外直接投资混合回归结果

变量	政府稳定性风险	投资保障风险	内部冲突风险	政府腐败风险	汇总
C	-50.704*** (0.000)	-42.037*** (0.000)	-34.646*** (0.000)	-37.662*** (0.000)	-48.538*** (0.000)
$lnGDPWZ_t$	2.657*** (0.000)	2.461*** (0.000)	2.108*** (0.000)	2.203*** (0.000)	2.664*** (0.000)
$lnGDP_{it}$	0.380*** (0.001)	0.251** (0.026)	0.228* (0.052)	0.266** (0.020)	0.312*** (0.007)
$lnPGDP_{it}$	-0.363*** (0.004)	-0.415*** (0.005)	-0.172** (0.028)	-0.297** (0.040)	-0.295* (0.070)
$RISK\_P1_{it}$	0.342*** (0.000)	—	—	—	0.345*** (0.000)
$RISK\_P2_{it}$	—	0.158** (0.049)	—	—	0.241** (0.039)
$RISK\_P3_{it}$	—	—	-0.157 (0.219)	—	0.012 (0.275)
$RISK\_P4_{it}$	—	—	—	0.018 (0.894)	0.066 (0.660)
R^2	0.316	0.255	0.245	0.236	0.344

注:括号内为回归 P 值;*、**、***分别表示在 10%、5% 和 1% 水平上显著;"—"表示回归中,未包含该变量。

从表 8 – 15 和表 8 – 16 的回归结果中可以发现，$\ln GDPWZ_t$ 的系数在各列中均显著为正，说明温州市总体经济规模的扩大能促进民营企业对外直接投资。$\ln GDP_{it}$ 的系数在各列中均显著为正，说明经济规模越大的东道国更能吸引民营企业的对外直接投资，符合市场开拓型企业对外直接投资寻求大市场东道国的逻辑。$\ln PGDP_{it}$ 的系数在各列中显著为负，说明人均 GDP 越低的东道国越能吸引民营企业的对外直接投资，由于低人均 GDP 也意味着低劳动成本，因此，该结果符合生产转移型对外直接投资寻求低成本东道国的逻辑。在表 8 – 15 东道国经济风险回归结果中，$RISK\_E1_{it} \sim RISK\_E5_{it}$ 分别代表通货膨胀风险、人均收入风险、经济增长风险、预算平衡风险和资本账户风险，从结果中可以发现，代表通货膨胀风险的 $RISK\_E1_{it}$ 和代表经济增长风险的 $RISK\_E3_{it}$ 显著为负，其他经济风险变量不显著。由于越高的风险指标代表越低的经济风险，因而该回归结果意味着民营企业在对外直接投资中更倾向于选择通货膨胀风险和经济增长风险较高的东道国。这说明在经济风险方面，民营企业总体上是对外直接投资的风险偏好者而不是风险规避者，这是因为高经济风险同时伴随着潜在的高经济收益。

在表 8 – 16 东道国政治风险回归结果中，$RISK\_P1_{it} \sim RISK\_P4_{it}$ 分别代表政府稳定性风险、投资保障风险、内部冲突风险和政府腐败风险。从结果中可以发现，代表政府稳定性风险的 $RISK\_P1_{it}$ 和代表投资保障风险的 $RISK\_P2_{it}$ 显著为正，其他政治风险变量不显著。同样，由于更高的风险指标值代表更低的东道国政治风险，该结果意味着民营企业在对外直接投资中更倾向于选择政治风险低的东道国。这说明在政治风险上，民营企业是对外直接投资的风险规避者，因为政治风险的突发性和损失严重性不是经济收益所能弥补的，并且政治风险较少伴随潜在的高经济收益。归纳而言，表 8 – 15 和表 8 – 16 的回归结果说明，民营企业在对外直接投资中是东道国经济风险的偏好者，但却是政治风险的规避者。

（三）分位数回归结果及解释

从本节第一部分的研究中可以发现，温州市民营企业对各东道国的对外直接投资规模存在较大差异，投资规模排名前列的东道国占据了温州市民营企业对外直接投资总规模的 70% 以上，这也意味着对其他东道国的投资规模较小。由于不同规模的民营企业对外直接投资受东道国经济风险和政治风险的影响程度不同，并且抗风险能力也存在差异，因而风险态度也可能存在不同。为了对此进行检验，本节使用分位数回归方法对式（8－4）再次进行回归。在风险指标上，由于表8－15和表8－16的回归结果表明，在东道国经济风险中仅通货膨胀风险和经济增长风险显著，在政治风险中仅政府稳定性风险和投资保障风险显著，因而本部分的分位数回归也仅选择这四个风险指标进行检验，分别得到表8－17和表8－18的回归结果。

表8－17　东道国经济风险和温州市民营企业对外直接投资分位数回归结果

变量	通货膨胀风险			经济增长风险		
	0.1	0.5	0.9	0.1	0.5	0.9
C	－23.525** (0.019)	－33.945*** (0.000)	－38.137** (0.010)	－35.336*** (0.004)	－27.848*** (0.000)	－41.036*** (0.000)
lnGDPWZ$_t$	1.262** (0.022)	2.161*** (0.000)	2.225*** (0.009)	1.954*** (0.006)	1.856*** (0.000)	2.390*** (0.001)
lnGDP$_{it}$	0.329** (0.010)	0.246 (0.223)	0.369* (0.069)	0.171 (0.360)	0.225 (0.322)	0.436*** (0.001)
lnPGDP$_{it}$	－0.006 (0.958)	－0.268 (0.360)	－0.317** (0.036)	－0.064 (0.700)	－0.426 (0.104)	－0.478*** (0.001)
RISK$_{it}$	－0.491*** (0.001)	－0.315* (0.077)	－0.048 (0.675)	0.042 (0.787)	－0.204** (0.026)	－0.096* (0.063)
R^2	0.143	0.152	0.177	0.117	0.137	0.186

注：括号内为回归P值；*、**、***分别表示在10%、5%和1%水平上显著。

表8－18　东道国政治风险和温州市民营企业对外直接投资分位数回归结果

变量	政府稳定性风险			投资保障风险		
	0.1	0.5	0.9	0.1	0.5	0.9
C	－48.946*** (0.000)	－54.989*** (0.000)	－44.345*** (0.001)	－34.964*** (0.000)	－43.823*** (0.000)	－51.758*** (0.000)
lnGDPWZ$_t$	2.487*** (0.001)	2.722*** (0.000)	2.414*** (0.003)	2.019*** (0.000)	2.510*** (0.000)	3.071*** (0.000)
lnGDP$_{it}$	0.283 (0.167)	0.567** (0.020)	0.440** (0.037)	0.142 (0.375)	0.385 (0.101)	0.311 (0.103)
lnPGDP$_{it}$	－0.111 (0.427)	－0.657** (0.025)	－0.481** (0.029)	－0.162 (0.208)	－0.703** (0.039)	－0.604*** (0.004)

续表

变量	政府稳定性风险			投资保障风险		
	0.1	0.5	0.9	0.1	0.5	0.9
$RISK_{it}$	0.281 ** (0.013)	0.442 *** (0.000)	0.235 ** (0.041)	0.055 (0.529)	0.153 (0.240)	0.305 ** (0.032)
R^2	0.137	0.191	0.198	0.116	0.136	0.195

注：括号内为回归 P 值；*、**、*** 分别表示在10%、5% 和1% 水平上显著。

　　从表 8 - 17 和表 8 - 18 的回归结果可以发现，$lnGDP_{it}$ 和 $lnPGDP_{it}$ 的回归系数符号未发生变化，但显著性在不同分位数回归中有所区别，这说明不同规模的民营企业对外直接投资受东道国经济规模和人均收入的影响并不相同。在表 8 - 17 东道国经济风险分位数回归中，$RISK_{it}$ 的回归结果在各分位数层面显著为负或不显著，未改变民营企业在对外直接投资中是经济风险偏好者的总体结果。在通货膨胀风险回归结果中，$RISK_{it}$ 的回归系数绝对值和显著性均随分位数的增大而减小，并在 0.9 分位数上不再显著。这是因为随着民营企业对东道国直接投资规模的扩大，因东道国通货膨胀而产生的货币贬值将可能造成更多的收益损失，从而风险偏好逐步降低。在经济增长风险回归结果中，$RISK_{it}$ 在 0.1 分位数上不显著，在 0.5 分位数上的系数绝对值和显著性均高于 0.9 分位数上的回归结果。这说明民营企业对外直接投资规模居中时，对东道国的经济增长风险偏好最高，是因为当投资规模较小时，市场收益较低不足以承担东道国经济增长的风险；而当投资规模较高时，东道国经济增长风险带来的市场规模波动损失也会降低民营企业的风险偏好。

　　在表 8 - 18 东道国政治风险分位数回归中，$RISK_{it}$ 的回归系数在各分位数层面上均显著为正或不显著，未改变民营企业在对外直接投资中是政治风险规避者的总体结果。在政府稳定性风险回归结果中，$RISK_{it}$ 的系数在各分位数层面上均显著为正，并且系数值和显著性均在 0.5 分位数上达到最大值。这说明民营企业对投资规模居中的东道国政府稳定性风险规避程度最高，这是因为当投资规模较小时，因东道国政府不稳定造成的财产损失也较小，因而对政府稳定性风险规避度也较低；当投资规模较大时，民营企业更易与东道国政府建立良好的关系，使其在政府波动时一定程度上能保全投资资产。在投资保障风险回归中，$RISK_{it}$ 的系数仅在 0.9 分位数上显著为正，在 0.1 分位数上和 0.5 分位数上不显著，说明只有当对东道国的投资规模较大时，民营企业才是投资保障风险的规避者，这是因为当对外直接投资规模较小时，投资无法保障风险所造成的财产损失小，且在民营企业所能承担的范围内，因而在投资决策时也不受东道国投资保障风险的影响。

小　结

金融发展的落后，尤其是保险业务的缺失势必会影响企业对外直接投资的风险选择行为，因而本章研究金融发展较为落后背景下东道国风险对中国企业对外直接投资产生的影响。本章的研究在总体上表明，规模扩大的集约增长维度，中国横向动机企业对外直接投资倾向于选择宏观稳定风险较低的东道国，纵向动机企业对外直接投资倾向于选择经济增长风险较低的东道国。在新设项目的扩张增长维度，中国横向动机企业对外直接投资倾向于选择经济增长风险和宏观稳定风险均较高的东道国，而中国纵向动机企业对外直接投资不受东道国经济风险的影响。进一步地，在考虑了中国和东道国之间的文化距离后，本章研究发现中国与东道国文化距离较小时，东道国较高的经济风险和政治风险能促进中国企业对外直接投资。而当中国与东道国文化距离较大时，东道国较高的经济风险和政治风险会阻碍中国企业对外直接投资，因而中国企业对外直接投资的风险偏好不是绝对的，而依赖于外部东道国文化距离条件。此外，本章利用温州市企业层面数据发现，民营企业在对外直接投资中倾向于经济风险较高的东道国，同时，也选择政治风险较低的东道国。这说明民营企业在外直接投资中是东道国经济风险的偏好者，但却是政治风险的规避者。

本章研究表明，金融发展的落后导致东道国风险成为影响中国企业对外直接投资的重要因素，因而为了防范风险，政府部门也应采取相应的对策措施。首先，本章的研究意味着东道国经济风险是影响中国企业对外直接投资的重要因素，因而为了使企业进行更科学、准确的对外直接投资决策，商务部门应及时收集并公布各东道国的经济风险信息，定时发布东道国风险评估报告，为企业对外直接投资增资或新设项目提供信息参考。其次，由于我国新设企业对外直接投资具有风险偏好的特征，倾向于对经济风险较高的国家进行投资，因而为了避免新设项目遭遇不可预测的经济损失，维持项目的稳定性和长期性，商务部门应与东道国建立深入的经济合作关系，以良好的双边关系抵消高风险的不利影响。再次，鉴于我国企业对外直接投资规模增长具有风险规避的特征，为了排除东道国经济风险产生的潜在阻碍因素，商务部门应联合金融部门为中国优质企业对外直接投资的资产提供保险业务，以推动其在海外规模的扩大。最后，相比于横向动机，生产转移的纵向动机对外直接投资对东道国经济风险的考虑更为谨慎，需要稳定的成本预期以便企业进行生产决策，因此除了东道国因素外，商务部门应积极推动与东道国合作，增加境外合作区的数量，通过设施建设等可控因素降低我国企业对外直接投资在海外的生产成本。

第九章

结论与政策建议

第一节　主要结论和进一步研究方向

一、主要结论

中国企业对外直接投资在近年来取得了全球瞩目的发展，但同时也存在资金供给不足的制约因素。本书以此为背景，从国内外影响因素视角出发，采取宏观到微观的逻辑研究各层面金融发展对中国企业对外直接投资的影响，得出了以下几点主要结论。

（一）金融发展是各国企业对外直接投资的重要推动因素

经济全球化的发展趋势推动了跨国公司的兴起，跨国公司的对外直接投资行为对各国经济及全球经济也产生了重要影响，这也显示了推动企业对外直接投资的重要性。金融发展在其中起到重要的推动作用，在总体上，从全球角度看无论是量维度的金融发展还是质维度的金融发展均能促进企业对外直接投资。不同的是，对于发达国家而言，金融资源配置的市场化程度较高，因此，对企业对外直接投资产生影响主要是量维度金融资源规模的扩大；而对于发展中国家而言，金融资源配置存在二元化结构，质维度金融资源配置效率提升也会对企业对外直接投资产生重要的影响。

（二）国内正规金融在一定条件下能促进中国企业对外直接投资

中国企业对外直接投资存在多元动机，各地区经济条件的差异会导致该地区企业对外直接投资动机有较大区别。因对外直接投资动机的差异以及量维度金融发展和质维度金融发展受益对象的差别，导致影响机理存在多样化。在以贷款为主的银行金融方面，量维度金融发展在经济发展水平较高的条件下能促进企业对外直接投资；而质维度金融发展在经济发展水平较低的条件下，能促进企业对外直接投资。在以股市和保险市场为主的非银行金融方面，金融发展在经济发展程度较高的条件下能促进企业对外直接投资。

（三）外资引进力度的增大能促进企业对外直接投资

引进外资会产生两方面的影响，分别是竞争效应和国际化效应，竞争效应指，与国内企业竞争要素资源而提升要素成本，国际化效应指，能为国内企业带来国际经验的示范。当外资引进规模较小时，一方面，竞争效应力度不大，对要素成本的影响力度不大；另一方面，国际化效应也不明显，并没有催生国内企业的对外直接投资意愿。而当外资引进规模加大后，竞争效应会较大幅度地提高要素成本，迫使国内企业通过对外直接投资规避竞争；国际化效应为企业带来竞争力提升辐射影响，提高企业进行对外直接投资的倾向。因此，加大外资引进力度，扩大国内外资规模会促使国内企业加大对外直接投资的可能性。

（四）民间金融发展是推动中国企业对外直接投资的重要因素

民间金融发展在多个方面会对中国企业对外直接投资产生影响，在外部条件完备及企业自身条件完善的情况下能推动企业对外直接投资。首先，民间借贷规模的扩大增加了企业的可用资金，当企业所在地经济条件不利于企业长期发展时，企业可以通过民间借贷筹集资金进行对外直接投资。其次，小额贷款公司的发展为对外直接投资企业获取资金提供更为灵活的选择，能促进对外直接投资规模的扩大和项目数量的增加。最后，在企业层面，获得更多民间金融的资金支持，能使高生产率企业提升对外直接投资倾向。总体而言，民间金融的市场性和灵活性，有助于企业获得更多的资金资源用于对外直接投资业务。

（五）东道国金融发展能吸引中国不同动机的企业对外直接投资

在东道国当地进行融资，也为解决中国企业对外直接投资资金问题提供了利用渠道，因而，东道国金融发展带来的融资便利也会增加对中国企业对外直接投资的吸引力。总体上，东道国量维度金融发展能吸引中国企业对外直接投资，质维度金融发展则不产生影响。更为细致地，东道国量维度金融发展对于吸引中国横向动机企业对外直接投资有更大的效果，质维度金融发展则会吸引中国纵向动机对外直接投资。这是因为中国横向动机对外直接投资和纵向动机对外直接投资主体的资金获取能力不同，对东道国量维度金融发展和质维度金融发展的依赖存在差异。

（六）不同维度东道国金融发展对中国企业对外直接投资会产生不同影响

诞生于中国经济环境下的企业具备对中国金融市场的适应性和相应的获取金融资源的竞争力，在东道国进行融资时这种适应性也会发生作用。因而，东道国金融发展距离也会影响中国企业对外直接投资。量维度上，在金融发展程度高于中国的东道国，金融发展距离的扩大会减少中国企业对外直接投资；在金融发展程度低于中国的东道国，金融发展距离的扩大会增加中国企业的对外直接投资。质维度上，在金融发展程度高于中国的东道国，金融发展距离的扩大不影响中国企业对外直接投资；在金融发展程度低于中国的东道国，金融发展距离的扩大会减少中国企业的对外直接投资。

（七）融资约束的存在会阻碍企业对外直接投资并减少区位选择范围

中国金融发展程度相对落后，融资约束是企业存在的普遍现象，这也体现在企业对外直接投资中。对于劳动密集型企业而言，融资约束降低了其劳动成本规避型的生产转移对外直接投资倾向；对于资本密集型企业而言，融资约束反而逆向迫使其通过对外直接投资到国外获取资本。同时，相比于国有企业和重工业企业，民营企业和轻工业企业融资约束带来的对外直接投资制约影响更大。在区位选择方面，融资约束降低了对外直接投资企业的竞争力，迫使其选择市场规模较小、经济发展程度较落后以及技术水平较低的东道国。进一步地，融资约束会使低生产率企业选择高金融发展程度的东道国弥补其竞争力劣势；对于高生产率企业，融资约束反而会使其选择低金融发展程度的东道国淡化金融资源的竞争。

二、进一步研究方向

本书从国内正规金融、民间金融、东道国金融以及企业内部融资约束等多个层面研究了金融发展对企业对外直接投资的影响，实证研究也采用了从宏观到微观的多个数据样本，总体上能够保障本书研究的系统性与完善性。然而，尽管有微观层面数据的支撑，本书在理论机理构建和实证研究上仍以宏观层面为主，受困于微观层面的理论模型进展以及详细数据，金融发展如何影响企业对外直接投资领域的研究仍需微观层面的论述，这也构成了本书后续的进一步研究方向。

（一）企业融资能力影响对外直接投资行为的微观模型设计

金融发展在宏观上体现在金融资源总量增加和配置优化，在微观上体现在企业融资能力的提升，本书构建的理论机理阐释了宏观上金融发展对企业对外直接投资的影响，尚未推导出微观层面融资能力提升对企业对外直接投资的影响。当前西方学术界企业对外直接投资行为微观层面的模型框架大体上是基于异质性企业国际贸易模型框架构建的，主要是阐述了生产率差异如何影响企业对外直接投资决策，该框架也可以为研究融资能力对企业对外直接投资的影响方式提供参考。进一步的研究先应在模型上将融资能力处理成广义的生产率要素之一，以此方式将融资能力变量纳入基本框架，在此基础上，需进一步模型化融资能力变化产生的微观效应，最终完善微观理论模型。

（二）企业对外直接投资微观数据库的构建与应用

当前，宏观层面上的企业对外直接投资数据，主要来源于《中国对外直接投资统计公报》，包括本书在内的大部分宏观实证研究都应用该数据库。微观层面的企业对外直接投资数据主要有两个来源：一是商务部发布的《境外直接投资企业（机构）名录》；二是从各上市公司年报中收集的数据。对于详细的微观实证研究，这两个数据库难以得出全面的结论，第一个数据库没有企业层面对外直接投资规模数据；第二个数据库的上市公司代表的是融资能力强的企业，无法反映低融资能力企业的状况。因此，针对金融发展影响企业对外直接投资微观实证方面的进一步研究方向是建设微观数据库，该数据库需包含企业层面对外直接投资规模在内的各类信息数据，且能与企业金融微观层面的数据库进行字段匹配。

（三） 民间金融发展和企业融资能力的微观度量

在中国，民间金融因市场灵活性构成了金融发展的重要组成部分，本书也研究了民间金融发展对企业对外直接投资的影响，但本书的度量方法，一是从宏观总量上着手；二是从企业内部状况寻找替代指标。在针对民间金融的实证研究中，度量指标的构建一直是个难题，尤其是微观概念上的度量，这个问题也存在于对企业融资能力的度量上。为了在微观上链接金融发展和企业对外直接投资的相关性，在指标上必须构建既合乎理论又存在可行性的度量方法。因此，设计民间金融发展和企业能力的微观度量方法，是微观金融层面进一步的研究方向。由于存在隐含性和多重性的特征，对民间金融发展和企业融资能力进行直接度量存在以偏概全的问题。因此，进一步的研究可以采用间接度量的方法，从企业资本状况提出可观察的其他变量进行逆向度量。

第二节　中国利用金融发展推动企业 对外直接投资的政策建议

本书的研究结合中国经济发展特征和政策热点分析金融发展对企业对外直接投资的影响，在金融改革和"一带一路"倡议推动企业对外直接投资的背景下，本书的研究结论也能为推动这两类政策的协调发展提供政策参考。具体地，本书研究的政策建议如下：

（一） 设立企业对外直接投资专项优惠贷款基金

国内金融资源的匮乏使得存在较大风险的企业对外直接投资难以通过市场竞争获得贷款，中小企业对外直接投资更难以找到融资渠道。因此，一方面，政府应通过政策性银行设立官方背景的低息企业对外直接投资专项贷款，分设中长期大型项目类型以及中小企业类型的对外直接投资专项贷款，为不同类型的企业对外直接投资提供针对性的政策贷款支撑；另一方面，政府应鼓励大型国有企业为企业对外直接投资业务设立专项贷款基金，以市场同等利率定向贷款给对外直接投资企业，既可以保障商业银行的基本收益，又可以保障企业对外直接投资业务的资金来源。

（二）在境外合作区建设中配套国内银行分支机构

境外合作区建设是当前中国推动企业对外直接投资的重要手段，然而，金融资源不足也是入驻境外合作区企业的"瓶颈"，制约企业对外直接投资规模的进一步扩大。因而，在境外合作区的建设中应鼓励资金实力强大、抗风险能力强的银行机构在合作区内设立分支机构，依托国内银行的资金优势定向为境外合作区内的企业提供对外直接投资业务所需的贷款。境外合作期内的银行分支机构，一方面，能直接有效地监管对外直接投资贷款资金的使用情况；另一方面，也能在对外直接投资企业与国内银行之间建立信息传递链接，有效调配贷款资金，提升贷款效率。对于银行而言，该措施有助于在境外寻找高效益的投资项目，增加银行获取收益的来源渠道。

（三）设立企业对外直接投资保险和担保业务

由于历程较短和经验较浅，中国企业在对外直接投资中存在一定的风险，尤其是对发展中国家的直接投资业务，包括发展中国家潜在的经济风险和政治风险。为了避免投资风险对企业产生负面的对外直接投资决策影响，政府应设立相应的保险业务和担保业务，通过政策性金融机构设立专项业务基金。一方面，政府应为国内投资者的对外直接投资资金进行担保，为各类金融机构的专项对外直接投资业务贷款进行担保；另一方面，政府也应为企业对外直接投资过程中的外汇兑换风险、东道国政治风险和战争风险等造成的损失提供保险业务。此外，针对中小企业从事对外直接投资抗风险能力更弱的事实，政府应为此设立专项基金，保障中小企业获得对外直接投资保险业务的保障。

（四）引导民间金融资金合理合规流向企业对外直接投资业务

在金融改革领域，对民间资金的有效引导有助于降低国内金融市场的风险与波动，民营企业对外直接投资的资金匮乏为民间资本的流向提供了一个渠道。金融部门应鼓励民间金融机构为企业对外直接投资业务提供资金服务，降低审批门槛，制定相应的资金流动规范制度。在金融改革试点地区试行设立专门的民营性质企业对外直接投资资金服务机构，鼓励民间金融机构到境外合作区设立分支机构服务中小企业。同时，在引导民间金融服务企业对外直接投资时，应加强资金流向的监控和评估，防范非法资金的国外转移。

（五）加强东道国金融发展信息的披露和传递

东道国金融发展是影响中国企业对外直接投资的重要因素之一，因而，对各东道国金融状况信息的掌控有助于降低企业对外直接投资的盲目性。商务部门应实时收集各国的金融市场信息，包括具体的资金服务政策举措等，分类编制各类东道国金融状况信息并加以专业分析，并及时通过公开信息披露等形式发布相应的数据信息。商务部门应保持金融信息传递的渠道多样化，发挥各行业协会在政府信息发布和企业信息接收过程中的重要中介作用，鼓励帮助各行业协会设立专门的东道国信息交流部门与传递部门，保障企业能在第一时间获悉东道国的金融状况变化。

（六）与东道国建立企业融资服务协议

在东道国当地进行融资也是企业解决对外直接投资所需资金问题的有效渠道之一，然而，单个企业与东道国当地金融机构及政府间的合作谈判能力有限。因此，相关商务部门应主导与东道国政府及金融机构之间建立合作协议，为对外直接投资企业争取东道国的优惠融资服务，并以政府信用为金融服务提供担保。此外，在境外合作区建设中应与东道国政府协商由东道国建立相应的配套融资措施，为境外合作区内的中国企业就地融资提供保障。鼓励对外直接投资企业通过集体谈判或企业组织与东道国金融机构建立合作，并以企业组织为担保争取东道国更多的资金服务。

（七）通过外资引进培育企业融资能力

成熟的发达国家企业具有丰富的国际化经验，在融资方面也具有较强的竞争力，值得中国对外直接投资企业学习。因此，商务部门应同时加大力度引进优质外资企业，加强外资企业与国内对外直接投资企业之间的交流合作，以外资企业的成熟融资经历为中国跨国公司提供示范，通过学习加强中国企业的融资能力。同时，在引进外资的过程中，可以采取换股的形式增加中国企业在并购中的股份；也可以通过合资形式利用外资企业的资金进行对外直接投资，增加中国企业对外直接投资的资金来源渠道。

（八）规范企业对外直接投资金融服务监管体系

金融机构为企业对外直接投资业务提供专项金融服务时资金流向了国外，在优化金融资源配置的同时，也增加了资金风险和监管难度。为了保障专项资金的安全及防止非法资金外流，在鼓励此项业务的同时，商务部门和金融部门同时应建立完善的企业对外直接投资专项资金的监管体系，在简化审批门槛的同时制定完备的登记和过程管理机制。建立从专项资金设立、去向管理以及收益管理等一整套程序的有效管理，以国内金融机构为源头防止资金的非法使用和非法资金的外逃。

参 考 文 献

一、中文参考文献

1. 包群，阳佳余．金融发展影响了中国工业制成品出口的毕竟优势吗？世界经济，2008（3）：21－33.

2. 陈恩，陈博．中国对发展中国家直接投资区位选择及影响因素．国际经济合作，2015（8）：14－20.

3. 陈磊，宋丽丽．金融发展与制造业出口的二元边际——基于新新贸易理论的实证分析．南开经济研究，2011（4）：69－85.

4. 程华．中国的金融发展与经济增长：基于微观数据的实证研究．经济理论与经济管理，2004（5）：24－29.

5. 成诗跃，许敏．中国对外直接投资的国内制度评析．经济问题探索，2011（10）：149－154.

6. 池建宇，方英．中国对外直接投资区位选择的制度约束．国际经贸探索，2014（1）：81－91.

7. 邓向荣，杨彩丽．极化理论视角下中国金融发展的区域比较．金融研究，2011（3）：86－96.

8. 邓向荣，马彦平，杨彩丽．金融开放背景下中国区域金融发展的收敛性与差异分析——基于参数和非参数的估计．现代财经，2012（1）：26－35.

9. 杜家廷．中国区域金融发展差异分析——基于空间面板数据模型的研究．财经科学，2010（9）：33－41.

10. 杜晓英．金融发展对出口复杂度的影响机制．当代经济研究，2015（1）：86－92.

11. 官建成，王晓静．中国对外直接投资决定因素研究．中国软科学，2007（2）：59－65.

12. 龚静. 母国制度因素对中国省际对外直接投资的影响研究——基于 31 个省区市动态面板模型的实证分析. 产经评论, 2014 (7): 150 - 160.

13. 顾国达, 郭爱美. 金融发展与出口复杂度提升——基于作用路径的实证. 国际经贸探索, 2013 (11): 101 - 112.

14. 郭斌, 刘曼路. 民间金融与中小企业发展: 对温州的实证分析. 经济研究, 2002 (10): 40 - 46.

15. 郭亦玮, 郭晶, 王磊. 中国区域金融发展对出口复杂度影响的实证研究. 中国软科学, 2013 (11): 151 - 160.

16. 韩剑. 垂直型和水平型对外直接投资的生产率门槛——基于中国企业层面微观数据的研究. 中国经济问题, 2015 (5): 38 - 50.

17. 韩剑, 陈艳. 金融发展与企业出口的二元边际. 世界经济与政治论坛, 2014 (1): 124 - 141.

18. 何本芳, 张祥. 中国企业对外直接投资区位选择模型探索. 财贸经济, 2009 (2): 96 - 101.

19. 何帆. 中国对外投资的特征与风险. 国际经济评论, 2013 (1): 34 - 50.

20. 洪联英, 刘解龙. 为什么中国企业对外直接投资增而不强——一个微观生产组织控制视角的分析. 财贸经济, 2011 (10): 95 - 104.

21. 洪联英, 唐寅, 彭媛. 中国企业对外直接投资的微观障碍分析——基于生产率异质性理论的分析方法. 世界经济研究, 2012 (9): 72 - 80.

22. 胡兵, 邓富华. 腐败距离与中国对外直接投资——制度观和行为学的整合视角. 财贸经济, 2014 (4): 82 - 92.

23. 胡博, 李凌. 中国对外直接投资的区位选择——基于投资动机的视角. 国际贸易问题. 2008 (12): 96 - 102.

24. 胡金焱, 张博. 民间金融、产业发展与经济增长——基于中国省际面板数据的实证研究. 中国工业经济, 2013 (8): 15 - 28.

25. 黄砚玲, 龙志和, 林光平. 中国区域金融发展收敛性的空间经济计量研究——来自浙江省 67 个县市区 1997~2008 年的实证分析. 上海经济研究, 2010 (4): 65 - 71.

26. 黄益平. 对外直接投资的"中国故事". 载黄益平, 何帆, 张永生．中国对外直接投资研究，北京大学出版社，2013.

27．冀相豹．中国对外直接投资影响因素分析——基于制度的视角．国际贸易问题，2014（9）：98 – 108.

28．冀相豹，葛顺奇．母国制度环境对中国 OFDI 的影响——以微观企业为分析视角．国际贸易问题，2015（3）：76 – 85.

29．蒋冠宏．制度差异、文化距离与中国企业对外直接投资风险．世界经济研究，2015（8）：37 – 47.

30．姜广省，李维安．政府干预是如何影响企业对外直接投资的？——基于制度理论视角的研究．财经研究，2016（3）：122 – 133.

31．金芳．中国国际直接投资对外上升中的失衡特征及其纠正．世界经济研究，2016（2）：69 – 77.

32．黎欢，龚六堂．金融发展、创新研发与经济增长．世界经济文汇，2014（2）：1 – 15.

33．李敬，冉光和，孙晓铎．中国区域金融发展差异的度量与变动趋势分析．当代财经，2008（3）：34 – 40.

34．李敬，冉光和，万丽娟．中国对外直接投资的制度变迁及其特征．亚太经济，2006（6）：81 – 84.

35．李敬，徐鲲，杜晓．区域金融发展的收敛机制与中国区域金融发展差异的变动．中国软科学，2008（11）：96 – 105.

36．李磊，包群．融资约束制约了中国工业企业的对外直接投资吗？财经研究，2015（6）：120 – 131.

37．李健，卫平．民间金融、城市化与创新能力实证．中国人口·资源与环境，2015（2）：152 – 159.

38．李建军．中国未观测信贷规模的变化：1978～2008．金融研究，2010（4）：42 – 47.

39．李苗苗，肖洪钧，赵爽．金融发展、技术创新与经济增长的关系研究——基于中国的省市面板数据．中国管理科学，2015（1）：162 – 169.

40．李青原，李江冰，江春．金融发展与地区实体经济资本配置效率——来自省级工业行业数据的证据．经济学（季刊），2013（1）：527 – 548.

41．李阳，臧新，薛漫天．经济资源、文化制度与对外直接投资的区位选择——基于江苏省面板数据的实证研究.国际贸易问题,2013（4）：148－157.

42.梁静波.中国对外直接投资不均衡：状况、成因及调整.江西社会科学,2012（7）：54－59.

43.刘华军,鲍振.中国金融发展的空间非均衡与极化研究.当代财经,2012（9）：45－53.

44.刘莉亚,何彦林,王照飞,程天笑.融资约束会影响中国企业对外直接投资吗?——基于微观视角的理论和实证分析.金融研究,2015（8）：124－140.

45.陆静.金融发展与经济增长关系的理论与实证研究——基于中国省际面板数据的协整分析.中国管理科学,2012（1）：177－184.

46.陆文喜,李国平.中国区域金融发展的收敛性分析.数量经济技术经济研究,2004（2）：125－128.

47.罗伟,葛顺奇.中国对外直接投资区位分布及其决定因素——基于水平型投资的研究.经济学（季刊）,2013（4）：1443－1464.

48.毛毅.融资约束、金融发展与企业出口行为.山西财经大学学报,2013（4）：9－19.

49.孟夏,陈磊.金融发展、FDI与中国制造业出口绩效——基于新新贸易理论的实证分析.经济评论,2012（1）：108－115.

50.欧阳峣.基于"大国综合优势"的中国对外直接投资战略.财贸经济,2006（5）：57－60.

51.逄芳.中国对外直接投资状况与问题分析.经济理论与经济管理,2007（4）：73－75.

52.裴长洪,樊瑛.中国企业对外直接投资的国家特定优势.中国工业经济,2010（7）：45－54.

53.蒲勇健,魏亚敏.中国省域金融成熟度的收敛性——基于空间面板数据模型的实证分析.技术经济,2013（4）：104－129.

54.綦建红,杨丽.中国OFDI的区位决定因素——基于地理距离与文化距离的检验.经济地理,2012（12）：40－46.

55.齐俊妍.金融发展与贸易结构——基于HO模型的扩展分析.国际贸易问题,2005（7）：15－19.

56.齐俊妍,王永进,施炳展,盛丹.金融发展与出口技术复杂度.

世界经济，2011（7）：91 - 118.

57. 邱立成，王凤丽. 中国对外直接投资主要宏观影响因素的实证研究. 国际贸易问题，2007（6）：78 - 82.

58. 邱立成，杨德彬. 中国企业 OFDI 的区位选择——国有企业和民营企业的比较分析. 国际贸易问题，2015（6）：139 - 147.

59. 汝毅，郭晨曦，吕萍. 高管股权激励、约束机制与对外直接投资速率. 财经研究，2016（3）：4 - 15.

60. 沈红波，寇宏，张川. 金融发展、融资约束与企业投资的实证研究. 中国工业经济，2010（6）：55 - 64.

61. 史龙祥，马宇. 金融发展对出口结构优化的影响. 财贸经济，2008（4）：105 - 110.

62. 石盛林. 中国县域金融发展水平收敛性问题的实证研究. 中央财经大学学报，2010（12）：29 - 32.

63. 苏基溶，廖进中. 开放条件下的金融发展：技术进步与经济增长. 世界经济文汇，2009（5）：90 - 105.

64. 孙黎，李俊江. 全球价值链视角下中国企业对外直接投资的驱动力研究. 社会科学战线，2015（12）：56 - 62.

65. 孙力军，张立军. 金融发展影响经济增长的三大间接渠道及其检验. 经济科学，2008（2）：28 - 37.

66. 孙灵燕，李荣林. 融资约束限制中国企业出口参与吗？经济学（季刊）. 2011（1）：231 - 252.

67. 孙少勤，邱斌. 金融发展与中国出口结构优化研究——基于区域差异视角的分析. 南开经济研究，2014（1）：17 - 31.

68. 孙晓羽，支大林. 中国区域金融发展差异的度量及收敛趋势分析. 东北师大学报（哲学社会科学版），2013（3）：45 - 49.

69. 田菁. 中国区域金融发展：差异、特点及政策研究. 财经问题研究，2011（2）：64 - 70.

70. 万璐，李娟. 金融发展影响中国企业出口二元边际的实证研究. 南开经济研究，2014（4）：93 - 111.

71. 王碧珺. 被误读的官方数据——揭示真实的中国对外直接投资模式. 国际经济评论，2013（1）：61 - 74.

72. 王方方，杨志强. 企业异质性与中国对外直接投资"第三方"效应——基于企业微观数据的考察.国际经贸探索,2013(2):103-116.

73. 王广谦.中国金融发展中的结构问题分析.金融研究,2002(5):47-56.

74. 王春宇.中国民间借贷发展研究.哈尔滨:哈尔滨商业大学出版社,2010.

75. 王胜,田涛.中国对外直接投资区位选择的影响因素研究——基于国别差异的视角.世界经济研究,2013(12):60-66.

76. 王恕立,向姣姣.制度质量、投资动机与中国对外直接投资的区位选择.财经研究,2015(5):134-144.

77. 王勋.发展中国家对外直接投资:基于金融抑制视角的分析.载黄益平,何帆,张永生.中国对外直接投资研究,北京大学出版社,2013.

78. 温磊.中国对外直接投资决定因素的实证研究.山西大学学报(哲学社会科学版),2013(7):104-108.

79. 吴群锋,蒋为.全球华人网络如何促进中国对外直接投资?财经研究,2015(12):95-106.

80. 吴晓怡,邵军.金融发展、外部融资约束与出口平稳发展——基于贸易联系持续期视角的实证研究.国际贸易问题,2014(7):144-154.

81. 熊鹏,王飞.中国金融深化对经济增长内生传导渠道研究——基于内生增长理论的实证比较.金融研究,2008(2):51-60.

82. 谢孟军.出口抑或对外投资——基于制度距离的视角.国际商务-对外经济贸易大学学报,2015(6):114-124.

83. 谢孟军,郭艳茹.法律制度质量对中国对外直接投资区位选择影响研究——基于投资动机视角的面板数据实证检验.国际经贸探索,2013(6):107-118.

84. 徐建军,汪浩瀚.中国金融发展对国际贸易的影响机理阐释及经验证据.国际贸易问题,2009(2):100-107.

85. 许和连,李丽华.文化差异对中国对外直接投资区位选择的影响分析.统计与决策,2011(17):154-156.

86. 阎大颖.中国企业对外直接投资的区位选择及其决定因素.国际贸易问题,2013(7):128-135.

87. 阎大颖，洪俊杰，任兵．中国企业对外直接投资的决定因素：基于制度视角的经验分析．南开管理评论，2009，(6)：135－142.

88. 阎海峰，黄烨菁，罗志松．中国企业对外直接投资行为分析．世界经济研究，2009(7)：50－56.

89. 阳佳余．融资约束与企业出口行为：基于工业企业数据的经验研究．经济学（季刊），2012(4)：1503－1524.

90. 杨树旺，刘荣．中国经济转轨中的金融发展特征研究．金融研究，2003(12)：97－104.

91. 杨挺，李志中，张媛．中国经济新常态下对外投资的特征与前景．国际经济合作，2016(1)：28－37.

92. 姚耀军．金融发展对出口贸易规模与结构的影响．财经科学，2010(4)：25－31.

93. 叶初升，闫斌．新常态下的中国对外直接投资：特征事实、大逻辑与理论启示．2015(5)：82－89.

94. 于超，葛和平，曹家和．中国对外直接投资决定因素的理论分析与实证检验．学术论坛，2011(6)：109－114.

95. 余官胜，李会粉．横向、纵向抑或两者兼具——中国企业对外直接投资动机实证研究．财贸研究，2013(5)：79－85.

96. 余官胜，林俐．企业海外集群与新晋企业对外直接投资区位选择．地理研究，2015(2)：364－372.

97. 云鹤，胡剑锋，吕品．金融效率与经济增长．经济学（季刊），2012(1)：195－212.

98. 张成思，李雪君．基于全球视角的中国金融发展指数研究．金融研究，2012(6)：54－67.

99. 张慧．中国对外直接投资的发展现状及特点分析．经济问题探索，2014(6)：112~119.

100. 张军，金煜．中国的金融深化和生产率关系的再检测：1987~2001．经济研究．2005(11)：34－45.

101. 张为付．影响中国企业对外直接投资因素研究．中国工业经济，2008，(11)：130－140.

102. 张中元．东道国制度质量、双边投资协议与中国对外直接投资——基于面板门限回归模型（PTR）的实证分析．南方经济，2013

（4）：49 – 62.

103. 赵蓓文．经济全球化新形势下中国企业对外直接投资的区位选择．世界经济研究，2015（6）：119 – 127.

104. 赵伟，马瑞永．中国区域金融发展的收敛性、成因及政策建议．中国软科学，2006（2）：94 – 101.

105. 郑展鹏，刘海云．体制因素对中国对外直接投资影响的实证研究——基于省际面板的分析，经济学家，2012，（6）：65 – 71.

106. 周丹，金雪金．区域金融发展制度及其特征属性的国际比较．经济体制比较．2014（2）：158 – 162.

107. 周立．渐进转轨、国家能力与金融功能财政化．财经研究，2005（2）：26 – 37.

108. 周立，胡鞍钢．中国金融发展的地区差异状况分析（1978 ~ 1999）．清华大学学报（哲学社会科学版），2002（2）：60 – 74.

109. 周立，王子明．中国各地区金融发展与经济增长实证分析：1978 ~ 2000．金融研究，2002（10）：1 – 13.

110. 周经，张利敏．制度距离、强效制度环境与中国跨国企业对外直接投资模式．国际贸易问题，2014（11）：99 – 108.

111. 朱华．中国对外直接投资：新格局和新特点．国际经济合作，2012（1）：18 – 21.

112. 宗芳宇，路江涌，武常岐．双边投资协定、制度环境和企业对外直接投资区位选择．经济研究，2012（5）：71 – 82.

二、英文参考文献

1. Antras P., Helpman E. Global Sourcing, Journal of Political Economy, 2004, 112（2）：552 – 580.

2. Barry F., Strobl E. Foreign Direct Investment，Agglomerations and Demonstration Effects：An Empirical Investigation，CEPR Discussion Papers，2002，No. 2907.

3. Becker B., Greenberg D. Financial Development, Fixed Cost and International Trade. University of Illinois mimeo, 2007.

4. Bhasin N., Jain V. Home Country Determinants of Outward FDI：A Study of Select Asian Economies. SSRN No. 2206739, 2013.

5. Boot A. , Thakor A. Financial System Architecture. Review of Financial Studies, 1997, 10 (3): 695 - 733.

6. Boyd J. , Smith B. Intermediation and the Equilibrium Allocation of Investment Capital: Implications for Economic Development. Journal of Monetary Economics, 1992, 30 (3): 409 - 432.

7. Brainard L. An Empirical Assessment of Proximity - Concentration Tradeoff Between Multinational Sales and Trade. American Economic Review, 1997, 87 (2): 520 - 544.

8. Braunnerhjelm P. , Svenson R. Host Country Characteristics and Agglomeration in Foreign Direct Investment. Applied Economics, 1996, 28 (3): 833 - 840.

9. Buckley P. , Castro F. The Investment Development Path: the Case of Portugal, Transnational Corporations, 1998, (1): 1 - 15.

10. Calderon C. , Liu L. The Direction of Causality between Financial Development and Economic Growth. Journal of Development Economics, 2003, 72 (2): 321 - 334.

11. Casson M. Alternatives to MNE. MacMillan, London, 1979.

12. Chaney T. Liquidity Constrained Exporters. University of Chicago mimeo, 2005.

13. Chenug Y. , Qian X. Empirical of China's Outward Direct Investment. Pacific Economic Review, 2009, (3): 312 - 341.

14. Chor D. , Manova K. Off the Cliff and Back? Credit Conditions and International Trade during the Global Financial Crisis. Journal of International Economics, 2012, 87 (1): 117 - 133.

15. Dunning J. Trade, Location of Economic Activity and the Multinational Enterprise: A Search for an Eclectic Approach. in Ohlin B. , P. Hesselbornamp and P. Nijkman (ed) , The International Allocation of Economic Activity, London: Macmillan, 1977.

16. Dunning J. Toward an Eclectic Theory of International Production: Some Empirical Tests. Journal of International Business Studies, 1980, (1): 9 - 31.

17. Dunning J. Explaining the International Direct Investment Position of

countries: toward a dynamic or developmental approach, Review of World Economics, 1981 (1): 30 - 64.

18. Fry M. Financial Development: Theories and Recent Experience. Oxford Review of Economic Policy, 1989, 5 (1): 13 - 27.

19. Fung M. Financial Development and Economic Growth: Convergence or Divergence?. Journal of International Money and Finance, 2009, 28 (1): 56 - 67.

20. Goldsmith R. Financial Structure and Economic Development. New Haven: Yale University Press, 1969.

21. Greenwood J., Smith B. Financial Development, Growth and the Distribution of Income. Journal of Economic Dynamics and Control, 1997, 21 (1): 145 - 181.

22. Gregorio J., Guidotti P. Financial Development and Economic Growth. World Development, 1995, 23 (3): 433 - 448.

23. Grossman G, Helpman E. and Szeidl A. Optimal integration strategies for the multinational firm. Journal of International Economics, 2006, 70 (1): 216 - 238.

24. Gurley J., Shaw E. Money in a Theory of Finance. Washington, DC: Brookings Institution, 1960.

25. Hanson G., Mataloni R. and Slaughter M. Expansion aboard and the domestic operations of U.S. multinational firms, Mimeo, Dartmouth College. 2003.

26. Hanson G., Raymond J., Mataloni J. and Matthew J. Expansion Strategies of US Multinational Firms. In Dani Rodrik and Susan Collins (eds.) Brookings Trade Forum 2001. Washington D. C. Brookings Institution, 2001.

27. Hassan M., Sanchez B. and Yu J. Financial Development and Economic Growth: New Evidence from Panel Data. The Quarterly Review of Economics and Finance, 2011, 51 (1): 88 - 104.

28. Helpman E. A Simple Theory of International Trade with Multinational Corporations. Journal of Political Economy, 1984, 92 (1): 451 - 471.

29. Helpman E., Melitz M. and Yeaple S. Export versus FDI with Heterogeneous Firms. American Economic Review, 2004, 94 (1): 300 - 316.

30. Hymer S. The International Operations of National Firms: A Study of Direct Foreign Investment. Cambridge, MA: MIT Press, 1967.

31. Kapur B. Optimal Financial and Foreign-Exchange Liberalization of Less-Developed Economies. Quarterly Journal of Economics, 1983, 97 (1): 41 – 62.

32. Kayam S. Home market determinants of FDI outflows from developing and transition economies, MPRA Paper, 2009, No. 16781.

33. Khanindra C. Home Country Determinants of Outward FDI from Developing Countries, The Journal of Applied Economic Research February, 2013, (1): 93 – 116.

34. Kolstad I., Wiig A. What Determines Chinese Outward FDI? Journal of World Business, 2012, 47 (1): 26 – 34.

35. Kojima K. Direct Foreign Investment: A Japanese Model of Multinational. Business Operations, New York: Praeger Press, 1978.

36. Law S., Singh N. Does Too Much Finance Harm Economic Growth? Journal of Banking & Finance, 2014 (1): 1 – 32.

37. Manova K. Credit Constraints, Heterogeneous Firms and International Trade [R]. NBER Working paper, 2008.

38. Markusen J. Multinationals, multi-plant economies and the gains from trade. Journal of International Economics, 1984, 16 (1): 205 – 226.

39. Masron A., Shahbudin A. Push Factors' of Outward FDI: Evidence from Malaysia and Thailand. Journal of Business & Policy Research, 2010, 5 (1): 54 – 68.

40. Mathews J. Dragon multinationals: New players in 21st century globalization. Asia Pacific Journal of Management. 2006, 23 (1): 5 – 27.

41. McKinnon R. Money and Capital in Economic Development. Washington, D C: The Brookings Institution, 1973.

42. Melitz M. The impact of trade on intra-industry reallocations and aggregate industry productivity. Econometrica, 2003, 71 (4): 1695 – 1725.

43. Patrick H. Financial Development and Economic Growth in Underdeveloped Countries. Economic Development and Cultural Change, 1966, 14 (2): 174 – 189.

44. Rioja F. , Velev N. Finance and the Sources of Growth at Various Stage of Economic Development. Economic Inquiry , 2004, 42 (1): 127 – 140.

45. Schreft S. , Smith B. The Effects of Open Market Operations in a Model of Intermediation and Growth. Review of Economic Studies, 1998, 65 (3): 519 – 550.

46. Shaw E. Financial Deeping in Economic Development. Oxford: Oxford University Press, 1973.

47. Stoian C. , Mohr A. Outward Foreign Direct Investment from Emerging Economies: Escaping Home Country Regulative Voids. International Business Review, 2016 (2): 1 – 14.

48. Svaleryd H. , Vlachos J. Financial Markets, the Pattern of Industrial Specialization and Comparative Advantage: Evidence from OECD Countries. European Economic Review, 2005, 49 (1): 113 – 144.

49. Tolentino E. Home Country Macroeconomic Factors and Outward FDI of China and India, Journal of International Management, 2008, 16 (1): 102 – 120.

50. Wells L. Third World Multinationals. Cambridge, MA: MIT Press, 1983.

51. Yeaple S. The Complex Integration Strategies of Multinationals and Cross Country Dependencies in the Structure of Foreign Direct Investment. Journal of International Economics, 2003, 60 (1): 293 – 314.

52. Yang X. , Jiang Y. , Kang R. and Ke Y. A comparative analysis of the internationalization of Chinese and Japanese firms. Asia Pacific Journal of Management, 2009 (1): 141 – 162.

后　记

　　本人于 2012 年开始关注中国企业对外直接投资快速增长现象，那时主要关注其对经济发展的影响。最初几年的研究成果于 2014 年形成书稿《企业对外直接投资、经济发展与国内就业》，获国家社会科学基金后期资助项目立项，并于 2015 年结题出版。《金融发展与中国企业对外直接投资研究》则是在《企业对外直接投资、经济发展与国内就业》基础上，从金融发展角度研究中国企业对外直接投资快速增长的原因，包括国内正规金融、民间金融以及东道国金融发展等维度。在总体上，本书的研究表明，在恰当的外部条件下，金融发展能有效推动中国企业对外直接投资的发展。虽然本书研究了中国对外直接投资发展的正面影响因素，但是伴随着逆全球化的出现和国际投资保护的兴起，中国对外直接投资开始面临越来越多的阻碍。因此，未来需要将金融发展因素融入国际经济形势下进行深入研究，这也构成了本人后续的研究方向。

　　本书的写作与出版恰逢本人工作调动之际，在温州大学商学院工作生活的八年多，得到了诸多领导和同事的关照，尤其是林俐教授、张敏教授、罗军副教授等，在此表示感谢。入职福建师范大学经济学院虽未满一年，已经深深感受到学院宽松的学术氛围和浓郁的学术气氛，感谢学院领导对本人学术工作的支持，也感谢福建师范大学经济学院竞争力研究中心和国贸系各位同事所提供的帮助。本书的写作涉及大量数据的收集整理以及文字校对，感谢本人三位已毕业的硕士研究生李会粉、都斌、范朋真的细致工作。本书的出版有赖于经济科学出版社王柳松编辑的辛勤付出，在此一并表示感谢。

　　本书的出版得到了温州大学浙江省重点学科应用经济学和浙江省人

文社会科学重点研究基地——温州人经济研究中心的资助，在此也表示感谢。

　　家庭永远是学术工作的后盾和动力，家人的陪伴和支持一直是本人前行的动力！

余官胜

2019 年 2 月